数字媒体关注下企业利益相关者保护机制研究

李君艳　田高良　刘　峰　著

中国财经出版传媒集团
中国财政经济出版社
北京

图书在版编目（CIP）数据

数字媒体关注下企业利益相关者保护机制研究／李君艳，田高良，刘峰著．--北京：中国财政经济出版社，2024.3

ISBN 978-7-5223-2706-8

Ⅰ.①数… Ⅱ.①李… ②田… ③刘… Ⅲ.①企业经济-经济利益-研究 Ⅳ.①F27

中国国家版本馆CIP数据核字（2024）第034056号

责任编辑：马　真　　　　责任校对：张　凡

封面设计：北京兰卡绘世　　　　责任印制：党　辉

数字媒体关注下企业利益相关者保护机制研究

SHUZI MEITI GUANZHUXIA QIYE LIYI XIANGGUANZHE BAOHU JIZHI YANJIU

中国财政经济出版社 出版

URL：http：//www.cfeph.cn

E-mail：cfeph@cfeph.cn

社址：北京市海淀区阜成路甲28号　邮政编码：100142

营销中心电话：010-88191522

天猫网店：中国财政经济出版社旗舰店

网址：https：//zgczjjcbs.tmall.com

中煤（北京）印务有限公司印刷　各地新华书店经销

成品尺寸：170mm×240mm　16开　18.5印张　248 000字

2024年3月第1版　2024年3月北京第1次印刷

定价：78.00元

ISBN 978-7-5223-2706-8

（图书出现印装问题，本社负责调换，电话：010-88190548）

本社质量投诉电话：010-88190744

打击盗版举报热线：010-88191661　QQ：2242791300

前　言

媒体监督是一种重要的外部公共治理与外部公司治理力量，在市场经济发展中扮演着越来越重要的角色，弥补了法律制度环境与内部公司治理机制的不足。大量研究已经为媒体关注的治理功能提供了充分的实证证据，但鲜有文献深入解释媒体关注发挥治理功能的机制。尤其是在我国法制系统、投资者保护机制有待完善的时代背景下，媒体报道发挥治理功能的三种机制（行政介入机制、声誉机制和市场压力机制）存在理论分歧，且缺乏实证检验。从研究技术上来说，受限于研究条件和水平，目前现有的研究大多采用案例分析（贺建刚等，2008）、特殊小样本检验（李培功和沈艺峰，2010）等方法，这些方法针对性较强，能够具体地阐明所要论述的问题，但是存在着结论的代表性较低、适用范围较窄的缺陷。在媒体报道相关变量的测度方面，现有文献仅关注报刊纸质媒体，鲜有文献选取互动式的网络信息平台作为研究对象；在数据获得方面，大多采用搜索引擎来获取较为粗糙的数据；在变量构造方面，仅仅以新闻数量的多少度量媒体的关注程度，研究技术相对落后。

数智时代，互联网治理面临着各种挑战，如何充分利用数字媒体报道发挥其外部监督功能，有效释放公司治理效应，构建良好的公司信息披露环境，实现利益相关者群体福利最大化的目标，一直受到社会公众和政府监管部门，尤其是上市公司的广泛关注和重视。因此，本书基于中国特定制度背景，以数字媒体关注信息传播为切入点，以委托代理理论与利益相关者理论为研究基础，在公司治理框架下，首先，通过对中国媒体发展历程、属性转变和媒体报道的现状，以及典型特征的分析，探讨媒体关注的三种作用机制；其次，在确定主导机制之后，进一步探究了该机制对上市公司产生影响的内在机理，从资本市场和公司业绩两个角度探究了媒体报道对公司治理产生影响所带来的经济后果；再次，从会计信息质量、投资效率、诉讼风险和税收激进等方面，构建媒体关注的公司外部治理效应连锁反应模型，检验了媒体关注对投资者、债权人、消费者和政府等利益相关者利益影响的作用机制和经济后果；最后，提出了针对性的政策建议。

研究过程中，本书倾向于采用分析式研究和大样本研究的方法。有关数字媒体报道的研究是一个新兴领域，在不同的制度环境、不同的约束条件下，媒体的功能可能不同。模型推导的一个优点是可以模拟设定各种条件，通过施加不同的约束条件，考察数字媒体功能的异质性。例如，对传统监督机制的考察，通过设计不同的外部介入阈值与惩罚函数，研究者可以观察到媒体曝光的威胁大小以及对管理者行为的改变；通过设计不同的声誉风险函数、不同的压力函数，研究者可以更加直观地观察媒体曝光的声誉机制以及压力机制。通过一系列的实验设计，能够很好地把三种机制区分开来，辨析某种机制在什么样的条件下处于主导地位。大样本检验的优点在于，大样本的实证结果具有更广泛的代表性，能够从整体揭示媒体的功能，结论的适用性较强。

本书的主要工作和创新性有以下三点：（1）系统性地构建了数字媒体关注影响上市公司利益相关者利益的分析框架，拓展了以往只以中小股东为研究对象的范围，为媒体与公司治理的必要性研究提供了新的视角和理论依据。（2）梳理了委托代理关系中，市场参与者的信号传递和信息筛选在解决道德风险、缓解信息不对称等问题中发挥的公司治理作用。考察了媒体关注通过提升投资效率、增加诉讼风险、抑制税收激进度，以及引起上市公司利益相关者反应的内在机制。(3) 提出基于多变量多因素耦合分析方法和利益相关者利益综合评价指标体系，实现了上市公司在不同情况下测度利益相关者利益的保护程度和支付能力，证实了媒体关注对不同利益相关者利益产生差异经济结果的可能性。

本书成果受到了市场参与者的广泛关注，不仅有助于完善我国媒体影响公司治理机制的研究，同时也为市场有效监管、上市公司管理行为以及投资者教育等实践应用提供了有力理论支持，指导并推动了政府治理和公司治理实践的进步，对完善上市公司治理决策的制定、利益相关者利益的保护与公司价值的提升、公共危机的化解与公共关系的管理等实践提供有力支持。一是对于监管机构与政府部门而言，为其制定与执行财经新闻监管政策提供了理论依据，提高了监管部门对财经新闻监管的规范性和引导性，充分发挥了市场机制的惩罚和威慑作用，降低了监管成本。在市场化程度较低的地区，作为政府部门在考虑进行市场干预和公共危机管理时，更多地关注和分析了媒体在发挥监督效应时所扮演的角色和作用机制，提高了政府治理效率。二是对于公司管理者而言，通过告诫公司管理者，虽然负面事件不一定会引起监管部门的惩罚，但是一定会受到市场机制的惩罚的方式，指导管理者在现实中面对媒体报道、处理与媒体的关系时，采用疏通的方式，加强企业与数字媒体和大众间的沟通。媒体作为社会监督力量，在上市公司利益相关者关系管理和公司治理方面除了具有监督保护作用外，还具有调节利益相关者之间利益分配，化解公共危机的优势。因此，上市公司更加重视数字媒体在公司治理和改善公共关系方面的作用，从而合理处理与媒体的关系，尤其审视了媒体对部分利益相关者利益的抑制作用，可能会导致关系的紧张和利益冲突。三是对于投资者而言，指导投资者在公司媒体曝光度较高的情形下进行决策分析时，应当充分考虑到媒体给管理者带来的压力。这些压力会导致管理者的机会主义行为，投资者通过了解媒体报道对管理者行为的影响从而作出更优决策。

本书得到国家自然科学基金资助项目：数字媒介场域中企业声誉风险的时空演化与多径治理机制研究（编号：72202167）、陕西省社会科学基金项目：新媒体关注下的公司治理效应与地方政府网络化协同治理能力提升的交互机制研究（编号：2020R020）、陕西省社会科学基金“舆情咨政”专项项目：网络舆情演化及风险防控策略研究（编号：2021ZX22）和陕西省教育厅重点科研计划项目（哲社重点研究基地项目）：新媒体关注对房地产企业利益相关者的影响研究（编号：21JZ032）的资助。

作者

2023 年 8 月

目　录

第一部分　理论篇

第二部分 实证篇

第三部分 策略篇

第一部分　理论篇

第1章 绪 论

数字媒体是指以二进制数的形式记录、处理、传播、获取通过 Internet 传输的文本、音频、视频和图形等的信息载体，主要包括软件、数字图像、数字视频、视频游戏、网页和网站、社交媒体、数字数据和数据库，诸如 MP4 的数字音频、电子文档和电子书等，与传统的印刷书籍、报纸、杂志、胶片及录像带等形成鲜明的对比。

2019 年，中共中央十九届五中全会审议通过了关于制定《国民经济和社会发展第十四个五年规划和 2035 年远景目标》的建议，认为当今世界正经历百年未有之大变局，处在两个一百年历史交汇点上的中国，必须系统谋划和战略部署“十四五”时期我国经济社会发展远景目标。在加快构建国内国际双循环相互促进的新发展格局的背景下，大数据（Big Data）、云计算（Cloud Computing）、人工智能（Artificial Intelligence）、区块链（Block Chain）和物联网（Internet of Things）等数字技术的飞速发展，推动了中国产业数字化的规模化转型，已逐渐成为国民经济发展的重要支撑力量①。

各类新型技术的大发展在引领企业变革的同时，也使得新闻舆情的传播格局发生了巨变。数智技术能够使用户可以跨越地理位置、时间障碍在智能设备上接收和分享舆情信息，其已成为信息无障碍传播的一种重要的新兴媒体工具，突破了传统媒体传播方式受制于发行数量和发行区域的

---

① 《中国数字经济发展与就业白皮书》显示，2022 年中国数字经济规模达到 50.2 万亿元，产业数字化增加值约为 41 万亿元，占 GDP 比重分别为 41.5% 和 33.9%。

限制。

各类社交网络以及信息门户网站逐渐成为舆情事件的主要爆发地，互联网的普及和发展为其提供了酝酿温床。聚美优品、京东商城等“知假售假”事件被媒体曝光后，微博网友纷纷炮轰聚美售假行为的负面舆情，引发了一系列的连锁反应，甚至波及整个电商行业。2014 年 7 月 29 日，聚美优品单日股价最大跌幅达到 10%。除此之外，上海家化高层内斗、中储粮粮囤失火损失近亿元、国信证券总裁突然身亡、宝能系争夺万科控制权、携程售假机票等一系列对企业产生重大影响的事件，无不与其网络舆情的传播发酵有着直接关系。由此可见网络舆情作为公众意见的一种表现形式，日益发挥其交换信息、碰撞思想的作用。投资论坛、股吧、投资名人博客、微信、微博、与投资相关的 QQ 群、YY 语音群以及以雪球为代表的专业投资社交网络的迅速兴起，从侧面折射出网络舆情对资本市场和企业利益相关者关系管理的深刻影响。

与互联网技术蓬勃发展相对应的是各类创新型金融产品的大量涌现，在增强资本市场活力的同时，也加剧了市场的系统性风险，其中网络舆情扮演了极为重要的角色。网联借贷、网络众筹等平台的涌现，对基于互联网的信用征集体系提出了更高的要求，网络舆情的作用更加凸显。融资融券业务的发展完善了中国证券市场的做空机制，类似“浑水公司”通过负面舆情做空相关公司大行其道。因此，网络舆情与上市公司息息相关，诸如“百度百发策略 100”等基于网络舆情的金融产品的诞生，更是将网络舆情变成了实实在在的产品，与投资者的收益紧密连接在一起。

令人遗憾的是，市场各类主体对网络舆情的认知和管理能力远远落后于实践的发展水平。上市公司未能建立完善的舆情管理体系、无法有效应对网络舆情。西安交通大学管理学院研究团队联合深圳证券交易所在 2014 年进行了一项调查，结果显示在一年内发生过舆情危机的公司高达 26.19%，这些公司在舆情管理过程中存在应对投入严重不足的问题，其中，在年度支出（不包含人力成本）方面，41.89% 的受访公司媒体管理部门年支出在10万元以下，没有任何舆情管理人员配置的公司占21.74%，既没有公关应对制度也没有危机公关预案的公司占34.57%。

虽然个别企业在一年内发生过舆情危机，但是现在更为让人担忧的是，部分中介机构不仅没有尽职尽责帮助上市公司管理网络舆情，反而出现利用舆情勒索上市公司的恶性事件。导致上述种种乱象的原因，除法律法规的不完善，舆情管理的认知不够深入、管理能力低下也是主要因素之一。为了规范资本市场信息传播秩序，提高公开公正、准确透明发布信息的能力，2014年的《国务院关于进一步促进资本市场健康发展的若干意见》中明确提出要综合运用行业自律、法律和行政等方式，完善资本市场信息传播管理制度。

在注册制改革的大背景下，如何充分利用互联网技术实现“以信息披露为中心”的发审体系，如何保障资本市场信息的传播效率以切实保护投资者的利益，是目前面临的紧迫课题。因此，探讨数智时代媒体监督的发展特征、影响资本市场和公司行为及利益相关者的机理以及相应的解决措施，具有重大的现实意义。

1.1 中国媒体的发展历程及属性转变

1.1.1 中国媒体的发展历程

伴随资本市场的发展和改革，中国的财经媒体发展历程大致可以分为以下三个阶段：

第一阶段为20世纪90年代初至1997年。在这一时期，我国的资本市场进入高速发展阶段，两大证券交易所相继挂牌营业，投资者对财经信息的渴求催生了众多证券媒体。市场上开始出现各种以证券信息为主要内容的证券、财经类报刊，被监管部门指定的特定信息披露媒体成了这一时期的代表，例如，《上海证券报》《证券时报》和《中国证券报》等。这类媒体的新闻报道有两个特点，一是媒体紧跟资本市场的发展，普遍缺乏相关证券信息，能及时向投资者传递各种投资相关信息；二是在信息资源以及经济来源方面，这类报刊主办单位在中国证券市场上具有举足轻重的地位，在各自特殊背景支持下，能够为媒体提供更多的资金支持和可依赖的信息资源。但是，当时中国资本市场和法律法规制度规范性水平较低，市场运行非常混乱，破坏市场交易规则的内幕交易、欺诈投资者等事件屡禁不止。财经媒体为了博取眼球和追求私利，对事件的发酵起到了推波助澜的作用，造成了极坏的影响。例如，1997 年欺诈上市的红光实业，财经媒体对其进行了过多的包装和不实宣传，误导了广大投资者，甚至有的股民认为是证券报欺骗了他们（郑涛，2010）。

第二阶段为 1998 年至 2001 年。这一阶段的标志性事件是 1998 年的金融危机，以及随后出台的《证券法》。随着《证券法》的出台以及市场机制的不断完善，中国的证券市场逐渐成熟起来，专业化的财经媒体也得到了规范，独立性得到了提升。其新闻报道的倾向，也由过去服务于上市公司渐渐转变为揭露与批判上市公司。例如，创办于 1998 年的《财经》杂志，先后发表的一系列“成败陈久霖”“君安震荡”“谁控制了冯明昌?”和“琼民源”等磅礴大气、锐气逼人的财经报道，吸引了大量业界人士、投资者等利益相关者和新闻同行的广泛关注，在社会上引发了强烈的反响。2000 年 10 月，《财经》杂志发表了“基金黑幕”一文，揭露了中国几乎所有的基金管理公司存在的诸如在桑拿浴房里接庄等许多腐败现象，引起了同行 10 多家基金的高度重视和自查自纠。在这一时期，中国财经媒体的经营思路发生了重大改变，以往依靠企业、与企业合作谋求利润的模式，逐渐转变为以发行量谋求利润的模式。在新的模式下，财经媒体为了扩大影响力，增加发行量，倾向于报道具有冲击力的重大新闻。一系列的资本市场丑闻、重大公司事件成为其竞相追逐的报道对象。这一时期的媒体，具备了舆论监督的功能。

第三阶段为 2002 年上半年至今。这一时期的主要标志是传媒产业的改变以及互联网的兴起。已经崛起的新兴产业市场和报业集团为了满足受众者更全面、更深入报道的诉求，陆续创办并发展起来一批新派财经媒体，财经新闻、时政报道、人文社会关怀等话题也被普遍地引入到报道之中。

例如，南方报业集团的《21世纪经济报道》以新闻见长，很快在市场中站稳脚跟快速发展，北京的《经济观察报》以评论见长，同时关注重大政治社会新闻。除此之外，由第一财经有限公司于2004年12月创刊的《第一财经日报》强调信息的互动不仅在企业的股东之间，同时也在企业掌控的电视、广播、网络等方面全面展开，立志打造一个跨媒体的传播平台。

随着信息技术的不断进步，财经媒体已经突破原有的纸质媒体的限制，形成集网络采编、网络发布为一体的新闻产业链。由于互联网的兴起，构建了新的传媒格局，财经媒体种类和传播渠道日益丰富。网络媒体受到广大群众的欢迎，成为满足大众财经信息需求的主要渠道。媒体的覆盖范围从以往的区域性逐步覆盖全国，受众也由以往的财经从业专业人员逐渐扩大到所有的资本市场参与者。在新的信息平台下，投资者对信息的及时性、可靠性有新的要求。媒体在影响广大投资者的同时，投资者也在不断对其提出各种要求。

1.1.2 中国媒体属性的转变

媒体具有包括社会公益性、文化属性等信息传播属性、信息产业属性、公共产品属性以及私人产品属性的经济利益属性，包括阶级性和政治宣传机构的政治宣传属性。媒体属性的构成是由受众者、市场微观个体（主要是企业）、政府三种力量之间的博弈形成的。随着受众群体和其所处的社会经济大环境的变化而变化，媒体属性的变化必然会影响到其职能的改变。在不同的社会制度环境下，决定媒体属性的主导力量也是不同的。

在中国媒体创办之初，资本市场的发展致力于国有企业的改革，同时受体制的影响，作为党的“喉舌”的主流媒体诞生，媒体的主要任务是为政治与国有企业改革服务。各大财经媒体的创办者、监管者、服务对象都具有政府背景，不仅媒体的独立性很难保证，而且很难发挥其应有的社会属性，能否公正、透明、客观地报道事件，代表广大受众者发声等都值得深入思考。随着不断深入推进的经济体制改革，媒体的属性也发生了深刻的转变，主要体现在报道内容的拓展，逐渐转向对社会问题的揭露和批判，媒体的社会属性和经济利益属性也逐渐体现出来。媒体属性转变的原因主要包括以下三点：

第一，中国资本市场的发展要求媒体转变属性。以股权分置改革为代表的资本市场变革，逐步减弱政府对市场的干预，让市场充分发挥其资源配置的角色。媒体也顺应了改革发展的方向，逐渐减弱其政治属性，提升其社会属性的重要性，更好地服务于经济体制改革。

第二，传媒产业的商业化变革导致其转变属性。加入 WTO 以来，中国的产业结构发生了重大的调整，传媒产业也经历了深刻的变革，“十二五”计划甚至将文化产业提升至国民经济支柱产业的地位。因此，众多的报业集团、传媒公司纷纷涌现出来。以市场为导向的产业化变革，要求这些传媒公司改变原有的运营模式，参与资本市场的竞争。媒体的经济属性逐渐突出，媒体为了追求自身的经济利益，其报道的内容也越来越尖锐和深刻，以吸引更多的受众。

第三，信息传播技术的变革促使媒体转变属性。信息传播技术尤其是网络技术的飞速发展，改变了原有的信息采集、信息发布模式，促使媒体不断变革其新闻报道方式，深化其报道内容，更好地满足广大受众对新闻的需求。

1.1.3 数字媒体发展现状

1.1.3.1 互联网技术推动媒体规模发展

一组通用互联网络的标准通信协议（TCP/IP 的协议）把网络与网络串联成庞大的、覆盖全世界的网络，称之为互联网（Internet）。我国在 1994 年正式加入互联网，它是一种计算机网络互相连接在一起的网络结构，为有效实现人与人、人与信息（以文字、视频、图片等形式存在的）之间的信息交换与互动交流建立平台①，从而使交流不受空间限制。电子

① “Internet History - One Page Summary”, The Living Internet, Bill Stewart, (ed), January 2000; “Internetwork”. Oxford English Dictionary (3rd ed.). Oxford University Press. September 2005 (Subscription or UK public library me mbership required).

邮件及全球网站等通信工具的出现，实现了信息快速、直观和高效传播，人类正在步入一个广泛的网络信息化的社会。

早在2014年召开的APEC会议发布了《APEC互联互通蓝图》，将“加强全方位基础设施与互联互通建设”列为三大核心议题之一。强化互联网基础设施建设，尽早将网民发展到12亿人，让互联网普惠民生成为中国互联网战略的远大愿景。2015年是我国互联网“飞越长城，接入世界”的第21年，“互联网+”战略被作为国家战略的首个年头后，移动互联网发展速度非常快。在经济全球化和区域经济一体化持续发展的今天，日新月异的互联网技术快速普及。中国互联网络信息中心（简称CNNIC）统计数据显示，截至2015年12月，我国网络居民用户数达到6.24亿人，通信使用率达90.7%，网络新闻用户规模为5.64亿人，网民使用率为82.0%。2017年年底我国网络居民用户规模达到7.51亿人，互联网普及比例高达54.3%。截至2021年12月，如图1-1和图1-2所示，我国网络居民用户规模已经达到10.67亿人，其中有99.8%网络用户直接使用手机接入互联网①。

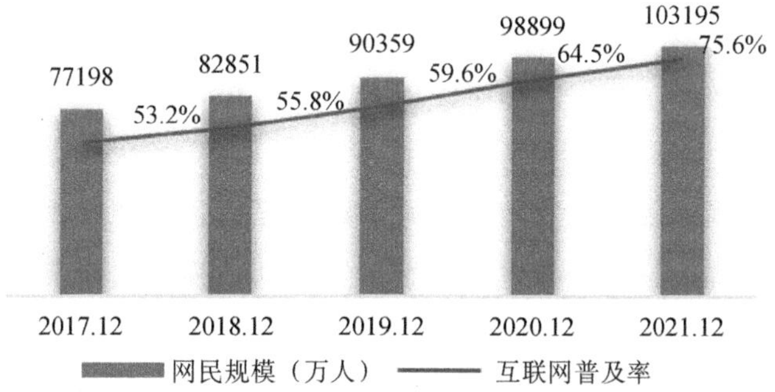

图1-1 网民规模和互联网普及率

数据来源：CNNIC中国互联网络信息中心发布第49次《中国互联网络发展状况统计报告》(2021.12)。

① 中国互联网络信息中心（China Internet Network Information Center，CNNIC）是经国家主管部门批准于1997年6月3日组建的管理和服务机构，行使国家互联网络信息中心的职责。该数据来源于CNNIC发布的第26次至第44次《中国互联网络发展状况统计报告》，http://search.cnnic.cn/cnnic_search/showResult.jsp。

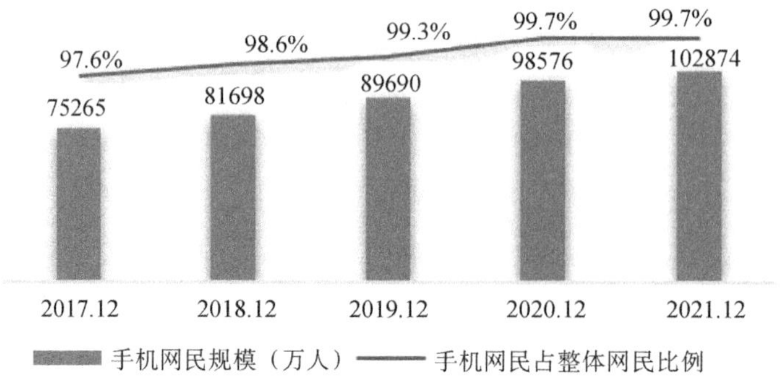

图 1－2　手机网民规模及其占网民比例

媒体是用来传递信息与获取信息的工具和载体，也是传送文字、声音等信息的媒介和手段，即将信息从信息源传递给信息接收者。在现代生活中，媒体的发展与现状备受人们的关注，受众通过媒体寻找自己想了解的资讯，并实时掌握舆论舆情的发展态势。互联网的普及、5G 技术的到来也让通信技术得到进一步的发展，5G 手机终端连接数量在逐年增多。此外，各类互联网应用用户相较于 2020 年 12 月都有一定的增长，说明我国互联网技术的应用范围在不断地扩大。媒体的发展规模逐渐扩大，受众对于各类媒体的注册、访问与使用的次数达到了极大的规模，《腾讯 WeCity 未来城市 2.0 白皮书》指出，已有 21 个省级政务微信小程序接入“国家政务服务平台”，累计办事达 15.17 亿件、访问量超 50 亿次。媒体大规模发展的趋势使之面临很多的挑战，诸多问题逐渐显露，例如媒体引导方向、博取大众眼球、解决纷争及各类事件的作用逐渐加强。据新浪舆情通大数据平台统计，西安地铁女乘客被保安拖拽事件自 2021 年 8 月 31 日曝光后，至 9 月 1 日舆论集中爆发，在全网引发了 103.98 万条相关信息，传播爆发力达 6.01 条/秒。事件发酵时间虽短，但信息量峰值规模和爆发力较强，面对媒体的传播与舆情的发展，事件发展的速度逐渐加快。

1.1.3.2　数字技术广泛应用于媒体融合发展

移动互联网的快速普及，使得用户能够跨越地理位置、时间障碍，在其智能设备上接收和分享舆情信息。以用户为中心的网络社区、网络应用程序、社交网站、博客、Wiki、微信、QQ、股吧和投资论坛等社交网络，以及信息门户网站逐渐成为新媒体信息传播、扩散的主要载体，日益发挥着信息交换、认知分享和社会监督的作用。传统媒体与新媒体的融合已经成为未来的发展趋势。习近平总书记在2019年年初的中共中央政治局第十二次集体学习中，特别强调了要推动媒体融合向纵深发展。

数字技术的广泛应用加快了媒体融合的发展，李华云（2021）认为在技术创新和社会变迁相互交织的情况下，互联网与数字技术的发展促使媒介变得泛化，推动建设媒体融合实验室具有纵向维度的历史价值。进入新媒体的时代，媒体融合实验室呈暴发式发展，跨界合作、相互结合已经呈现大规模的发展，并相继出现针对性的政策和建议。与传统媒体相比较，龚卿（2021）指出，传统出版业数字化的发展面临着缺乏复合型人才、投入资金多且投入资金的项目未取得经济收益的困境，2019年我国传统出版物加工形成的电子期刊、电子图书、电子报纸三项收入仅占总产值的0.87%。刘婷等（2021）根据梅花网记录指出，中国期刊广告结束长期的增长态势，投放量下降12.7%，这预示着国内期刊市场发展处于不景气的现状。党的十八大以来，国家明确提出了推动媒体融合向纵深发展的任务要求。在全媒体时代下，短视频的发展规模日益庞大，对舆情事件的传播起到了巨大的推动作用，面对短视频的迅速发展，长视频的发展迎来了诸多挑战。刘艾雯和陈红梅（2021）认为出现这一现象的原因有两点，一方面是由于长视频整体质量的不尽如人意，另一方面也是因为短视频自身所具有的媒介优势。随着互联网技术的迅猛发展，科技与信息之间广泛流通，信息化媒体已经成为一种新视角新工具，而传统媒体的转型与发展在成为新的关注点的同时也面临着新的挑战。在数据时代，传统媒体的生存发展面临严峻的挑战，与新媒体的融合已经成为未来的发展趋势。

1.1.3.3 数字媒体上升趋势明显

国外媒体的发展也在日益壮大，人们能够通过媒体这个相对便捷的途径了解外面的世界，新闻成了大多数民众获取外部信息的一个主要渠道。根据Marketing Charts发布的第七年度《美国媒体受众统计报告》（见图1-3）可以看出，2020年美国各类型数字媒体的每周触达率都呈上升趋势，而传统媒体却有一定程度的缩减，如美国数字报纸/期刊的年增长率最高，从 49.4% 增长到了 61.2%，而印刷报纸的触达率从 2019 年的 46.6% 下降到 42%。同时对于企业营销来说，Facebook、Twitter 等社交网站已经必不可少了，其中最显著的就是广告投放，从图 1－4 可以看到，2021 年美国在线广告支出将跃升至 1532 亿美元，是美国电视支出的 2 倍多，可见媒体已不再只是传播信息的工具，更是和商业密不可分。报告预测在线广告在 2025 年的支出会有很大的提高，意味着美国加大了对互联网的使用，因为互联网是广告市场具有最大发展潜力的方式，但是报纸广告的支出呈下降趋势。因此，互联网的发展以及应用将促进国外媒体广告市场的发展。

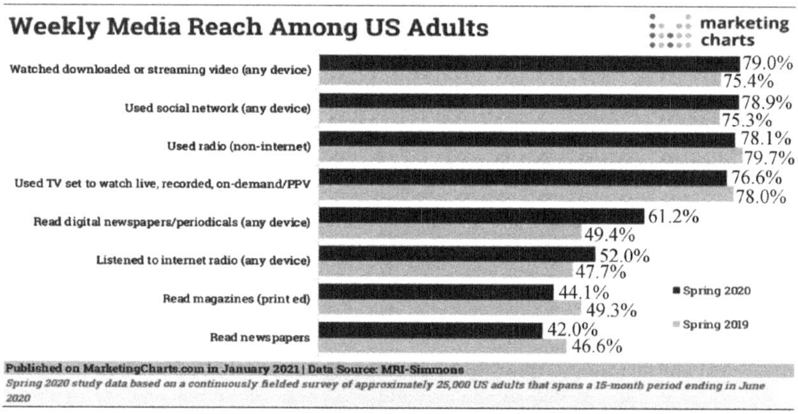

图 1－3　2019—2020 年美国成年人每周媒体使用情况对比

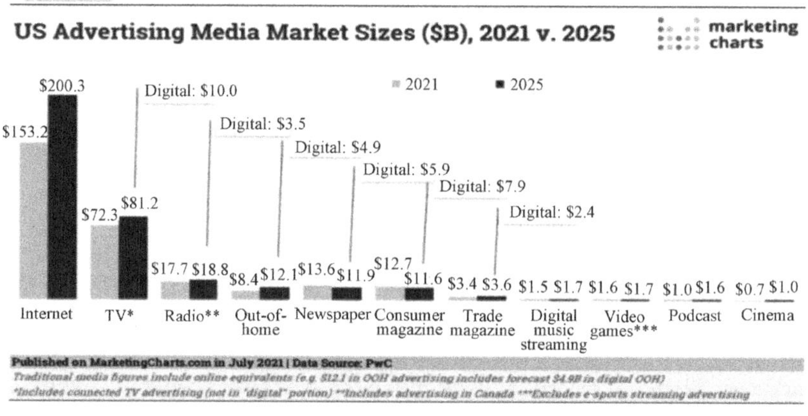

图 1－4　2021—2025 年美国线上和线下媒体广告市场的发展趋势

1.1.3.4 主流媒体的舆论监督纠错效能强大

许多国内外学者对国外媒体也有一定的研究。辜晓进（2020）指出，获2020年度普利策新闻奖的作品深入报道舆论监督题材，问题尖锐并取得了良好的社会效果，主流媒体在舆论监督和社会纠错方面发挥了强大的功能。现在的普利策新闻奖，不仅聚焦于《纽约时报》《华尔街日报》和《华盛顿邮报》等大报，还主动接触小报纸作品，着眼于某个地区的一个具有社会影响力的事件，关注舆情走向。杨毅（2020）以《纽约时报》为例探究融媒体时代，将VR技术虚拟世界与传统的新闻传媒业态相结合，给新闻传播带来新的体验方式和传播方式。崔士鑫（2020）提出，媒体融合是世界传媒业革命，其以澳大利亚的媒体融合改革和创新为例，展示澳大利亚运用新技术，在互联网变革中的成就。江全康（2021）指出，印度媒体的发展以英文媒体为主，网络媒体虽具有很高的影响力，但由于纸质媒体的发展仍保持增长态势，给网络媒体的发展带来了压力，同时还面临着平衡与政府之间的权利关系以及规避舆论失控风险的问题。由于最近几年国外的各行业受疫情的影响较大，Cision首席营销官也曾表示，疫情加速了媒体在某些方面的变化。在面临新的挑战之下，对于媒体选题方面，除了寻找疫情报道的新角度之外，还致力于寻找正能量的新闻故事，能够预测、监测并迅速捕捉热点。

1.1.3.5 媒体在信息传播中角色变化显著

在全媒体时代发展如此迅速的情况下，媒体所承担的角色在不断发生着转变，方彦兹（2011）认为媒体既是信息发布的加速器，也是信息传播的扩音器。网络媒体传播信息具有低成本、即时性、创新性的特点，受到当代年轻人的追捧，导致舆情事件可能成为假消息以及谣言的传播工具。通过突尼斯事件就可以看出，特别是在群体性事件中，媒体可能起到煽动群众、引导事态走向的作用，甚至可能进一步影响政治领域。此外，新媒体相对于传统媒体的优势也在日益显现，国外新媒体的发展仍然面临着许多问题需要引起注意并作出适当改进。

从用户增长程度和影响力的角度来看，社交网络是新媒体时代最重要的特点，是最具发展潜力的应用。新媒体时代的传播媒介跨越了时空界限，将传统媒体与新媒体的优势相结合，为信息的传播建立了一个更加真实广阔的媒介平台，新闻媒体报道引发的快速、直接信息传播，加强了与利益相关者的互动。新媒体时代缩短了人们与真相之间的距离，有利于受众发现事件的真相，并传播真相。例如2018年，长生生物被强制退市、鸿毛药酒惹争议、权健实际控制人被捕，再到2019年的“长春生物”“步长制药”等重大事件，都因被媒体曝光并大量传播和转载，从而引发社会各界关注。在媒体的监督、舆论的助推下，食品安全、国有资产流失、偷税漏税、环境污染等诸多违法违规行为和贪污腐败问题等得到了相关部门的重视与监管。因此，互联网已经成为新兴媒体和社会意见的重要生成地，也是影响社会舆论的重要力量。中国政府为实现建设责任政府、法治政府、高效廉洁政府等目标，媒体监督不仅是其有效治理方式[①]，还是公司治理过程中[②]，合理确定不同参与者（如董事会、经理、股东、债权人、审计人员、监管机构和其他利益相关者）之间的权利与责任分配的重要外部监督机制[③]。

2016年，我国数字经济规模超过22万亿元人民币，占GDP比重超过30%，总量跃居全球第二。与此同时，在互联网快速发展和中国网民规模快速增长的助推下，截至2017年6月，互联网普及率为54.3%，超过全球平均水平4.6个百分点，网民规模已经占全球网民总数的1/5。同年，在浙江乌镇隆重举行的第四届世界互联网大会上，国际社会在构建网络空间命运共同体方面达成了广泛共识，认为全球互联网治理体系变革已经进入关键时期，新一轮科技和产业革命正在萌发，信息技术的应用为经济社

---

① 政府治理是指在市场经济条件下政府对公共事务的治理。西方国家理论界所说的“政府治理”，是指由政府治理理念、治理结构和运作方式与过程所构成的三位一体的有机框架或网络。https：//baike. baidu. com/item/政府治理/12748755。

② Shailer，Greg. An Introduction to Corporate Governance in Australia，Pearson Education Australia，Sydney，2004：Corporate governance is the collection of mechanisms，processes and relations by which corporations are controlled and operated.

③ The Corporate Governance of Iconic Executives，87 Notre Dame Law Review 351（2011），http：//ssrn. com/ab stract = 2040922.

会发展注入了强劲动力，互联网技术的应用能够保证用户实现跨越地理位置和时间障碍，减少媒体传播方式受制于发行数量和发行区域的限制，随时随地在移动智能设备上接收和分享舆情信息。因此，数字媒体已成为信息快速传播的新兴重要媒介工具。当然，互联网技术的发展也给世界各国的主权、安全和发展利益带来了许多新的挑战。

1.1.4 数字媒体发展的特征

全媒体概念已被迅速应用，推动媒体融合发展、建设全媒体是我国面临的一项紧迫课题。当今世界信息技术的飞速发展将很多新颖的应用APP、媒体平台、媒体表现形式、信息生产方式等融入大众的生活中，如小程序、短视频、微博、VR、AR、人工智能的出现，让全媒体时代网络舆情事件的传播具有跨时空、交互性、快捷性等特点，还有像云计算、大数据、人工智能等技术的研发提升了全媒体时代信息传播的效率。尤其是5G技术的不断成熟和大规模的应用将会产生更多新颖的媒体表现形式、信息生产方式等，满足受众获取信息以及媒体报道的需求。针对全媒体的发展现状，其主要特征总结如下。

1.1.4.1 传统媒体与新媒体更加深度融合

媒体融合[①]是一种新型媒体形式，它将流传已久的报纸、电台等传统媒体与现阶段所流行的互联网、手机等新兴媒体传播通道有效结合起来，两者取长补短，形成不同形式的信息传播应用APP、媒体传播形式及信息生产方式等，并将信息通过不同的媒体平台传播给大众。自党的十八大以来，我国高度重视利用新技术创新媒体传播方式，推动媒体融合的深度发展。部分传统媒体已经作出了一定的改进，如中央电视台播放的新闻联播，2013年开始推广其官方微博，之后又改为关注央视新闻的微博、微信

---

① “媒体融合”（Media Convergence），最早由尼古拉斯·尼葛洛庞蒂提出，美国马萨诸塞州理工大学教授浦尔认为媒介融合是指各种媒介呈现多功能一体化的趋势。媒体融合是信息时代背景下一种媒介发展的理念，是在互联网迅猛发展的基础上与传统媒体的有机整合，这种整合体现在两个方面：技术的融合和经营方式的融合。2016年3月28日新华网以文章题目为《以市场化方式推动媒体融合的重大突破》报道了广东省构建市场化投资融资体制、以市场化手段推动媒体融合发展的重大突破。

和客户端，而且还曾在报道中提到使用央视新闻移动网关注更多新闻。除此之外，人民日报、中国妇女报、光明日报等官方媒体不仅建立了电子版报纸，而且注册了官方的微博号、抖音号等。近年来互联网络平台的迅速发展，对传统的电视媒体在各方面产生了一定程度的冲击，为了能够继续运营并将更多的信息呈现给观众，与新兴媒体融合发展是促进自身发展的有效途径。

党的十八大以来，为积极响应国家对媒体融合工作的号召，媒体行业主动借助新兴媒体的传播优势，尽早实现并推动传统媒体与新媒体的融合发展。从 2013 年开始，国家积极宣传媒体融合，充分运用新技术、新应用创新媒体传播方式，加快媒体融合发展工作。媒体融合工作不是一蹴而就的，是内容、平台、管理、渠道等多方面的深度融合，不仅要注重媒体的融合发展，还需要注意对媒体的管理，以保证媒体融合工作顺利有序的开展。对媒体自身来说，对内容、形式、手段的创新是非常重要的，尤其是内容的创新，获取第一手资料、深入挖掘好材料等是媒体需要关注的重点，要顺应互联网发展的大势，勇于创新。媒体行业的发展要从新兴媒体上汲取传播优势，积极引导舆论走向，不断打造出由传统媒体和新兴媒体融合发展而成的新型媒体。

1.1.4.2　人工智能技术等信息生产方式应用更加广泛

近几年，我国技术研发方面越来越先进，人工智能技术、大数据应用等信息生产方式在各个行业中得到了广泛的应用，加速改变行业的发展。在闭幕的 2022 年北京冬奥会及冬残奥会的场馆内外，机器人等人工智能技术的应用随处可见，各行各业的很多岗位都由机器人代替，例如，机器人咖啡师在四分钟内研磨、冲泡并为顾客奉上一杯咖啡，AI 手语主播系统可以自动为听障人士提供比赛赛事的专业手语解说，消毒机器人能够实现在无接触的情况下对公共区域进行清扫和消毒工作。由此可见，人工智能技术得到快速的发展，该技术的应用正逐渐渗透于各个行业，媒体行业也不例外。

智能化已然成为媒体行业发展的必然方向，一些互联网平台以及新型主流媒体不断地从人工智能技术应用实践中积累经验，并加速将人工智能技术与媒体行业结合起来。人工智能技术被运用到信息生产传播的各个环节，如数据收集、智能舆情监测、内容采集等，对我国媒体融合发展具有一定的影响力。在智能传媒时代，许多人工处理的工作都被“机器”代替，例如，在信息采集阶段，与传统的人工时代有很大的差别，通过使用人工智能技术和应用大数据，媒体工作者能够快速地从海量信息中找到相关联的信息，不仅提高了媒体报道工作的效率，而且拓宽了信息采集广度、保证了信息搜集的全面性。此外，智能技术及大数据在网络舆情监测系统中也广泛应用，实现对网络用户和舆情专题等的追踪，形成简单形式的分析结果，全面了解网民对舆情事件的态度、观点，正确地引导社会舆论。总而言之，人工智能技术等信息生产方式在媒体行业和平台蓬勃发展，从积累经验阶段发展到不断创新阶段，技术的应用范围也更加广泛。

1.1.4.3 短视频传播方式更加“流行”

在全媒体时代，媒体变革时刻发生在人们身边，媒体形式也不断发生着改变。相对传统媒体，新媒体是继报纸、电台、电视台之后在新技术支撑体系下出现的一种媒体形态。在新媒体时代，内容的承载需求量越来越大，高清图片和视频成为信息最适合的传播方式。图片是一种信息运载量极大的媒体形式，与文字相比，图片能够直观地记录和表达信息内容。伴随着自媒体与网红经济的快速发展，短视频平台的传播也备受关注。短视频是一种新型的视听传播媒介，其借助互联网技术、电子移动端技术等在短期内迅速发展，成为人们进行互动沟通的新型媒介。互联网视频技术的飞速发展，最早起源于视频解说的游戏，逐渐发展为游戏在线直播，由此发展起来的网络直播为全民娱乐搭建了自我展示的平台，呈现出相当强势的发展劲头。即使是短视频和网络直播盛行的当下，长视频仍然不可或缺，长视频不仅是流量的聚集地，而且是优质 IP 的发源地，在短视频与移动直播疯长的时代，更需要将长视频价值发挥到最大。同时 AR 技术也逐渐发展起来，为了增强公众的现实感觉，AR 可以扩增现实，将虚拟世界与真实世界融合在一起。通过对现实世界建立起一个独特模型，人们能通过技术在现实世界中得到良好的感知，这也是对现实世界的一种模拟和叠加的状态，AR 技术的应用性也在不断增强。

1.2 数智时代媒体报道现状及典型特征

2021 年 8 月 30 日，一女子在西安地铁中被保安强行拖拽下车，在过程中出现衣不蔽体的现象。次日该事件在网上引起轩然大波，许多视频在各大媒体平台曝出，西安地铁运营公司就舆论压力及时发布情况说明，声称该女性乘客不断辱骂身边乘客的行为严重影响了乘车秩序，劝说无果后安保人员与乘客一起将该女乘客带离车厢，但对强行拖拽只字未提。自从这件事被曝出，更多人关注的并不是该女乘客在车厢内辱骂男乘客的行为，而是评判保安的做法。仅仅因为两人之间的小小纠纷矛盾事件，引发了广泛的社会舆论，保安对女子的拖拽行为根本原因可能就在于女性属于弱势群体。事件在传播过程中逐渐上升至价值层面，很多人都认为这件事使得女性在公共场合的安全感降低，社会对女性弱者的保护力度不够，公众对事件的处理结果也更加关注。本书以该舆情事件为例，描述分析全媒体及网络舆情发展现状，总结全媒体及网络舆情发展的特征。

1.2.1 媒体监督的政府治理现状

大数据时代，新媒体监督下的全面从严治党是指在新的互联网信息技术背景下，中国共产党充分利用大数据分析技术，以及新媒体报道引发的“蝴蝶效应”[①]，监督并约束党员和领导干部的权力，达到有效预防、遏制、惩戒腐败行为的一种群众监督的新形式，最终实现全面从严治党的目标。新媒体监督下的全面从严治党，一方面，要求纪检监察机构及时观测社会

① 蝴蝶效应（The Butterfly Effect）是指在一个动力系统中，初始条件下微小的变化能带动整个系统的长期的巨大的连锁反应。这是一种混沌现象。任何事物发展均存在定数与变数，事物在发展过程中其发展轨迹有规律可循，同时也存在不可测的“变数”，往往还会适得其反，一个微小的变化能影响事物的发展，说明事物的发展具有复杂性。

大众匿名举报的各级党员干部腐败行为信息及引发的舆论，它是行政监督和司法监督的有力补充；另一方面，纪检监察机构一定要及时、充分利用新媒体对外公开有关全面从严治党的信息，从而发挥防止腐败、震慑腐败分子的作用。早在2003年，最高人民检察院建立了网上举报平台。2005年，中央纪委信访室、监察部举报中心的网址相继被中央纪委和监察委首次对外公布。2009年，新华社也在其官网设置并公布了中央和地方政府监管部门的网络举报方式，“网络反腐”也因此而生，同时该词也被中央党校出版发行的《党的建设辞典》收录。2019年，十九届中央纪委三次全会工作报告进一步提出，要求营造全面从严治党的良好舆论氛围。因此，受到党政机关高度重视且贯彻执行的新媒体监督，已经成为抑制、揭露党员和领导干部腐败行为的一柄利器。

虽然媒体监督因缺乏有效的制约，可能对司法公正带来负面影响，但是媒体监督符合广大人民的意愿，已经不可阻挡，是现代社会民主化发展进程的必然。党的十八大以后，中国共产党全面从严治党的重点是党员领导干部参与利益集团的腐败案件，这些腐败案件主要涉及工程招投标、资源开发、大宗采购、金融信贷、土地出让、房产开发、选人用人、审批监管等过程中的寻租、行贿受贿和权利滥用等贪污腐败问题，具有集经济问题和政治问题于一体的特点。党的十九大对全面从严治党提出了新的要求，即实现党内监督与党外监督相结合，舆论监督、法律监督和民主监督相结合。秦岭别墅事件、康美药业财务造假事件、奔驰车主维权案件、宝马汽车撞人案等，充分、有效地体现了媒体及引发的舆论对党内外的监督。2019年年初，中央纪律检查委员会总结了改革开放40年来的反腐败工作经验，回顾了2018年纪检监察在工程建设、政府采购、土地使用权出让、矿业权转让、公共资金使用、洗钱、干部选拔任用和司法等领域反腐工作取得的成绩。通过营造全面从严治党良好舆论氛围、改革派驻监督机制、建立上下联动监督网、集中整治形式主义、强化日常监督和集中整治群众反映强烈的问题，加大党风廉政建设和反腐败斗争。

纪检监察机关利用网络媒体执行反腐败任务的具体方式有：第一，发挥中央新闻媒体作用，强化理论阐释和解读，加大反腐成效经验宣传力度。第二，坚持“意见必听，线索具体的信访举报必查”原则，全国纪检监察机关共接受群众信访举报344万件，其中166.7万信访件有举报线索，并得到处置[①]。第三，纪检监察机关及时向社会公开违反政治纪律行为案件中有关立案审查和调查结果的相关信息，及时曝光一些典型案例。例如，在坚定不移、树新风活动中，中央纪委、国家监察委通过网络平台曝光7批50起纠正“四风”的典型案例，以及13起集中整治形式主义和官僚主义的典型案例。第四，坚持公开透明、主动发声的原则，发挥网络和报刊互补的优势，创新反腐败宣传的理念、平台和文本，加强网络舆情分析、研究和判断，有效引导社会舆论[②]。最终，在中央和地方各级纪检监察委的共同努力下，彻底检查、处理秦岭北麓西安境内违建别墅、湖南洞庭湖违法建设等相关贪污腐败问题。

1.2.2 媒体监督的公司治理现状

近些年来，随着互联网和大数据的快速发展，媒体融合的趋势日益明显，媒体力量的再次崛起引起社会大众的广泛关注。Gillan（2006）提出能够弥补法律制度不足的公司治理的重要外部力量之一就是媒体。Dyck、Volchkova 和 Zingales（2008）进一步认为不仅在商品市场中，而且在劳动力市场和资本市场中，媒体监督都能够有效弥补司法保护的不足，是诸多市场中一项重要的制度安排，例如，三鹿因问题奶粉被曝光后下架相关产品、奔驰因维权事件曝光后召回问题车辆、证券市场主体因内幕交易被曝光后取消相关人员的从业资格等一系列措施，充分说明媒体监督不仅在宏观层面能够净化市场经济恶性竞争环境、减少腐败和提高政府效率，而且在微观层面能够有效规范和约束上市公司违规、违法行为。因此，媒体监

① 数据来源于中共中央纪律检查委员会，中华人民共和国国家监察委员会，http://www.ccdi.gov.cn/toutiao/201902/t20190220_188861.html，2019年1月11日中国共产党第十九届中央纪律检查委员会第三次全体会议上的工作报告。

② 2005年1月3日，党中央颁布的《建立健全教育、制度、监督并重的惩治和预防腐败体系实施纲要》中强调：“加强反腐倡廉网络宣传教育，开设反腐倡廉网页、专栏，正确引导网上舆论。”

督对促进国家宏观经济和资本市场的发展具有显著的正向作用。

媒体监督对公司治理的积极影响，不仅已被实践证实，而且在理论研究方面也进一步得到了检验。例如，Dyck 和 Zingales（2004）在对控制权私有收益进行国内外比较时，发现国家间差异除了受传统的司法体制影响外，媒体的信息传播、产品市场的竞争等体制外因素也会抑制控制权的私有收益。醋卫华和李培功（2010）的研究进一步表明，媒体积极、主动地监督公司中存在的治理问题，主要动机是为了赢得社会声誉和获得商业利益。然而，由于媒体对违规问题的揭露，会引起监督管理部门的重视。因此，上市公司会自我约束不当行为（李培功和沈艺峰，2010）。除此之外，媒体监督还会对其他行为主体产生影响，例如，Joe（2003）实证检验了媒体监督对审计师行为的影响，认为当上市公司面临更多"利坏"消息的媒体报道时，审计师更有可能出具有保留意见的审计报告。

由此可见，作为独立于司法系统之外的力量，媒体发挥着社会监督的作用。那么，媒体监督的机制是什么呢？综合媒体监督的公司治理现实案例，总结现有相关文献的研究成果，归纳出三种媒体关注发挥公司治理作用的具体途径：一是行政介入机制，媒体报道对上市公司违规违法行为的揭露，会引发其他社交媒体和网络平台的广泛传播与转载，在大量社会舆论助推下，其更多违规行为会被挖掘，增加公司治理问题被发现的概率，从而引起监督管理部门的注意，并采取监管措施，即形成行政介入机制（Jonathan、Douglas 和 Sarah，2016）。二是声誉机制，声誉的建立和维护对于公司及个人的可持续发展是至关重要的。上市公司的违规行为一旦被媒体报道，其董事会成员和职业经理人的个人声誉将直接受到影响，从而带来经济利益上的损失。因此，经理人和董事会成员在履行职责的时候，会严格规范、约束自我代理行为，即形成声誉机制（Miller，2006）。三是市场压力机制，媒体对上市公司的新闻报道，能够引起更多投资者的关注，甚至会引起投资者情绪不同程度的波动，可能会改变投资者的偏好和投资决策，投资者投资预期和投资行为的改变，会不同程度地引发资本市场中股票价格的变动，最终改变了经理层的绩效报酬，即形成市场压力机制

（饶育蕾、彭叠峰和成大超，2010）。

1.2.3 数智时代媒体报道的典型特征

1.2.3.1 数智时代媒体报道的有偏性

关于媒体与舆情的研究，学者们往往遵循这样一个思路（Shleifer，2014），即媒体或者舆情是公正的吗？如果存在偏误，那么导致偏误的原因是什么？市场制度能否消除这些偏误？最终将会对人们产生什么样的影响？这是研究网络舆情最根本的问题，可惜的是目前的相关研究为之较少，本部分将努力梳理已有的研究结论与成果。

媒体报道的有偏性被学者们广为接受，不同的是学者们对于媒体报告有偏性的成因理解不同。Mullainathan 和 Shleifer（2005）构建了一个模型用以分析读者的偏好与媒体报告倾向之间的关系，研究发现读者愿意支付给那些与自身所持意见相同的报纸。在该模型中，读者会在报道的准确性以及与自身意见的相合性之间作出权衡。也就是说，在竞争机制下，为了吸引读者赚取更多的利润，报纸会选择有偏的新闻报道以迎合读者。

与 Mullainathan 和 Shleifer（2005）不同的是，Gentzkow 和 Shapiro（2006）并不认为读者会更喜欢与自身意见相同的报道，即便这样的报道存在偏误。他们假设理性读者之所以更喜欢与自身意见相同的报道，是因为他们坚信这些报道传达的信息更加准确。这也是舆情形成的最根本基础之一，在互联网环境下，人人都是信息源，人人都可以表达观点并支持与自己观点相一致的言论。Gentzkow 和 Shapiro（2006）对美国保守派和自由派的新闻取向进行了检验，发现读者更愿意相信与自己观点一致的新闻，媒体相应也会为了满足读者需求而报道有偏的新闻。

上述模型从理论角度解释了媒体报道的有偏性，但直到 2010 年才有该领域的相关实证研究出现。Gentzkow 和 Shapiro（2010）借鉴 Groseclose 和 Mylo（2005）的工作，开发了一种计量媒体有偏性的方法，在对美国报纸政治倾向的实证分析中得出了与理论分析相同的结论——读者更喜欢与自身意见相同的新闻报道，读者的这种特质使得报纸为了满足读者需要而作出有偏的报道。

1.2.3.2 消除数智时代媒体报道有偏性的机制

既然媒体本质上具有偏颇性，那么什么样的机制能够消除这些偏颇呢？Gentzkow 和 Shapiro（2010）的研究发现，在控制报纸读者的情况下，报纸的所有权因素不会影响报纸报道的有偏性，报纸的经济需求才是影响报纸内容的最关键因素。也就是说，市场的开放与竞争是影响媒体报道与舆情倾向的最主要因素。

Gentzkow、Shapiro 和 Sinkinson（2014）对 1872—2004 年美国总统大选期间美国报纸的报道和报纸收入进行了实证研究。通过估计报纸以内容竞争方式赢得读者和广告商的量化模型，参考 Gentzkow（2007）的研究方法分析报纸内容之间的经济替代与互补效应，得出了市场竞争机制是影响报纸对相同事件作出不同意见报道的关键因素的结论。不同报纸之间通过差异化报道来减弱相互之间为争夺读者和广告商的竞争，但是现实媒体市场却存在这些差异化供给不足的现象，而对报纸“首先报道”和“合作运营”的补贴可以促进这种媒体意见的多样化（Gentzkow 等，2014）。

对于报纸媒体的理论与实证分析都显示了媒体会因自身利益迎合读者并进行有偏报道，传统媒体的受众往往暴露于这些有偏舆情之下。然而，Gentzkow 和 Shapiro（2011）对于网络媒体的研究却得出了令人惊讶的结论。通常人们会认为网络增加了读者对新闻的可选择能力，读者会更倾向于只阅读与其意见相同的报道，但实证结果却显示网络舆情对读者意见分离作用处于一个相当低的水平：阅读同一个网站内容的两位读者持有相同意见的可能性比同一居住区域内的两人持有相同意见的可能性还低（Gentzkow 和 Shapiro，2011）。

不论是理论分析还是实证检验，现有文献都得出了因传统媒体最大化自身利益需要迎合读者意见而会进行有偏报道的结论，认为读者倾向于阅读与自身观点相同的媒体报道而形成读者意见分离（Mullainathan 和 Shleifer，2005；Gentzkow 和 Shapiro，2006，2010；Gentzkow 等，2014）。研究显示，这种媒体报道的有偏性正是由于媒体间市场竞争机制造成的（Mullainathan 和 Shleifer，2005；Gentzkow 和 Shapiro，2006），存在争论的仅仅是自由的市场竞争机制能否减弱这种有偏性（Gentzkow 和 Shapiro，2006）。对比以报纸为代表的传统媒体，网络媒体对读者意见分离程度很低（Gentzkow 和 Shapiro，2011）。

1.2.3.3 数智时代媒体报道的其他特征

随着互联网的发展，网民对社会事件的参与程度不断增加（Sung 和 Hwang，2014），通过使用交互式社交平台，个人的舆情制造能力显著增强，甚至可以造成一家大公司的舆情危机（Bernoff，2008）。网络技术的这种特点，使得网络舆情具备了突发性（Mei 等，2010；徐晓日，2007；于春生，2012）、匿名性（徐晓日，2007；于春生，2012）、广泛性（Mei 等，2010；徐晓日，2007）、群体性（徐晓日，2007；于春生，2012）、网络化（Pang 等，2014；徐晓日，2007）、低门槛性（Pang 等，2014）的特征。最新一份国内调查显示，虽然互联网赋予了舆情这些特点，但其终究不是网络舆情的起源。本书研究团队与深圳证券交易所的联合调查报告（2014）显示，网络舆情的起源往往来自主流财经媒体对热点事件的报道，网络舆情需要特定的对象作为载体，而网络环境的特殊性使得相关舆情信息更容易集中并发酵，互联网成为企业组织爆发舆情危机的温床（Pang A 等，2014）。

1.2.4 数字媒体报道与利益相关者的互动规律

伴随互联网的普及和发展，2014 年 7 月 28 日，京东商城、聚美优品“知假售假”事件被媒体曝光后，在各类社交网络以及信息门户网站引发了受众的广泛关注和大量讨论，瞬间爆发的炮轰聚美售假行为的负面舆情，波及整个电商行业。2014 年 7 月 29 日，聚美优品单日股价最大跌幅达到 10%。除此之外，上海家化高层内斗、中储粮粮囤失火损失近亿元、国信证券总裁突然身亡、宝能系争夺万科控制权、携程售假机票等一系列对企业产生重大影响的事件，无不与其网络舆情的传播发酵有着直接关系。由此可见网络舆情作为公众意见的一种表现形式，日益发挥交换信息、碰撞思想的作用。投资论坛、股吧、投资名人博客、微信、微博、与投资相关的QQ群、YY语音群及以雪球为代表的专业投资社交网络的迅速兴起，从侧面折射了网络舆情对于资本市场和企业利益相关者关系管理的深刻影响。

与互联网技术蓬勃发展相对应的是各类创新型金融产品的大量涌现，在增强资本市场活力的同时，也加剧了市场的系统性风险，其中网络舆情扮演了极为重要的角色。网联借贷、网络众筹等平台的涌现，对基于互联网的信用征集体系提出了更高的要求，网络舆情的作用更加凸显。融资融券业务的发展完善了中国证券市场的做空机制，使得类似“浑水公司”通过负面舆情做空相关公司大行其道，网络舆情与上市公司更加息息相关。诸如百度百发策略100等基于网络舆情的金融产品的诞生，更是将网络舆情变成了实实在在的产品，与投资者的收益紧密连接在一起。

1.3 数智时代媒体监督的议题设定及传播路径

1.3.1 数智时代媒体监督的议题设定及其影响因素

数智时代媒体监督议题设定是传播学的主要研究对象，研究显示，媒体舆情议题设定会得到社会公众的关注，从某种意义上来说，媒体决定了社会公众关注和思考的内容（Sung和Hwang，2014）。简单而言，网络舆情议题设定主要回答如下问题：网络舆情事件有哪些类型、网络舆情事件讨论了什么内容、影响这些讨论内容的因素是什么。高承实等（2011）在网络舆情事件的时间轴和空间轴两个维度上将舆情事件分为单一具体事件、关于某一议题的一连串事件、关于某一类别的一组事件和第二、三类事件的混合事件。人民网在线企业舆情部发布的《2012年中国企业网络舆情报告》对该年度发生的高关注度企业网络舆情事件进行整理后，按照事件发展因果关系，将企业舆情事件分为负面舆情强力波及并影响行业事件、企业高管负面舆情波及企业事件、升级为突发公共事件的企业舆情事件和外部环境引致的企业负面舆情事件四种高关注度类型，并给出了每种类型的具体案例。

通过对企业舆情危机事件案例的整理分析，在空间轴维度上，可以将企业舆情事件分为产品或服务缺陷型、内部管理漏洞型、公共安全型、领导或员工言行失当型以及其他类型（方付建等，2012）。人民网舆情监测室发布的《中国企业舆情应对能力与声誉风险管理能力报告》（2012）中将企业舆情事件议题分为产品服务、市场行为、生产管理、法律纠纷、贪污受贿等与企业经营活动相关的九种类型。而人民在线企业舆情部发布的《2013年中国企业网络舆情报告》中对企业舆情议题的分类最为细致，将企业舆情议题分为违法违规、内部管理、食品安全、安全事故、产品质量、投资竞争等十个类别。目前来看，虽然国内研究人员已经开始尝试对企业网络舆情议题进行分类，并且也已给出了相应的分类结果，但目前还没有形成统一的归类维度。研究显示，舆情来源渠道（Cappella 和 Jamieson，1997；Sung 和 Hwang，2014）、各种媒体渠道之间的相互影响（Lim，2011；Mccombs 和 Shaw，1993；Sikanku，2011；Sung，2014；Vliegenthart，2008）、企业所处的行业类型等，都会影响舆情的议题设定，从而影响公众认知。特别是近年来学者已经把诸如社交网络类的网络媒体视为一种主流舆情载体，认为网络舆情议题设置对公众的影响将不亚于传统大众媒体议题的影响（Chouliaraki，2008）。例如，Sung 等（2014）对美国媒体渠道议题设定的研究中发现，Twitter 上美国企业的正面、中性与负面舆情议题极大地影响了其他大众媒体的议题设定。

从目前的文献来看，国内学者对企业网络舆情的议题研究多数集中在对于舆情议题的分类，而国外学者的研究则更侧重于舆情议题的重要性与影响因素研究上。相比国内，国外学者对舆情议题的研究更偏重舆情议题基础性形成机制研究，运用的研究方法也更为复杂。

1.3.2 数智时代媒体报道的传播过程

传统媒体传播方式一般是记者通过挖掘上市公司资料、通过传闻和第三方举报等，发现新闻点、撰写新闻报道，通过其所在媒体进行刊登传播。由于受到发行数量和发行区域的限制，传统媒体报道的直接读者相当有限。如今，随着互联网的快速发展，传统媒体的传播格局和生态环境正在快速改变，为了满足人们快速获取信息的愿望，逐步出现了大型门户网站、搜索引擎和专业财经网站等门户类新媒体。虽然在中国这些网站绝大部分没有独立撰稿权，但是它们对上市公司的报道，特别是对敏感报道进行整理收集和转载，打破了媒体信息传播在空间和时间上的限制。

近年来，微博、微信等分享交互类新媒体的崛起，使得网上媒体信息出现了高速传播性、交互影响性和匿名性的巨大的变化。无论是门户类新媒体，还是交互类新兴媒体，都是运用数字网络技术，借助互联网等新媒介传播资讯信息，体现出信息传播的交互性、即时性与共享性的独特特征。因此，新媒体为信息传播提供了更广阔的传播媒介平台。在技术革命推动下，2019 年 12 月 25 日，习近平总书记在中共中央政治局第十二次集体学习时强调推动媒体融合向纵深发展，这无疑是互联网和大数据时代背景下未来多元化新媒体发展的必然趋势。

根据信息传播学理论，信息基本传播过程由传播者、受传者、讯息、媒介和反馈者五大要素构成，信源是指搜集大量有关上市公司信息的媒体传播者，他们将这些信息译成由符号组成的信息，利用各种传播渠道、手段和工具将接受者能够理解的有意义的信息发送给处于信息传播网络中关键节点的信息接收者（赵金楼和成俊会，2015），又称信宿，即信息接收和反应的媒体用户，从而实现了以新闻媒体为中介的市场参与者之间的信息互动。

1.3.3 数智时代媒体报道的传播路径与生命周期

Rogers（1962）最早提出舆情的传播理论，该理论包括舆情内容、传播路径、传播时间和社会系统四个基本元素，该理论在与企业管理、政治科学、农业等的交叉领域中得到了广泛应用（Sung 和 Hwang，2014）。Rogers（1995）随后又定义舆情传播为“舆情内容在一定的时间内通过特定的传播路径在社会系统成员之间进行信息沟通流动的过程”。由舆情传播的定义及传播理论的四个基本元素可以看出，舆情的传播路径、传播时间（生命周期）和社会系统直接与概念“传播”相关（Sung 和 Hwang，2014），成为舆情传播研究的重点。

网络技术使得信息的传播途径由单一的线性传播结构转化为发散的网络传播结构（Pang等，2014），为用户创造了一种新的信息接收与发布路径（人民网舆情检测室，2010）。目前有关网络舆情传播模型的研究包括：

空间维度模型，即主要描述舆情在舆情载体之间运动规律的传播路径模型，例如，Rogers（1995）给出了舆情由用户主导型渠道向媒体主导型渠道传播的理论解释，是舆情传播路径研究的最早理论贡献。Sung等（2014）对美国企业舆情的传播路径研究结果印证了这种理论，即诸如Twitter、博客、在线社区等用户主导型舆情渠道在企业舆情向大众媒体与公众的传播中起到了关键传递作用。

时间维度模型，即主要描述舆情随时间流逝如何变化的生命周期模型。王来华（2005）最早提出了时间维度描述舆情传播的三阶段模型，即舆情的发生、变化、结束模型。虽然该模型简洁明了，但是过于抽象且解释能力不足。刘毅（2007）整合了舆情的动力模式和线性划分模式，扩充三阶段模型为网络舆情涨落、序变、冲突和衰退的四阶段模型。通过对微博的案例研究，谢耘耕等（2011）认为舆情传播包括形成期、爆发期、缓解期和平复期四个阶段。在另一种议题升级模型中，顾明毅等（2009）将舆情升级过程划分为早期传播阶段、社会性知情阶段、社会性表达阶段、社会行动阶段和媒体纪念阶段五个阶段。结合交互式网络环境中舆情的特点，李刚（2011）将网络舆情传播过程划分为六个阶段：潜伏、成长、蔓延、爆发、衰退和死亡。以上各模型从不同的角度对网络舆情传播阶段进行了划分，构建了上述三、四、五、六阶段的网络舆情传播时间维度模型，各有其理论意义和实践指导优势。

从现有的文献来看，由于国外社交网络发展相对成熟，国外学者对于网络舆情的研究主要集中于网络舆情的空间维度传播路径研究，这些研究也运用了更多的计算机技术手段与实证研究方法。而国内学者对于网络舆情传播的研究主要集中于基于时间维度舆情传播的规范性研究，基于空间维度的舆情传播路径研究较少。

1.4 数智时代媒体报道影响企业经营绩效的机制

1.4.1 数智时代媒体报道影响企业绩效的机制

数智时代媒体报道的集聚性特点加大了利益相关者的行动力度，使得对企业的不利影响相应放大。在现有的研究中，媒体报道及网络舆情对企业经营业绩的影响主要涉及以下几种机制。

1.4.1.1 声誉机制

从企业运营角度而言，负面舆情会损害企业及其产品的声誉，消费者因恐慌心理会抵制企业，从而减少对其产品的购买，最终将会导致销售收入大幅度下滑。例如，美国 Fortune 杂志展开最受尊敬企业（AMCC）的评选，Vergin 和 Qoronfleh（1998）对 1983—1997 年每年评选前 10 名和后 10 名的公司分别研究后，发现排在声誉排行榜靠前的公司在很长一段时间内都能保持较高的声誉。因此，该部分企业受良好声誉的影响，更能够吸引优秀的员工，从而能够生产出具有高质量和创新性的产品，或提供给顾客更优质的服务，最终有利于公司绩效的提高，导致员工和消费者满意度再次提高后，公司的声誉也随之加强，这实际上形成了一个良性循环。Deephouse（1997），Roberts 和 Dowling（1997），Dunbar（2000）以及 Belkaoui 和 Pavlik（1991）等也得到了类似的结论。

从财务信用角度而言，负面舆情会影响企业声誉，从而导致银行等金融机构对企业的信任度降低，从而降低企业的融资能力，增加其融资成本。因此，相较声誉不好的企业，良好的声誉将更有利于降低企业的融资成本，从而提高其融资能力。陈运森等（2009）受 Diamond（1989）债券市场的道德风险和逆向选择模型的启发，发现媒体负面报道使银行等金融机构降低对企业的信任度，倾向选择缩小贷款规模、提高利率等更苛刻的贷款政策，由此所产生的融资约束将加剧企业的财务风险。

从公司治理的角度来而言，声誉给经理人和董事会成员带来财富与社会地位，声誉损害对经理人和董事会成员来说是可信的惩罚，促使其更加关注媒体，对媒体的报道作出及时反应，通过改变内部决策影响企业的绩效。Dyck、Volchkova 和 Zingales（2008）的研究成果认为，媒体关注通过影响经理人和董事会成员的声誉来规范其行为。Nguyen（2009），醋卫华和李培功（2010）均发现了声誉机制的作用。

1.4.1.2 行政介入机制

探讨行政介入的学者们认为，在经济转型国家中，由于法律制度的缺失，行政治理可以成为一种保障投资者利益的替代机制（Glaeser 和 Shleifer，2001；Pistor 和 Xu，2005；陈冬华、章铁生和李翔，2008）。在一定场合下，行政介入甚至比正式的法律治理更加有效（Glaeser 和 Shleifer，2001）。Dyck、Volchkova 和 Zingales（2008）虽然支持媒体关注的声誉机制，但也强调了法律处罚在媒体发挥公司治理作用过程中的重要性，法律处罚特指经过司法调查和法庭审讯的处罚。媒体报道及舆情关注能够引起司法部门对公司行为的介入与监管，促使管理者行为的改变。

民营企业的存在和发展往往依赖于政府的支持，与当地政府的关系成为民营企业的重要资源（张建君和张志学，2005；余明桂和潘红波，2008）。一旦媒体曝光引发行政机构介入，无疑会损害其与政府的关系，不利于长久发展。因此，媒体曝光也有利于民营企业改正违规行为。国企高管受命于行政组织，媒体的曝光更容易引起行政机构的介入，为了避免政治前途受媒体曝光和行政介入的影响，国有企业会加强改正违规行为的意识（李培功和沈艺峰，2010）。

1.4.1.3 信息优势机制

互联网的发展使得人们获取信息的方式发生了巨大的改变（Kelley L，2009），信息管理能力与网络能力已经成为企业核心竞争力的重要组成部分。Ingram P 和 Lifschitz A（2006）的研究认为，企业获取信息以及处理信息的方式方法会深刻影响企业的绩效。资源基础观（RBV）认为，外部信息作为一种无形的资源，若企业能够获取并充分利用，对企业的发展与成长有着重要的作用，而企业内部信息的积聚与扩散，不仅有利于降低信息的加工成本，而且有利于提高信息的可信度，从而有利于企业绩效的提升。

已有研究表明，市场信息可以提供关于客户偏好以及这种偏好如何被有效满足的知识，进而帮助企业更好的满足顾客需求，而且信息处理能力也是竞争优势的来源之一（Burgers JH、Van Den Bosch 和 Volberda FA，2008）。Coviello（2006）认为，有关顾客和竞争者的市场信息，会巩固企业竞争优势并最终表现在组织的总体绩效上。还有学者认为，拥有市场信息的企业能够通过提升有效开发机会与吸引顾客的能力，从而提高创业绩效。正式的市场信息获取与利用过程，会正向影响新创企业绩效（Wiklund J 和 Shepherd D A，2003）。

1.4.1.4 市场激励机制

市场激励机制主要是指媒体报道以及网络舆情，通过作用于资本市场，对公司的内部人员激励制度产生影响，进而影响其决策行为。例如，Fang 和 Peress（2009）的研究发现，大量的媒体关注（不论媒体报道的新闻是否真实）会影响到股价的资本市场特征。基于薪酬激励制度、外部接管制度等一系列的制度安排，管理者行为的改变容易受股票市场特征的影响。国内以于忠泊、田高良和齐保垒等（2011）的研究为代表，认为媒体关注信息的传播，通过作用于资本市场，给管理者带来巨大压力导致行为改变的这一机制，从而对投资者的认知、信息的获取产生巨大的影响。

1.4.1.5 市场压力机制

市场压力是指，由于一系列激励制度的存在，面对公司股票在证券市场上表现出来的各种风险特征（波动性特征、收益特征，等等），管理者不得不采取适当的应对策略，以降低自身的风险（被收购接管的风险、职业晋升的风险，等等）或获取收益（基于薪酬激励机制的报酬，等等）。例如，管理者从事盈余管理主要出于薪酬、资本市场和监管三方面的动因（Healy 和 Wahlen，1999；Chen 等，2008）。面对市场的压力，出于自身利益的考虑，管理者会采取相应的应对策略。因此，资本市场动因是管理者进行盈余管理的主要诱因，占其主导地位（Healy 和 Wahlen，1999；Fields 等，2001；Graham 等，2005）。

关于市场压力的研究零散地见于各类公司治理的文献中，出现频率最多的是关于董事会结构、反收购条款等公司治理机制的研究。例如，根据委托代理理论，董事会效率越高，对管理层的监督功能就越强，管理者进行利己的机会主义行为应该更少。但是，Ge（2010）以真实活动的盈余管理作为考察对象，却得出了相反的结论。他认为，董事会较强的监督功能给管理者带来巨大的压力，是造成这一结果的主要原因。有关真实信息的披露，会损害管理层的切身利益。因此，管理层往往会故意隐瞒部分违法违规行为，该类行为往往不易察觉。在 Zhao 和 Chen（2008）的研究中也得到了证实，研究发现在较强的法律监管环境下，管理者面对的压力较大（来自法律处罚、市场竞争的种种风险），更愿意采取温和的方式，尽情地享受现有的平静生活。反收购条款一直被视为削弱了公司治理的效率，而此时引入反收购条款（保护管理者的经营地位），却能够缓解管理者面临的种种压力，促使更努力提升企业的价值。Fu 和 Liu（2007）的研究也发现了一致的证据。

由于管理者面对的约束环境、激励机制等不同，市场压力无法用直观的变量测度。但是，上述种种研究结论表明，市场压力真实存在，在多个维度改变了管理者的行为。媒体关注带来了市场压力，进而改变了投资者的行为，对公司治理产生了重要影响。

1.4.2　数智时代媒体报道影响上市公司股票价格的机制

数智时代媒体报道相关信息对股票价格影响的相关研究包括了两个分支：第一个分支着眼于经过网络媒体曝光后，信息传播更为迅速、信息摩擦减少，这部分研究属于传统信息经济学范畴；第二个分支则认为舆情捕获了投资者的注意力，影响了投资者的认知和情绪，进而影响了投资者的投资者行为与判断决策，这部分研究属于行为金融学的研究范畴。

1.4.2.1　基于信息经济学角度的分析

（1）数智时代媒体报道具有增量信息。根据 Fama 的有效市场假设，任何公开信息都不含有信息增量，此类信息不会为投资者带来超常收益。媒体报道的信息属于公开信息，在有效市场假设下，如果媒体总是能够有效、准确、及时地传递信息，那么从理论上来说，它就不具有任何增量信息，也不会对资产价格产生任何实质性影响。但是事实并非如此，一是市场并非完全有效，信息传递存在摩擦，表现出众多的资本市场异象，媒体对这些异象有显著的削弱作用（权小锋和吴世农，2010）；二是媒体有偏论理论认为媒体对企业的报道，不够深入和具体，并未深入分析事件的前因后果，为了追求轰动效应，博取受众的眼球，往往只关注那些“明星”和“光环”企业，而不关注其他企业（Jensen，1979；Gentzkow 和 Shapiro，2006；杨德明，2011）；三是投资者对不同来源信息的反应程度不同（Hsieh，2005；Kothari、Li 和 Short，2009）。以上因素导致媒体报道和网络舆情具有信息增量，从理论上来说能够影响资产定价。

（2）数智时代媒体报道影响了股票的风险—收益特征。Fang 和 Peress（2009）的研究表明，信息传播的广度（不论媒体信息是否真实）影响了股票的收益，提出了两种理论和实证解释：

其一，媒体效应（低媒体关注投资组合获得较高未来收益补偿）与流动性有关，交易障碍导致了媒体效应。低媒体关注投资组合出现了错误定价，但是由于严重的市场摩擦，出现了交易障碍，套利交易者无法进行套利交易。来自实证分析的证据显示，媒体效应确实是由于交易障碍所导致，但是交易障碍无法解释媒体效应在开始年份较大，随后有所减少的现象。

其二，基于 Merton（1987）的投资者认知假说，媒体效应是由于低媒体关注投资组合多样化程度不足，因而需要额外的风险补偿。媒体信息的广泛传播，拓宽了投资者的认知程度，因此那些关注程度较高的股票，其未来风险补偿较低。研究结论最终认为，媒体效应属于 Merton 的信息传递框架解释范畴，而交易障碍的存在保证了媒体效应的持续性。

Fang 和 Peress（2009）的研究解释了低媒体关注的投资组合具有正的风险溢价，但没有解释为什么高媒体关注的投资组合会有负的异常收益。有鉴于此，国内学者饶育蕾、彭叠峰和成大超（2010）从“有限注意”（Limited Attention）的角度解释了我国股票收益的媒体效应。即由于媒体

“过度关注弱势”（Over Attention Underperformance）现象，造成市场投资者短期内对新信息的过度反应和股票价值的高估，从而导致后期收益会发生长期翻转。学者们一致认为，高媒体关注股票具有负的异常收益，是由于高媒体关注股票收益过度反应并在其后发生了翻转，媒体效应被股票收益的翻转效应所弥补。张雅慧和万迪昉（2011），游家兴和吴静（2012），王建新等（2015）的研究均提供了类似的经验证据。

其三，数智时代媒体报道影响到了资本市场的信息环境。媒体报道及网络舆论可以通过以下几种方式影响资本市场的信息环境：一是媒体的广泛报道可以有效降低中小投资者的信息搜集成本，从而有助于扩大既有信息的传播范围，提高市场知情交易的比例（Dyck 和 Zingales，2003），Grossman 和 Stiglitz（1980）认为高的市场知情交易比例有助于股票市场定价效率的提高，从而对信息环境含量产生正向影响；二是媒体关注除了扩大信息传播范围，还可以通过包装既有信息、创造新信息，从而提高公司的透明度和会计信息质量（Miller，2006；Fang 和 Peress，2009；Bushee 等，2010），最终有助于改善资本市场的信息环境（Jin 和 Myers，2006；Ding 等，2007）；三是媒体引发的舆论压力有助于提高投资者保护水平和公司治理水平，降低外部投资者受到内部人侵害的概率（李培功和沈艺峰，2010；Dyck 和 Zingales，2002；Dyck 等，2008），从而保护了投资者的收益。因此，投资者保护水平的提高使得投资者更有意愿和动力去搜集与分析公司层面的信息，从事投资套利活动，更有助于资本市场信息环境的改善（Morck 等，2000；Ferreira 和 Laux，2007；袁知柱和鞠晓峰，2009）。

然而，正如 Barber 和 Odean（2008）所分析的那样，作为有限理性的投资者，媒体报道信息的传播更容易引起他们的注意，而不是为其提供有用的信息。媒体报道引发的舆论将会制造更多的交易噪声，不利于资本市场信息环境的改善。因此，媒体报道的真实性、客观性和可靠性是净化资本市场信息环境的重要保证，媒体保持自身的独立性则是必要条件。但是，受媒体企业营利性特征的影响，为了增加浏览和阅读量，往往通过制造一些噱头，或者被上市公司资本捆绑，很难保持媒体报道的独立性和客观性（Core 等，2008；熊艳等，2011）。

1.4.2.2 基于行为金融学角度的分析

行为金融学的分析认为，媒体报道在向投资者传递信息的同时，也捕获了他们的注意力。该研究不再囿于传统经济学理性人和完全信息的理论假设，而是将认知心理学纳入分析框架，聚焦于投资者注意力的有限性，强调了投资者在无限信息和有限认知的现实面前所处的窘境。

（1）数智时代媒体报道相关信息与投资者注意力。在 Merton（1987）看来，投资者由于认知的局限性无法洞悉全部股票，也就无法构建完全分散化的投资组合，从而会要求一个溢价来补偿他们所承担的异质性风险。基于投资者认知假说的分析，Peress（2009）把媒体报道作为投资者注意力的代理变量，发现在《华尔街》上刊登盈余公告的公司，其股票价格和交易量波动较大，公告后漂移较小。在控制住各种包括市场、规模、动量指标以及流动性等风险因素后，媒体关注度低的股票其年均回报要比媒体关注度高的股票高（Fang 和 Peress，2009）。还有部分学者以 S&P500 指数成份股为例，研究发现若盈余公告在当地媒体上发布，将更容易引起本土投资者的关注，从而导致股票市场交易量的显著上升（Engelberg 和 Parsons，2011）。因此，便可达成一致结论，即媒体报道能够吸引投资者的注意力，必然会对资产定价产生影响。国内学者，饶育蕾、彭叠峰和成大超（2010），张雅慧、万迪昉和付雷鸣（2011），宋双杰、曹晖和杨坤（2011）均从行为金融学的角度分析了媒体信息报道对股价的影响。

（2）数智时代媒体报道相关信息与投资者情绪。Shiller（2000）认为新闻媒体关注对投资者树立投资信心、实现投资预期发挥着十分重要的作用。媒体报道不仅具有传播信息的功能，也发挥着情绪传染的作用。投资者情绪是指投资者通过认知与评估资产未来现金流和投资风险，而形成对资产未来价值的预期或信念，有可能脱离实际情况（Baker 和 Wurgler，2006），是影响资产定价的一种系统性风险（Delong、Shleifer 和 Summers，1990；Hong 和 Stein2007；Chen，2009）。Tetlock（2007），Tetlock 和

Tsechansky（2008），Garcia（2010）均发现了“媒体情绪”对资产定价的影响。

1.5 本章小结

近些年，随着5G互联网信息技术不断推进和普及，新媒体作为一种信息中介，对市场参与者的直接影响日益凸显，不仅成为传播学、公共管理专业领域的研究内容，而且成为工商管理专业财务与会计方向的研究热点问题。首先，本章简单介绍中国媒体的发展历程及属性转变，在我国“互联网+”战略下“媒体融合”纵深发展的趋势背景下，阐述数字媒体的发展现状，总结数字媒体发展的特征；分析媒体在政府治理、公司治理中发挥监督作用的现状，包括媒体监督的对象、方式、途径、机制和影响等，分析出数智时代媒体报道的典型特征，以及总结数字媒体报道及其引发的网络舆情信息传播与利益相关者互动规律。其次，进一步分析数智时代媒体监督的议题设定及传播路径，包括数智时代媒体监督的议题设定及其影响因素、媒体报道的传播过程、传播路径与生命周期。最后，论述数智时代媒体报道影响企业绩效的机制，主要包括声誉机制、行政介入机制、信息优势机制与资本市场相关的激励机制。基于信息经济学角度和行为金融学角度的分析，论述了数智时代媒体报道影响上市公司股票价格的机制。

第2章　数字媒体关注的公司外部治理效应

回顾金融学、管理学科等领域文献，作为公司治理的外部监督机制，媒体关注得到了国内外很多学者的关注，对其逐渐展开了深入的研究，主要表现在媒体的作用有哪些、对上市公司会产生哪些影响，造成的经济后果、作用机制和应该采取的治理措施等。但是随着数字网络外界约束环境的变化，指出已有研究存在的缺陷和不足，对于确定未来的研究方向和研究内容至关重要。针对该问题，本章在界定媒体关注与公司治理内涵的基础上，搭建公司治理的框架，系统性地研究媒体关注的外部公司治理的意义、实施条件、治理机制、治理效应和治理策略。

2.1　数字媒体关注与公司治理的内涵

2.1.1　数字媒体关注

2.1.1.1　数字媒体

媒体（Media）是用于存储和传递信息或数据的载体。电视、广播、报纸、周刊（杂志）等都是传统媒体。数字新媒体（New Media）是指在新的信息技术背景下出现的媒体形态，包括数字报纸、数字广播、移动手机网络和数字电视电影等，是传统媒体与计算机和通信技术的结合。与传统的户外、报刊、广播和电视四大媒体相比较，新媒体也被形象地称为“第五媒体”或数字化媒体。数字技术和网络技术（包括互联网、局域网、无线通信网等渠道）能够使电脑、手机和数字电视机终端用户可以跨越地理位置、时间障碍在其智能设备上接收、分享媒体信息，已经成为信息无障碍传播的一种重要的新兴媒体工具，突破了传统媒体传播方式受制于发行数量和发行区域的限制。媒体具有传播信息、引导舆论、监督社会现象、协调社会关系和传承社会文化等功能。

Kim、Zhang 和 Yu 等（2012）探究了在不同国家中，媒体的所有权性质对资本市场信息环境的影响。研究发现，随着国有控股份额的增加，媒体主要服务于国有企业改革，媒体的独立性很难保证，很难发挥其应有的社会属性。媒体对股价信息含量的影响逐渐减弱，国有控股影响了媒体信息中介和外部治理力量功能的发挥。但是，在推进经济体制改革的背景下，媒体逐渐开始揭露和批判现实社会问题，中国的媒体已经逐步实现商业化，具备了公司治理的功能，学者们的实证研究也证实了研究假设。

总之，媒体的独立性在很大程度上受媒体所有权性质和监管程度的影响。中国媒体的属性有了很大的转变，也逐步实现了商业化，但是毋庸置疑在媒体独立性、自由性等方面仍然存在巨大的提升空间。媒体的独立性不仅会影响信息的真实性和可靠性，还会影响投资者对信息的反应程度，Fang 和 Peress（2009）提出即使是虚假的信息，也会引起资本市场的反应，遗憾的是没有文献探究投资者对不同类型的信息会作出什么样的反应，而且该理论在中国制度背景下并没有得到证实。如果投资者对媒体报道的信息未作出反应，或者作出了“扭曲”的反应，那么对媒体的公司治理功能的探讨将需要从一个新的角度展开。

2.1.1.2 数字媒体报道与关注

关于法律、税收、公共卫生和罪犯的政府公告自古以来就被称为新闻，新闻是关于当前事件的信息集合。以传播新闻为重点的大众媒体称为新闻媒体。新闻可以通过许多不同的媒体提供，如口碑、印刷、邮政系统、广播、电子通信，或通过观察员和事件目击者的证词。人类表现出一种普遍学习和分享新闻的愿望，通过互相交谈和分享信息来满足这一愿望。新闻报道是指新闻媒体对当前事件的信息通过选定的信息通信方式进行传播，新闻报道的共同主题包括战争、政府、政治、教育、健康、环境、经济、商业、时尚和娱乐，以及体育活动、古怪或不寻常事件。我们今天所知道的新闻类型与报纸密切相关，报纸起源于中国的法庭公告，并通过报纸和印刷机传播到欧洲。政府通信和间谍网络推动了技术和社会的发展，提高了新闻传播的速度，并影响了其传播内容。

数字媒体关注是指网络新闻媒体对社会现象的关注程度和选择偏好等，具体是指各大互联网络媒体报道的新闻关键词被收录数量的统计值，并以统计图的形式展现。数字媒体关注倾向性是指新闻机构或新闻传播者对于客观事实的立场、观点、兴趣等或明或暗地在新闻中的反映。不同价值观念、政治态度、文化素养的新闻传播者会在新闻传播过程中表现出完全不同的倾向，新闻倾向性最鲜明地表现在社论或评论中。新闻报道和版面安排也表达一定的倾向。新闻在按照事实的内在逻辑、外部联系安排和表达事实时，寄予着无形的观点、态度，表现出倾向性。版面安排通过将新闻或评论置于主次不同的位置来表达新闻媒介管理者的倾向性。倾向性也指报纸等新闻媒体在一个时期内的报道观点、基本看法形成的舆论导向。大多数新闻传播者的新闻价值观是公正的、中立的和客观的，尽管没有政治偏见的报道存在固有的困难（Stephens，2006）。

根据 Merton（1987）的投资者认知假说，由于投资者认知的有限性，资本市场对认知度较低的证券，往往会产生错误定价。Baker 等（2002）采用关注公司股票的证券分析师人数和媒体报道频率作为公司知名度衡量指标，研究发现关注某家公司的证券分析师越多，关于某家公司的新闻报道越多，投资者对该公司的了解程度就越深，认知水平也就越高。Fang 和 Peress（2009）的研究结果表明，不论媒体新闻对上市公司的报道是否真实，媒体关注度的高低都会对投资者产生影响，影响资本市场的定价。Bushee、Core 和 Guay（2010）的研究表明，媒体信息传播的广度（新闻报道数量）能降低信息的不对称程度，降低资本成本。我国学者杨德明（2010）的研究发现媒体有动机去曝光上市公司的丑闻，媒体曝光度的提高总是将那些热点问题暴露在广大的投资者面前。因此，媒体关注是指媒体对上市公司的曝光程度，即媒体对上市公司信息传播的广度。

新闻是世界各国人民对全球事务了解的主要来源（Stokrock，2006）。

在西方社会，电视收视率如此之高，以至于媒体报道对心理学和文化的总体影响巨大。根据议程设定理论，公众将把新闻中突出的问题作为优先考虑的重点（Mccombs 和 Shaw，1972）。议程设定模型得到了研究的充分支持，特别指出公众自我心里的担忧是对新闻报道变化的反应，而不是对潜在问题本身变化的反应。对受众而言，某个问题对人们的生活影响越小，媒体议程设置对他们看法的影响就越大（Keisers、Niehüser 和 Stadler，2003）。对媒体而言，不同媒体根据议程设置发布的相对应主题的新闻，其权利就会在实践中变得更加强大。随着轰动的“小报新闻”越来越流行，人们对这些价值观的认知已经发生了很大的变化。Stromback、Karlsson 和 Hopmann（2012）认为，在第一次世界大战时代和伴随着宣传的兴起之前，记者们不知道报道中的偏见概念，更不用说积极地修正它了。Allan 和 Stuart（2010）确认新闻的另一个普遍属性是耸人听闻，过分关注和夸大公众消费的情感故事（Stephens，2016），这类新闻与人们分享彼此感兴趣的其他人的八卦无关。但是，新闻发布的内容风格会对公众产生影响，影响的大小和精确性很难通过实验来确定（Keisers、Niehüser 和 Stadler，2003）。

2.1.2 公司治理

2.1.2.1 公司治理的提出

公司治理是控制运营公司的机制、过程和关系的集合（Shailer 和 Greg，2004），也是在社会、监管和市场环境中设定、追求公司目标的过程，包括监控公司及其代理人和受影响的利益相关者的行动、政策、实践及决策。治理结构和原则确定了公司不同参与者（如董事会）之间的权利与责任分配，包括董事、经理、股东、债权人、审计师、监管者和其他利益相关者在公司事务中作出决定的规则与程序①。2001—2020 年，许多大公司因涉及会计欺诈、各种形式的丑闻而倒闭之后，人们增加了对现代公司治理的实践，特别是与问责制有关的公司治理实践，各种形式的公司治

① OECD Principles of Corporate Governance, 2004. OECD. Retrieved 2013 - 05 - 18.

理规范维护了公众与政治利益。例如，在美国这些丑闻包括安然公司和MCI公司（前世界通讯公司），它们的消亡导致了2002年《萨班斯—奥克斯利法案》（Sarbanes - Oxley Act）的颁布，这是一部旨在改善美国公司治理的美国联邦法律。意大利的帕马拉公司的倒闭，也刺激了监管机构的增加。澳大利亚类似的公司倒闭事件，引发CLERP9（Corporate Law Economic Reform Program Act 2004）改革的最终通过，同样旨在改善公司治理（Lee和Shailer，2008）。在2008年的金融危机之后，公司治理问题依然受到高度关注。

2.1.2.2　公司治理的必要性

公司利益相关者以财物、实物、人力和其他形式的资本为公司提供价值。因此，他们更多关注的是公司治理后的财务报表中反映的直接和间接利益，或者是公司的社会表现①。如果当事人对公司预期治理成果信心不足时，他们会选择远离公司，参与市场可能性降低，政治行动的可能性会因此增加。由于利益相关者之间可能存在利益冲突（主要是在股东和上级管理层或股东之间），公司治理可以看作试图协调利益相关者利益的实践（Tricker和Adrian，2009；Goergen、Brewster和Wood，2012）。因此，就如同（Voorn和Van，2019）的研究观点，即公司治理是有必要的。当然，大家在公司治理责任领域存在争议，有学者认为公司价值的创造是大家一起努力的成果。公司治理应该满足员工需求和股东需求。同时，满足客户的愿望，有利于提升销售额的成倍增长，员工和股东需求也会从中受益。也有学者认为除了员工和股东，债权持有人和供应商也会作出贡献（Lee、Janet和Shailer，2008；Tricker和Adrian，2009）。

虽然股东通常是企业决策中最直接和最重要的利益相关者，但是他们仅仅是利益相关方的一个子群体。公司的客户、员工、供应商、债权人等都与其有利害关系，甚至包括会给企业生产经营带来压力的政府部门、本

① The Corporate Governance of Iconic Executives, 87 Notre Dame Law Review 351 (2011), available at: http: //ssrn. com/abstract = 2040922.

地社区和居民、环保组织、媒体等集团。这些利益集团会对企业的生产和发展产生重要的影响，有的直接决定了企业的核心竞争力，有的为企业的生产经营提供保障条件，有的对企业生产经营进行监督管理。因此，公司治理的目标不仅是实现股东利益最大化，还要维护其他利益相关者的利益，最终实现利益相关者群体福利最大化的目标，保证企业能够可持续发展。能够给这些利益相关者提供与其利益关联程度相匹配的权利、责任和义务的合理公司治理结构是实现有效公司治理目标的前提条件。

2.1.2.3 公司治理的原则

2002 年美国《萨班斯—奥克斯利法案》（Sarbanes - Oxley Act）是美国联邦政府参考了英国吉百利委员会（英国，1992 年）和经合组织报告（1999 年、2004 年和 2015 年）[①] 中建议的公司治理的若干原则。一是坚持股东的权利和待遇公平原则（Cadbury，2010）。组织应尊重股东的权利，帮助股东行使这些权利。他们可以通过公开和有效地交流信息以及鼓励股东参加股东大会的方式来帮助股东行使权利。二是坚持其他利益相关者的利益的原则。组织应认识到对非股东利益相关者（包括员工、债权人、供应商、当地社区、客户和决策者）负有法律、合同、社会和市场驱动的义务。三是坚持董事会的角色和职责原则。董事会需要足够的相关技能和理解来审查、挑战管理绩效。它还需要足够的规模和适当的独立性与承诺水平。四是坚持诚信和道德原则。诚信是选择公司高管和董事会成员的基本要求。各组织应为其董事和高管制定行为准则，以促进道德和负责任的决策。五是坚持披露和透明度原则。各组织应澄清并公开董事会和管理层的角色与职责，为利益相关者提供一份问责制标准，还应该实施独立验证和维护公司财务报告完整性的程序。应及时平衡披露与组织有关的重大事项，以确保所有投资者都能获得清晰、真实的信息。

---

① Study Pursuant to Section 108 (d) of the Sarbanes - Oxley Act of 2002 on the Adoption by the United States Fin ancial Reporting System of a Principles - Based Accounting System; Bumiller, Elisabeth (2002 - 07 - 31). "Bush Signs Bill Aimed at Fraud in Corporations". The New York Times. Sarbanes - Oxley Act of 2002, US Congress, Title VII.

2.1.2.4　公司治理的机制

理想的监控系统应该具有调节激励的能力，同时为企业目标提供一致性的激励。应该注意的是，激励措施并不需要那么强烈，否则有些人会试图跨越道德行为的界限。例如，通过操纵收入和利润数字来推动公司股价上涨。由于道德风险和逆向选择问题的存在，导致公司治理效率低下。因此，需要建立完善的公司治理监管系统，包括内部治理机制，还有外部治理机制（Douma 和 Schreuder，2013）。

股东、董事会和管理层之间的委托代理关系的建立、契约制度的安排，都是内部公司治理机制的体现。内部监管的具体方式主要有股东、董事会、审计、薪酬等方式（Bhagat 和 Black，1998）。内部监控是内部公司治理的主要机制，包括肯定董事与经理人创造的价值、减少道德风险的激励机制，调节董事与经理内部权力的监督制衡机制。人们对包括市场在内的外部系统和机构如何影响公司治理有着浓厚的兴趣（Rahim 和 Kuruppu，2016）。外部公司治理主要监督外部利益相关者对组织的作用，包括竞争环境、债务契约、业绩信息（特别是财务报表）的要求和评估、政府法规、劳动力市场、媒体压力、收购和重组等对企业的影响。当公司的独立第三方（如外部审计师）证明管理层向投资者提供的信息不准确时，就会对管理层的行为进行外部监控。股票分析师和债券持有人也可以利用这种方式进行外部监控。

2.2　数字媒体关注的公司外部治理作用的研究意义

2.2.1　理论意义

在注册制改革的大背景下，如何充分利用互联网技术实现“以信息披露为中心”的发审体系，如何保障资本市场信息的传播效率以切实保护投资者的利益，是目前所面临的紧迫课题。因此，基于数智时代中国媒体属性的转变以及媒体报道特征，本书提出在“互联网 + 数字媒体关注”下公司治理与利益相关者利益保护的研究问题，归纳已有国内外研究基础，努力给出具有创新性的理论解释，其具体理论意义有：

第一，丰富关于数智时代外部公司治理机制的研究文献。公司治理机制在大的方面可以分为两种，内部治理机制和外部治理机制。内部治理机制是指股东可以通过参加股东大会，设立董事会、监事会、审计委员会，以及聘任独立审计师等机制约束管理层的行为；外部治理机制是指通过企业外部的法律制度、市场监管、公众、投资者、媒体监督等约束管理层的行为。相对于内部治理机制，关于外部治理机制的探讨，正逐渐受到学术界的重视。目前的研究文献主要集中于法律环境、投资者的专业程度（机构投资者）、分析师等方面，缺乏媒体关注公司治理功能的研究。在网络经济和信息技术高速发展的今天，舆论、媒体监督被认为是新兴资本市场上有效代替司法保护不足的一项重要制度安排，探讨媒体关注公司治理机制，进一步丰富了关于外部治理机制的研究，弥补国内外已有文献的研究不足，拓展媒体关注与公司治理的研究内容。本书通过回顾已有文献，总结国内外学者在探讨媒体监督与公司治理方面的研究，包括媒体关注对企业经营业绩、管理层违规行为和股价崩盘风险的影响，以及媒体关注下公司治理的作用机理。同时，针对已有研究不足，拓展研究内容，包括数字媒体关注与投资者、债权人、消费者、政府及员工等利益相关者之间的关系，主要分析其作用机制和经济结果，在此基础上进一步分析媒体关注对上市公司利益相关者群体福利最大化的影响。

第二，明确数智时代媒体发挥公司治理的作用途径。一系列研究（Gillan，2006；Dyck、Volchkova 和 Zingales，2008；李培功和沈艺峰，2010）均认为，媒体具有一定的治理功能。媒体作为一种重要的信息中介（Bushee、Core 和 Guay 等，2010），通过影响监管层、投资者等公司利益相关者，对上市公司管理层施加压力，从而实现了媒体的公司治理功能。然而，以上研究均存在着诸多不足，没有明确揭示出媒体关注发挥公司治理功能的作用途径。本书结合我国社会的制度背景，逐一对媒体的各种公司治理途径进行分析，明确占据主导地位的公司治理途径；强化媒体关注与利益相关者关系的全面认知，丰富媒体关注的公司外部治理效应的研究结论；系统性地分析媒体关注对不同利益相关者的影响机理和作用结果，例如，媒体关注对提升上市公司财务报表可读性产生的影响，从而缓解信息不对称，最终保护投资者收益问题的研究。媒体报道通过改变企业财务状况，从而影响债权人利益问题的研究，媒体监督上市公司税收激进行为，从而保障政府利益相关者的利益问题研究等。该类问题的研究将会推动“互联网 + 媒体治理体制创新”理论研究的发展。

第三，比较研究不同制度背景下数字媒体关注对利益相关者的影响。目前的研究主要集中于美国等成熟资本市场国家，新兴市场在市场机制的有效性、媒体的所有权和独立性等方面均与成熟资本市场相差巨大。制度背景的不同决定了媒体在公司治理功能方面的差异，但是现有的文献没有关于新兴市场的深入研究，尤其缺乏中国转型制度背景下的研究。本书提供了来自新兴市场的比较研究，进一步分析了媒体在转型制度背景下发挥公司治理作用的途径，丰富了现有的研究文献；探索释放媒体监督功能的新思路，完善媒体监督的公司治理措施；利用信息非对称和委托代理等相关理论，解释新媒体监督在公司治理中发挥积极作用的机理，明确媒体关注对上市公司不同利益相关者利益的经济影响程度。在定性与定量研究基础上，分别从市场参与者（包括上市公司、监督管理部门及媒体行业）和不同属性的媒体关注（包括媒体关注度、媒体关注倾向）角度，提出释放媒体监督的正能量、提升公司治理效率与协调利益相关者利益的针对性的措施。

2.2.2　应用价值

根据陈志武（2002）的分析，媒体的发展会对国民经济的发展、资本市场的发展以及一个国家的腐败程度产生重要影响。那么，如何在数智时代利用媒体的监督功能，更好地为我国资本市场服务呢？本书在信息传播理论指导下，以利益相关者理论为切入点，构建新媒体、社会利益相关者连锁反应模型，探讨媒体关注的发展特征，对资本市场的影响机理以及相应的解决措施，尝试优化利益相关者关系管理路径。为解决实际问题，充分发挥数字媒体关注的公司外部治理效应对于监管部门、上市公司以及广大的投资者都具有借鉴意义：

一是为市场参与主体了解媒体关注的公司治理规律提供理论依据。本书通过搜集大量资料和案例，总结媒体融合新趋势下媒体关注的社会治理现状及面临的挑战。同时，本书拟采取多种方法，深入剖析媒体关注在公司治理方面存在的监督作用，包括改善上市公司财务报表信息质量、改变上市公司财务状况、影响上市公司诉讼风险和约束上市公司税收激进行为等。最终明确对上市公司不同利益相关者及群体利益产生的影响。

二是为政府监管部门规范、正确引导网络新媒体监督提供理论依据。媒体关注的公司治理作用机理的系统性研究，不仅有利于强化政府监管部门对媒体监督基本原理的深刻认识，引导人们形成良好的道德风尚，净化社交网络平台和舆论环境，充分发挥媒体独立于司法系统之外的社会监督功能，而且有利于科学、规范的媒体监督制度与途径的建立，使“互联网”成为实现政治民主、建设政治文明的最佳手段，使监管部门明确了数智时代新闻监管的方向。对于政府监管部门来说，研究支持他们放松对财经新闻媒体的监管，遇到负面新闻事件，不一定采用行政介入的方式。监管部门只需监管财经新闻报道的规范性，并对财经舆论加以引导，充分发挥市场机制的作用，市场自会对其产生惩罚和威慑。一方面避免了监管部门被新闻报道牵着鼻子走的被动局面，另一方面也降低了监管成本。

三是为上市公司提升公共关系管理效率提供理论依据。本书的研究问题及预期实现的研究目标，为上市公司有效应对媒体事件的集中爆发、引导媒体危机事件的传播过程、预见网络媒体信息的发展趋势等问题提出合理化的措施建议。同时为上市公司充分利用、发挥媒体的监督功能进行企业风险管理，优化利益相关者关系管理方案提供依据。为公司管理者处理数智时代新闻报道事件提供新的思路。对于上市公司管理者来说，如果有公司的正面报道，他们则欢欣鼓舞，但是一旦媒体揭露公司的负面事件，他们要么采取“堵”的方式，要么就采取“无视”的方式处理新闻事件。虽然该负面事件不一定会引起监管部门的惩罚，但一定会受到市场机制的惩罚。管理者在面对媒体时，更应该从市场的角度加以考虑，采用“疏”的方式，加强公司与媒体、大众的沟通。

四是为上市公司利益相关者群体如何获取有效信息提供理论依据。一方面，作为信息传播过程中的信息受众，要加强互联网诚信与公德的自我教育，以互联网络为载体，传播真实信息和具有价值的知识，履行弘扬民族文化和社会主义道德的社会职责。另一方面，消费者、投资者及政府等利益相关者应该充分利用媒体传播信息的中介作用，对大量媒体报道信息“去粗取精、去伪存真”，从而保护自身权益与收益，为投资者了解公司管理者的行为提供参考。在媒体曝光度较高的情形下，投资者进行决策分析时，应当充分考虑媒体给管理者带来的压力，这些压力或许导致管理者的机会主义行为。

2.3　媒体关注的公司外部治理条件

2.3.1　制度理论

公司治理理论认为公司治理的本质是解决控制权与所有权相分离而产生的代理问题（Shleifer 和 Vishny，1997）。具体来说，在股权分散的情况下，公司治理要解决的是管理者掌握公司控制权，广大分散的股东掌握所有权而产生的两权分离问题；在股权集中的背景下，基于“资本多数表决原则”的制度安排，大股东拥有的控制权较高，中小股东往往存在着“搭便车”现象放弃行使控制权，就会产生新的两权分离问题。相应地，新的两权分离问题就会产生新的委托代理关系。

按照公司治理发挥作用的机制，可以将其分为内部和外部两种公司治理机制。内部公司治理机制是指通过股东、董事会和管理层之间的契约制度安排，以消除因利益不一致而产生的各种代理问题，内部公司治理主要通过四种机制发挥作用，一是激励机制，即如何激励董事与经理努力为企业创造价值，减少道德风险的一种机制。二是监督与制衡机制，即如何对经理及董事的经营管理行为进行监督和评价，并建立有效的相互制衡的内部权力机构的一种机制。三是外部接管机制，即当管理者经营不善，造成公司股价下跌，而被其他公司（或利益相关方）收购，导致公司控制权易手的一种治理机制。四是代理权竞争机制，是指不同的公司股东组成不同的利益集团，通过争夺股东的委托表决权以获得董事会的控制权，进而达到替换公司经营者的一种机制。

外部公司治理主要来源于“法与金融”学派的观点，是指法律制度、社会规范以及金融和中介市场的发展程度对公司代理问题的治理机制。制度理论中的“法与金融”学派的观点认为，法律制度是解决公司治理的根本机制，其余的公司治理机制都内生于法律制度。新制度经济学理论从市场的不完全出发，认为法律制度与一国的经济增长密切相关，法律制度的变迁会影响公司的行为，决定着其交易成本的大小。制度环境对企业的行为有着重要的引导作用，制度环境是决定企业合约的重要因素。

但是在转型经济制度体制下，正式法律制度的完善并非朝夕可就。首先，文化、宗教和语言的差异使新兴和转型经济体国家无法完整地移植发达国家成熟的投资者法律保护制度；其次，转型国家普遍存在执法效率低下、信息披露不充分等缺陷；最后，由于历史原因，既有社会网络和政治规范等法律外制度已经成为投资者法律保护的自然替代，用法律制度来替代法律外制度需要一个过程（钱颖一，1995；Pistor 和 Xu，2005）。因此，法律执行往往伴随着高昂的执行成本，诉诸法律通常是投资者最后的选择。在这种情况下，对法律以外其他替代机制的研究显得尤其重要，在这些替代机制中，媒体的公司治理作用受到了广泛的重视（Dyck 和 Zingales，2004；Miller，2006；Joe、Louis 和 Robinson，2009）。

我国的投资者保护制度在法律环境、行政监管、经理人市场发育方面都存在诸多缺陷。媒体作为一种外部治理力量，能够弥补法律制度的不足，从外部公司治理理论的角度来说会对公司的行为产生重要影响。但是，媒体仅仅是一个信息传播、信息再造的中介机构，媒体的报道通过什么样的渠道影响着公司治理呢？

制度经济学理论认为，媒体关注作为一种弥补制度环境缺陷的外部力量，在制度环境不能够完全保证公司治理水平的情况下，发挥了弥补作用。媒体关注发挥公司治理作用的途径也是通过作用于现有社会制度而实现的

(法律制度以及社会规范，等等)。媒体关注的行政介入机制、声誉机制都是这一理论的表现，前文已经对这些机制进行了回顾和评述。总之，由于制度缺陷的存在，媒体作为一种外部监督力量，能够对公司治理产生影响。

2.3.2　资本市场有效性

根据 Fama 的有效市场假设，在有效市场条件下，资产价格能够充分反映所有信息，任何公开信息都不含有增量信息，此类信息不会为投资者带来超常收益。媒体报道的信息属于公开信息，从理论上来说，它就不具有任何增量信息，也不会对资产价格产生任何实质性影响。但是，现实情况是市场并不是完全有效，总是充满着诸多的信息摩擦（Xie，2001；DeFond 和 Park，2001)，媒体报道的信息具有价值相关性的增量信息。媒体关注能够改变资本市场的信息传递模式（Kothari、Li 和 Short，2009)，影响资本市场的信息传递效率（Tetlock，2010)，对资本市场的定价产生影响（Bushee、Core 和 Guay，2010)。

根据 Merton（1987）的投资者认知假说，投资者由于认知的局限性无法洞悉全部股票，也就无法构建完全分散化的投资组合，从而会要求一个溢价来补偿他们所承担的异质性风险。Shiller（2000）的研究也把注意力当作影响市场效率的重要因素之一，他认为投资者对投资类别的判断来自公众注意力的变换。有限的注意力和信息搜集成本等因素，又常会使人们忽视信息的潜在价值（Dellavigna，2009)。媒体的报道能够吸引投资者的注意力，基于投资者认知假说的分析，媒体必然会对资产定价产生影响（Fang 和 Peress，2009)。

上述两种理论都表明，媒体所报道的信息对资本市场有着重要影响，在股市上涨或下跌过程中，媒体起着推波助澜的作用（Shiller，2000)。媒体的这种特性，必然给管理者带来压力，管理者的决策行为将会更加关注对资本市场的冲击。然而，与成熟资本市场相比，我国的资本市场表现出弱有效性，市场上的“羊群效应”较为明显，经常表现出不理性的波动；市场参与者的专业化程度不高；市场价格波动受政府行政干预的影响较大。在这种制度环境下，媒体对资本市场的影响程度更大，管理者面对来自市场的压力将会更大。

综上所述，由于市场上存在着信息摩擦和投资者认知的有限性，媒体关注对资本市场产生重要影响，能够改变市场上股票的收益和风险形态，这种状况在有效性较差的新兴市场上更为显著。公司股票收益和风险形态的改变，对管理者来说是一种潜在的压力，他们为了自身的利益会采取相应的措施加以应对。通过对资本市场施加影响，媒体关注改变了管理者的行为，发挥了公司治理的作用。

2.3.3 信息摩擦

根据制度经济学以及信息摩擦理论，媒体作为一种外部监督力量，能够弥补制度环境的不足，发挥公司治理的作用。从资本市场有效性的角度分析，媒体发挥公司治理作用的途径是通过资本市场来实现的，即媒体作为一种信息中介，通过信息传递和信息再造，对投资者进行舆论引导，影响股票价格的变动，进而影响管理者的个人收益（绩效报酬、职位安全等），发挥公司治理的作用。

根据信息摩擦理论，媒体关注所提供的信息具有价值增量，在资本市场上表现出信息效应，对公司股票的收益与风险产生影响。根据 Merton（1987）的投资者认知假说，媒体关注所带来的投资者行为效应也会对公司股票的市场特征产生影响。我国目前投资者保护制度环境较弱，资本市场信息效率较低，媒体的信息效应和投资者行为效应将更加显著，对资本市场的影响将会更大。面对公司股票在证券市场上表现出来的各种风险特征（波动性特征、收益特征，等等），管理者不得不采取适当的应对策略，以降低自身的风险（被收购接管的风险、职业晋升的风险，等等）或获取收益（基于资本市场的薪酬激励、期权收益，等等）。因此，媒体关注通过作用于资本市场，能够改变管理者的行为，发挥了公司治理的效用。管理者行为，包括管理者的隐瞒信息行为、短视行为、投资决策行为。

进一步分析媒体关注对管理者行为（应计项目和真实活动的盈余管理）的影响，媒体关注的信息传播效应和投资者行为效应能够加剧资本市场对盈余信息的反应程度，这是导致管理者重视盈余信息，改变盈余管理行为的主要动因。根据投资者认知理论，媒体关注度较高的公司，市场对其的认知程度较大；根据信息摩擦理论，在媒体关注度较高的公司中，信息的传播效率较高。投资者认知程度的增加、信息传播效率的提高，能够增强投资者对盈余信息的反应程度。管理者面对较强的市场反应，不得不改变其原有行为，采取适当的应对策略。

根据有效市场理论以及投资者保护的相关理论，在投资者保护程度较高的环境下，套利交易者的套利风险和套利成本均较低，从事套利交易的动机较强。在有效的、均衡的资本市场上，股票价格是所有交易者所掌握的价值相关信息的反映。按照这个逻辑，较强的投资者保护导致了较多的基于信息的交易行为，而信息交易行为的增多导致了资本市场信息环境的改善（股价的信息含量、信息传递效率的提高等）。媒体关注改变了管理者的行为，具有公司治理的效应，从资本市场的角度来说，媒体关注能够改善资本市场的信息环境（提高股价的信息含量、信息传递的效率等）。媒体关注的公司治理效应如图 2－1 所示。

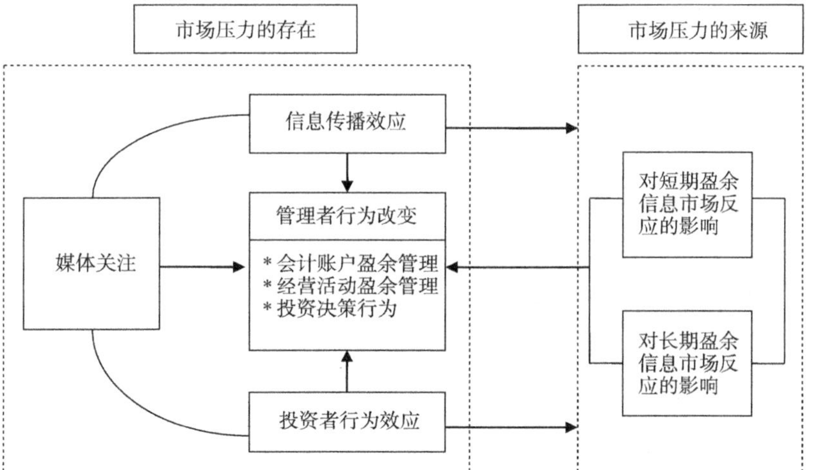

图 2－1　媒体关注的公司治理效应

数据来源：作者整理。

2.4 媒体关注的公司外部治理机制

在经济全球化、信息现代化和技术革新的背景下，新媒体的出现拓宽和提高了媒体信息传播的渠道与速度，增加了媒体事件信息传递与信息需求者之间的契合度，能够帮助经济当事人提高决策的全面性与准确性。针对媒体监督管理对公司治理的挑战，国内外学者展开了大量的研究工作。学术界一直在探索媒体的公司治理效应，认为媒体监督是公司治理不可或缺的组成部分（Dyck 和 Zingalesc，2004）。媒体报道具有显著的经济后果，媒体报道不仅可以促使上市公司改正糟糕的公司治理决策（Dyck、Volchkova 和 Zingales，2008；Joe、Louis 和 Robinson，2019），还可以激励公司积极采取措施，包括增加独立董事的比例、降低 CEO 薪酬或变更 CEO 等，提高董事会效率（Kuhnenn 和 Niessen，2012；Nguyen，2015）。一方面，媒体报道直接影响投资人的意愿和行为。田高良、封华和于忠泊（2016）发现，媒体引导投资者更多地关注媒体报道频数较多的上市公司，提升了高媒体关注度上市公司会计信息的市场定价效率。另一方面，媒体报道的治理效应可以约束经理人的机会主义行为（Mullainathan 和 Shleifer，2005；Dellavigna 和 Pollet，2009；Zhang、Wan 和 Fu，2011），提升股东利益，例如，大量的媒体报道迫使管理者为了满足市场预期而进行基于应计项目的盈余管理（田高良，2011）。因此，作为信息主要传播方式的社交媒体与公司治理之间的关系，不仅存在理论基础，而且在统计上具有显著的关系（Joli，2017）。媒体的公司治理效应如图 2-2 所示。

为提高公司治理效率，充分发挥媒体在公司治理中的监督作用，媒体监督的作用途径引起了国内外很多学者的广泛关注。其中，国外学者 Dai、Jerry 和 Zhang（2015）重点分析了媒体对公司内部交易新闻的报道和传播减少了其未来交易利润的作用机制，包括信息不对称的减少、诉讼风险的关注和对声誉的影响。结合其他学者的有关研究，我们将其总结归纳为传统声誉监督、经济市场压力和政治行政介入三种机制。

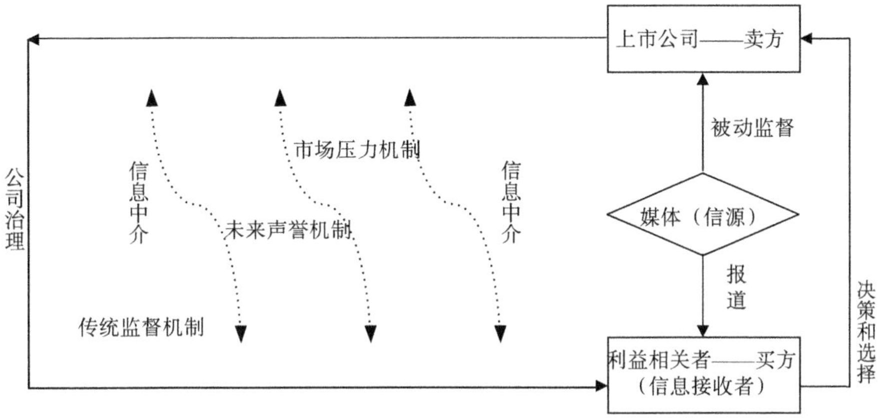

图 2-2　媒体的公司治理效应

数据来源：作者整理。

2.4.1　法律制度规范机制

法律制度以及内生于法律制度的社会规范是外部公司治理的根本机制来源于制度理论中的“法与金融”学派的观点。当然，金融和中介市场的发展程度也会对治理公司的代理问题产生影响。根据制度经济学理论的分析，国家的经济增长与法律制度的完善程度密切相关，法律制度与环境的变迁影响着公司的市场交易行为和交易成本。在经济转型体制下，转型国家存在执法效率低下、信息披露不充分等诸多问题，投资者保护制度的法律环境、行政监管和职业经理人市场等都不完善，即使是发达国家成熟的资本市场法律制度，由于文化、宗教和语言的差异，也无法完全复制。总结历史发展规律，政治规范制度往往成为保护投资者的重要制度。如果复制正式的法律制度来替代法律外制度，则需要充分的准备和较长的过程（钱颖一，1995；Pistor 和 Xu，2005）。一旦正式的法律制度建立，投资者通过法律手段保护自己的利益也要支付高昂的执行成本。因此，法律制度以及法律外制度的替代机制在公司治理中显得非常重要。在众多替代机制中，媒体的公司治理作用引起学者们的广泛关注，一致认为媒体监督是公司治理的重要外部力量，能够监督、纠正和约束公司的经营管理行为，弥补法律制度的不足（Dyck 和 Zingales，2004；Miller，2006；Joe、Louis 和

Robinson, 2009)。但是，作为信息传播与再造的媒体中介，媒体报道的公司治理途径是什么呢？制度经济学理论认为，媒体报道是对不能保证公司治理水平的法律以及社会规范制度环境的补偿。Kim、Zhang 和 Yu (2012)在中国制度背景下探究媒体报道对股价信息含量的影响，他们认为中国的大众媒体能够发挥公司治理的功能，即提高投资者的保护程度，例如资本市场中股价信息含量的增加。这种保护作用在中国制度环境较差的地区更加显著。他们的研究证实了媒体与制度环境之间的互补关系，发现了媒体作为一种外部补充机制，发挥公司治理作用的经验证据。总而言之，由于制度缺陷的存在，媒体作为一种外部监督力量，能够对公司治理产生影响。

2.4.2 传统声誉监督机制

良好的声誉是企业所拥有的独特资源，能在企业经营的各个方面提升企业的竞争力。上市公司的任何违法、违规行为都会直接影响到声誉，其声誉损失占到市值损失的 52.92% (醋卫华和李培功，2010)。不仅如此，较低的声誉会显著减少上市公司在证券市场中获得融资的机会。除此之外，上市公司的任何违法、违规行为还会影响到职业经理人员和董事会成员的个人声誉，一旦企业发生丑闻事件，高级管理人员变更的概率会增加，担任其他职位的机会也会减少 (醋卫华，2011)。正因为存在有效声誉惩罚机制，在一定程度上可以抑制上市公司的机会主义行为，从而保护利益相关者的权益不受侵害 (田高良、封华和于忠泊，2016)。因此，基于企业声誉在资本市场中发挥的作用，对任何一个致力于长期持续发展的企业而言，加强声誉管理，使声誉得到有效的培育、积累和维护具有十分重要的意义。

探讨非正式约束制度的声誉机制，不仅有利于提高声誉管理的效率，而且有利于充分发挥其在改善公司治理方面的显著作用。早在 1982 年，Kreps 和 Wilson 提出了广泛传播的声誉信息能提高市场运作效率的观点。他们认为各个利益相关者之间交换与传播声誉信息，就会形成信息流、信息网络和信息系统，有效减少信息流动的障碍，提升信息透明度，降低利益相关者搜集信息的成本和交易成本。在互联网 + 媒体融合时代，国内外部分学者也展开了媒体声誉机制对公司治理影响的研究，并取得了一些成果。例如，Havakhor、Soror 和 Sabherwal（2018）通过代理仿真收集数据，更深入地研究了媒体声誉机制的特征、分布、作用和影响。

综合学者们的观点，发现媒体关注是通过传播、扩散信息，从而影响管理者的声誉，最终改变其决策和行为的途径，发挥着改善公司治理的作用。首先，媒体的监督作用是通过传播企业隐藏的各种乱象信息，以及其他信息中介（如分析师、审计师及法律诉讼）信息实现的。媒体不仅对会计欺诈起到积极的监督作用（Miller，2006），而且对薪酬乱象也会起到一定的监督作用（杨德民和赵璨，2012）。即使是内幕交易信息，将在媒体对其报道后的几分钟内显示在交易价格和数量上（Jonathan、Douglas 和 Sarah，2016）。其次，媒体的监督作用是通过影响公司经理人员和董事会成员的社会声誉，从而约束其机会主义行为实现的。一是因为良好的声誉会给他们带来可观的物质利益；二是媒体负面报道会增加上市公司高管的声誉风险（罗宏和张玮倩，2010），独立董事被迫辞职的概率随之增大，尤其在影响力越大的媒体样本该结果更显著（李焰和秦义虎，2011）；三是媒体的负面报道会引起行政监督部门的介入。因此，媒体曝光数量越多，越有利于上市公司改正违规行为（李培功和沈艺峰，2010）。

整体而言，声誉会影响企业和管理层的物质利益与社会地位，媒体报道又会影响企业和个人的声誉，以至于他们更加关注媒体并及时应对，从而产生了媒体报道的声誉机制，如图 2－3 所示。

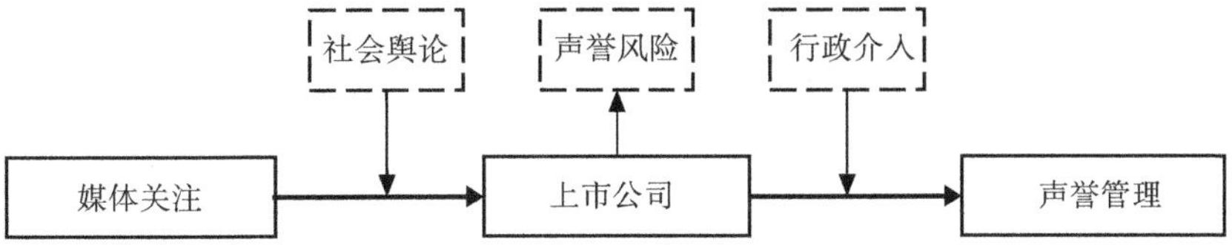

图 2－3 媒体报道的声誉机制

数据来源：作者整理。

2.4.3 经济市场压力机制

在公司治理中，媒体报道是一种重要的外部监督力量，与董事会的监督类似，媒体报道也会给管理层带来压力，但是其所带来的市场压力在某种程度上甚至会超过董事会带来的压力。而这种压力是通过大量的媒体报道（不论媒体报道的新闻是否真实），基于一系列的制度安排（薪酬激励制度、外部接管制度等），影响股价的资本市场特征实现的（Fang 和 Peress，2009），从而改变管理者的行为。我们把这种媒体报道实现公司治理功能的过程称为媒体关注的市场压力机制（见图 2－4）。

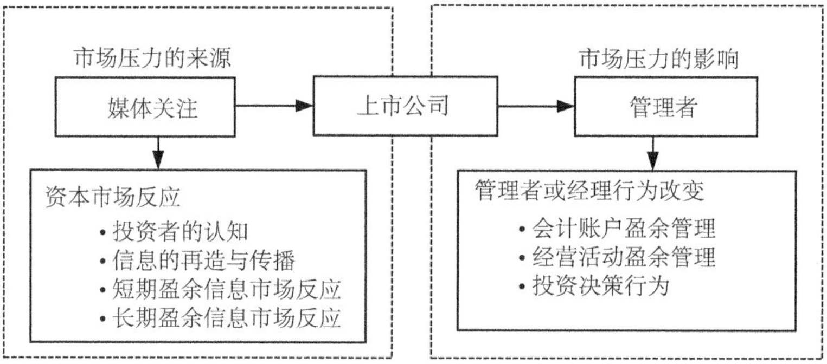

图 2－4 市场压力机制理论框架

数据来源：作者整理。

国内学者于忠泊、田高良和齐保垒等（2011）探讨了媒体关注给管理者带来的短期和长期的市场压力，最终会改变管理者行为的机制。他们认为媒体会对资本市场中的投资者认知产生重要的影响，从而给分析师数量较多、机构投资者持股比例较高的企业管理者带来了强大的市场压力，管理者和经理们不得不改变其短期行为。根据传统监督假设，越多的媒体报道可能导致应计项目盈余管理很容易被发现，从而受到处罚，管理者将会采用更多的基于真实活动的盈余管理，减少应计项目的盈余管理。但是，根据市场压力假设，短期内改变企业经营业绩是相对比较困难的，真实活动的盈余管理将会损害未来的企业价值（Bens、Naga 和 Wong，2002；Gunny，2010；李彬和张俊瑞，2010），管理者就会采用更多的基于应计项目的盈余管理，从而实现满足资本市场预期的目标。

那么，管理层改变决策和行为的动机是什么呢？权小锋和吴世农（2012）认为，媒体关注能够提高会计盈余信息的质量，从而提高了市场的定价效率，减少应计误定价现象的出现，最终有效地抑制了管理层盈余操纵的行为。那么，在市场压力下，管理者是如何改变其盈余管理的决策和行为的呢？其实，这种市场压力使得管理者从媒体关注中获取有用信息来改变其决策。至此我们不禁要问，为什么在媒体关注度较高的公司中，管理者这么重视盈余信息？这是因为在于忠泊和田高良（2012）的另一篇文章中，他们探究了媒体报道对盈余信息市场反应的影响，媒体报道会增加盈余信息的反应速度和反应程度，主要体现在盈余反应系数的提高和盈余公告后漂移的降低，当盈余反应系数较大时，管理者就会通过采用各种降低信息不对称的手段关注资本市场上的表现（Lennox 和 Park，2006）。因此，媒体报道最终会放大短期市场对盈余信息的反应，给管理层带来巨大的市场压力。

2.4.4　政治行政介入机制

行政介入机制是指媒体报道揭露公司治理问题后，会引起监督管理部门的注意和介入，从而发挥公司治理功能。媒体对公司治理问题暴露程度越深，越能引起监管部门的注意。有关媒体关注的行政介入机制研究内容主要包括三个方面。

一是媒体关注下行政机构介入的原因。李培功和沈艺峰（2010）的研究认为，信息不对称的存在会隐藏企业很多的违规、违法行为，甚至是企业的寻租行为，而媒体报道在一定程度上可以缓解信息不对称问题，能够引起行政部门或是更高级别行政机构的介入，确保行政治理机制的有效性。因此，媒体报道可以修正政府治理机制自身存在的某些内在缺陷，提高政府治理的效率。

二是媒体关注的行政介入途径。这种机制的发挥主要有司法部门的介入和行政部门的介入两种途径。媒体对公司行为的报道能够引起司法部门的介入，经过正式的司法调查和法庭审讯，监督管理公司管理者的行为（Dyck、Volchkova 和 Zingales，2008）。然而，Glaeser 和 Shleifer（2001）

认为在某些场合下，行政部门介入的治理方式比正式的法律治理方式更加有效。这是因为在转型经济国家中的法律制度是缺失的，行政介入的治理机制是保护投资者利益的替代机制（Porta、Vishny 和 Shleifer，2002；Pistor，2005；陈冬华、章铁生和李翔，2008）。

三是行政介入机制的公司治理作用。媒体关注通过行政介入机制在不同所有权性质的公司发挥着不同的治理作用。在国有企业中，一旦媒体曝光引起行政机构的介入，受命于行政组织的高管们的政治前途会受到严重影响。因此，他们会更加收敛自己的行为，积极改正违规行为（李培功和沈艺峰，2010）。民营企业的存在和发展离不开政府的支持，与当地政府保持良好的关系成为民营企业的重要资源（张建君和张志学，2005；余明桂和潘红波，2008）。一旦民营企业的违规行为被媒体曝光，无疑会破坏其与政府的友好关系。因此，媒体曝光也会督促民营企业及时改正违规行为。可见，媒体通过引发行政机构的介入，发挥着积极的公司治理作用，其作用机理如图 2－5 所示。

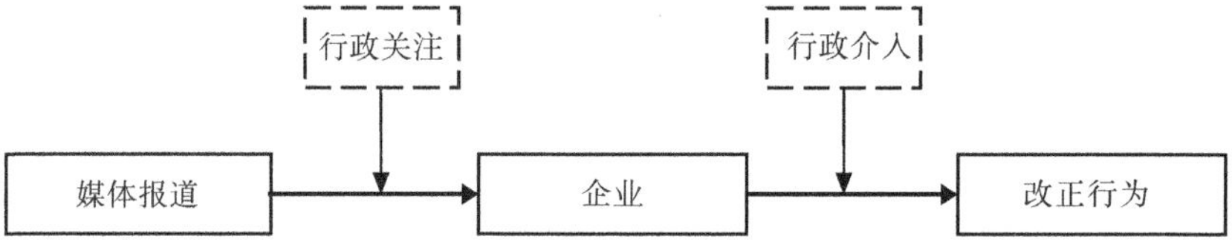

图 2－5　媒体关注与公共治理的作用机制

数据来源：作者整理。

2.5　媒体关注的公司外部治理效应

2.5.1　媒体关注与公司治理效应

早在 Dyck 和 Zingales（2003）提出媒体监督是公司治理不可或缺的组成部分的观点后，Dyck、Volchkova 和 Zingales（2008）采用俄罗斯 1999—2002 年投资基金案例，研究了公司违规行为与媒体报道之间的关系，认为公司对于非理性的治理决策行为的改正是基于更多的媒体报道，从而导致公司治理结构的改变。因此，媒体关注的公司治理效应主要是通过影响治理决策行为和结构而实现的。

首先，面对媒体报道，公司需要重新考虑控制权的配置和行使。Joe、Louis 和 Robinson（2009）等研究发现，低效率的独立董事会被媒体报道以后，相关公司会积极地通过采取适当增加独立董事的比例、变更部分 CEO 等途径来提高董事会的效率。如果企业发生丑闻事件，公司高级管理人员变更的概率会显著增加，高管变更后继续担任其他职位的机会也会减少，甚至会引发其辞职行为。由此可见，显著影响高管变更的是声誉机制，而非公司业绩、董事会特征以及股权集中度（醋卫华，2011）。李焰和秦义虎（2011）明确指出，基于独立董事的声誉机制存在，媒体负面报道越多，独立董事辞职的概率越大。

其次，媒体关注对董事会、经理人员和职工等行为的监督作用不可忽视。虽然，Miller（2006）研究发现媒体对管理层会计欺诈起到了积极的监督作用，Jonathan、Douglas 和 Sarah（2016）提出媒体对有关内幕交易信息报道后的几分钟内，将会显示在交易价格和数量上的证据，于忠泊、田高良和齐堡垒等（2011）指出大量的媒体关注会迫使管理者产生基于应计项目的盈余管理行为，目的是满足市场的预期，但是，媒体曝光数量与上市公司改正违规行为之间存在着显著正相关关系，即媒体曝光数量越多，上市公司改正违规行为的概率越高（李培功和沈艺峰，2010）。因此，媒体关注将会监督上市公司改正违规行为。例如，媒体报道通过释放威慑信号，可以阻断财务违规传染，促使行业中的其他企业纠正类似的违规行为（马壮和王云，2019）。

最后，媒体报道对激励机制的影响应该得到足够的重视。媒体报道对我国薪酬乱象等起到了一定的监督作用（杨德民和赵璨，2012），使得上市公司对薪酬分配和激励机制的选择发生了变化。例如，Kuhnenn 和 Niessen（2012）认为，公司在媒体发布 CEO 薪酬的相关报道后，尤其是在特别注重声誉的公司中，明显地抑制了作为激励机制期权的使用和支付。张璇、左樑和李雅兰（2019）利用 2009—2016 年中国沪深 A 股上市公司研究样本，实证检验了媒体关注对高管私有收益的作用机理和治理作用，结果发现在有效的内部控制条件下，负面的媒体报道越多，越有利于抑制高层管理者获取私有收益的动机和行为。整体而言，媒体报道会直接或间接改变公司治理决策和行为。基于媒体关注的公司治理效应，不少学者发现上市公司通过“利益输送”策略性地运用其信息以博取利益（William，2001）。才国伟（2015）发现，在重要的公司事件中，企业有强烈的动机操纵媒体以获取额外收益。饶育蕾等（2016）也明确提出，上市公司有动机通过媒体关联谋求媒体倾斜，即通过媒体关联进行反向公司治理，如图2－6所示。

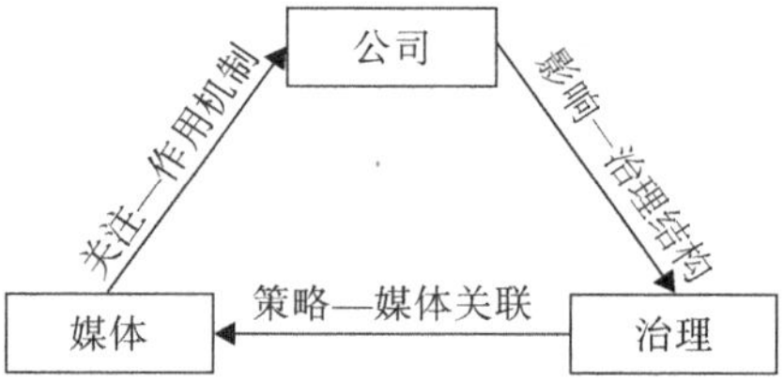

图2－6　媒体的公司治理效应传导机制

2.5.2　媒体关注的直接与间接作用

有关网络平台媒体的研究，媒体报道在上市公司财务信息披露水平与财务绩效等关系之间扮演的角色受到了广泛的关注。部分学者认为媒体在诸多关系中发挥着中介效应。例如，顾客有很强的意愿使用社交媒体与金融机构之间进行互动，通过对实用性、经济价值和社会价值的感知，从而获得对整体价值的感知（Dootson、Beatson 和 Drennan，2016）。陶文杰和金占明（2012）采用实证的方法验证了媒体关注度在社会责任信息披露与企业财务绩效交互关系中的中介效应。研究结论认为媒体是公众获取信息的主要渠道，相比企业主动发布的信息，媒体对企业社会责任行为的报道更具有公信力，更容易引起受众者的关注和认可。因此，媒体关注具有能够更好地引导公众舆论和行为模式的功能。媒体能够发挥中介效应主要原因在于信息不对称使企业社会责任信息披露行为得不到社会补偿。

然而，在近些年的研究中，不少学者发现了媒体对财务绩效的直接作用，邹绍辉和张聪瑞（2018）在对上市公司环境信息披露水平与财务绩效的关系研究中，以 2006—2015 年 29 家煤炭上市公司为研究样本，结果发现媒体关注度与财务绩效呈现正相关关系，环境信息披露水平与媒体关注度之间的关系并不显著。由此得出，环境信息披露水平对财务绩效的影响并未通过媒体关注度进行传递的结论。除此之外，Engelberg 和 Parsons（2011）通过比较同一事件的不同媒体报道下投资者的行为后，发现在控制收益、投资者和报纸特征的基础上，当地的媒体报道强烈地预测了本地的贸易行为，而且该贸易和本地的报道时间密切相关。逯东、付鹏和杨丹（2015）系统地比较分析了不同类型的媒体关注对上市公司内部控制质量的影响，发现政策导向性的媒体关注比市场导向性的媒体关注更能提高上市公司的内部控制质量。他们在此基础上进一步研究，发现政策导向性的媒体关注对不同性质上市公司的内部控制质量会产生不同的影响，即政策导向性的媒体关注能够显著提高中央国有和民营企业的内部控制质量，却无法显著地改善地方国有企业的内部控制质量。

2.5.3　媒体关注的正面与负面影响

很多学者发现，媒体是一把“双刃剑”，对企业不仅会产生正面影响，还存在负面影响，尤其是带来的声誉风险。首先，媒体关注对企业会产生积极的正面影响。例如，饶育蕾和王攀（2010）在研究媒体关注度与新股票收益的关系中，实证检验发现媒体关注通过影响投资者的情绪，从而对新股短期累积超额收益产生积极的影响，却对长期累积超额收益产生消极的影响。同时发现，新股的媒体关注度越高，其发行价格也越高。Straus、Nadine 和 Rens 等（2017）研究发现，在上市当天受到更多媒体关注的新股，第二天股票价格会上涨。仲秋雁和石晓峰（2016）通过 2010—2014 年沪深两市中的 5988 个观测样本，研究发现正面的媒体报道可以降低企业的融资约束程度。

其次，媒体关注对企业会产生消极的负面影响。这种影响主要体现在对企业融资约束和企业 IPO 等方面的影响。例如，仲秋雁和石晓峰（2016）研究发现负面的媒体报道会加剧企业的融资约束程度，媒体关注对国有企业的融资约束缓解程度大于非国有企业。Straus、Nadine 和 Rens 等（2017）通过研究关于 IPO 企业新产品的负面报道，发现其会对公司的上市表现产生消极影响。关于 IPO 企业战略变动的新闻，与 IPO 企业股票的抑价现象似乎存在正相关的关系。除此之外，他们还发现，相对于有关企业新产品的消极情绪和负面信息，新股首次发行日的媒体报道对上市表现的影响更加显著。负面的媒体关注不仅会给上市公司带来消极影响，而且导致严重的企业次生性风险产生。Ravaja、Aula 和 Falco 等（2010）的有关研究给出了证据，认为社交媒体扩大了声誉风险的范围，提升了风险动态，对公司战略层面的成功有着重要影响。尤其是在识别不断变化的商业环境的特征时，关于商业环境的媒体报道，对于参与战略声誉管理的领导者而言有着重要的价值。

2.6 媒体关注的公司外部治理策略

2.6.1 媒体关注的公司治理策略

整体而言，很多学者就媒体关注对资本市场、投资人决策和行为的影响、公司治理效应和作用机制进行了大量的研究，一致认为媒体是企业在处理其与利益相关者关系在环境问题上感知的主要压力（杨德锋、杨建华和楼润平，2012），最终决定了企业执行前瞻型公司治理战略的可能性。在媒体关注的公司治理效应实现过程中（于忠泊、田高良和齐保垒等，2011），信息不完整或其分配不均衡下，经济当事人用“信号”来调整市场与参与者之间的信息分布，缓解内外部的信息不对称（何玉和张天西，2006；Beyer、Cohen 和 Lys 等，2010），即信息优势的一方通过某些行动向信息劣势的一方，通过显示或制造市场信号传递他们的私人信息，以证明他们的市场能力。例如，公司管理层通过参加财经媒体举办的颁奖交流活动，利用“曝光效应”吸引投资者的注意力（Zajonc，1968），提升公司价值（饶育蕾、谢倩倩和王建新 2016）。而非私营企业则更倾向于战略性地发布信息，引起媒体的报道和投资者的关注（Benjamin 和 Dan，2016），甚至通过“媒体操纵”进行公司治理。例如，2014 年金宇车城董事、董事会秘书罗雄飞在董事长胡先林的指使下，安排金宇车城员工唐均分别于 2015 年 4 月 24 日、5 月 4 日和 5 月 17 日，编造“金宇车城股权之争引发重大资产重组”“剑南春借壳金宇车城可能已经谈妥”等虚假信息并发布在东方财富网，次日股票价格因此受到影响而大幅波动。因此，现实中不少上市公司从“被媒体报道”到逐渐采取积极主动的“媒体倾斜”回避风险，通过“利益输送”策略性的媒体关联，从而“捆绑信息”博取利益。

近些年，不少学者承袭前人对企业媒体操纵现象，从媒体关联角度进行科学的解释。面对新媒体环境中各种不确定因素，网络环境下媒体信息传播与上市企业利益相关者互动机制更加复杂。在媒体的推波助澜下，导致利益相关者的不满情绪激增，网络谣言肆虐，社会不稳定。因此，建立品牌、管理客户关系与媒体公关活动成为企业经营管理的重要实践。企业要清楚消费者心中的媒体风险点到底在哪儿，才能做好声誉风险管理。许多公司利用媒体尽可能广泛地发布信息，提升品牌的形象和影响力，通过与关键公众建立并维系良好的关系，增加消费者对品牌的忠诚度，间接增加收入，并在必要的时候得到支持，同时还可以帮助企业监督产品质量和管理风险。

2.6.2　媒体关联的反向公司治理策略

媒体关注的公司治理效应，为上市公司推动媒体关联的公司治理策略提供了更强的动机。随着网络新媒体的出现，媒体关注的公司治理作用机制研究，为企业充分利用媒体的声誉机制，提升其社会影响力和竞争优势提供了新的渠道。不少学者发现上市公司通过“利益输送”策略性地运用其信息博取利益（William，2001；Ferreira 和 Laux，2007；Stephen、Christopher 和 Michael 等，2018），即通过媒体关联进行反向公司治理（张琦和刘克，2016）。饶育蕾、谢倩倩和王建新（2016）也明确提出，上市公司有动机通过媒体关联谋求媒体倾斜，即通过媒体关联进行反向公司治理，如图 2－7 所示，这一现象应引起监管部门和投资者的注意。

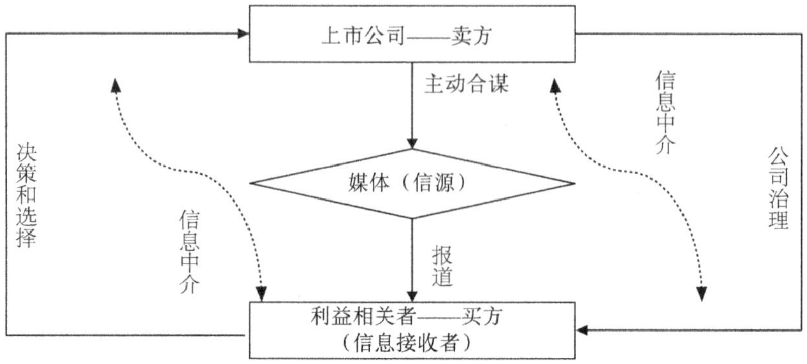

图 2-7　媒体关注的反向公司治理机制

数据来源：作者整理。

企业管理层更偏好参加财经媒体举办的颁奖交流活动等，释放媒体的“曝光效应”，例如，上市公司运用股息向股票经纪人传达他们的收益，甚至在重要的公司事件中操纵媒体获取额外收益（Benjamin 和 Dan，2016）。才国伟、邵志浩和徐信忠（2015）研究发现在重要的公司事件中，企业有强烈的动机操纵媒体以获取额外收益。尤其是在再融资实施当期，企业倾向于释放更多的正面消息，通过媒体对企业的过度炒作，吸引投资者购买以保证再融资顺利完成。这些发现为媒体与企业的合谋提供了间接证据。Benjamin 和 Dan（2016）使用 2005—2013 年的非盈利 8-K 申报样本研究，观察到上市公司会找准时机，通过捆绑新闻媒体，战略性地披露信息，调节市场中投资者对新闻的反应和投资“选择偏好”。Neal 和 Robert（2017）还发现非私营企业更倾向于战略性地发布信息，利用媒体对企业的过度炒作，引起媒体的报道和投资者的关注，甚至是媒体操纵或媒体倾斜来获取额外收益。公司在面临危机事件时/发生危机事件后，与财经记者主动交流的策略，完全改变了因有关损害经济利益信息被曝光，需要第一时间与投资者等主要利益相关者进行有效的信息沟通，从而获得信任和支持的被动局面（罗进辉、黄震和谢达熙，2015），可以在一定程度上纠正市场信息中介的有偏报道，减少利益相关者因为有限关注，而产生的信息接收的“内外”阻力。总体而言，媒体治理的角色在机制上存在“监督”与“合谋”两种可能。

2.6.3　数智时代媒体报道引发网络舆情的管理

目前针对企业网络舆情管理的措施，大多与舆情的发酵阶段相关，大致可以分为五个阶段，即预防阶段、监测阶段、评估和预警阶段、反应阶段、事后追踪阶段。

在舆情管理的预防阶段，舆情管理的主体要履行好自身的相应义务，从根源上杜绝负面舆情的产生。如上市公司应当做好内部控制设计，完善内部控制流程，实施有效的内部控制评估和改进，从而预防问题的产生。

监测阶段主要是使用一些技术手段，对舆情的主体、内容和影响程度进行实时监测，来保证能够及时地识别舆情产生。针对舆情监测的研究，主要包括确定舆情监测的对象、舆情监测的内容以及监测体系的构建。所谓网络舆情的监测与预警，就是发现对网络舆情的出现、发展和消亡具有重要影响的因素，并连续不断地动态监测、度量、采集它们的信息，根据预警体系内容，运用综合分析技术，对当前网络舆情做出评价分析并预测其趋势发展，并及时做出预报活动。本书在界定网络舆情的概念、产生和传播途径的基础上，明确舆情监测的对象和重点监测内容，结合大数据技术实现网络舆情监测体系的构建。

评估和预警阶段是在监测的基础上，建立适当的舆情评估体系和预警机制，帮助舆情管理的主体及时发现舆情危机并能采取相应的措施。我国对网络舆情的研究自 2010 年以来进入高峰，丁菊玲（2011）在构建网络舆情预警指标的基础上，将 BP 神经网络的数学模型运用到网络舆情预警，实现网络舆情预警的定量分析。唐涛（2012）认为网络舆情分析方法已超出了现有常用的分析框架，必须在大数据的思维下有所创新。

反应阶段涉及舆情管理的主要方法，比如新闻发言人制度、舆论领袖制度和网络大 V 认证发言等；国外许多学者关于舆情危机应对措施的研究较多，该领域学者在研究了现实企业网络舆情危机案例后得出结论，企业通过运用新兴交互式社交媒体及时与危机利益相关者沟通有助于应对和化解企业网络舆情危机，并且着力研究企业可行的沟通策略。例如，在处理舆情危机的过程中，有学者建议当舆情危机爆发时企业应使用更温和的态度进行沟通，企业使用“道歉”的沟通策略更有利于得到在线用户的积极回应并减少企业声誉损失，而“找借口”的沟通策略则会危及企业声誉。

事后追踪阶段主要涉及舆情的事后追踪调查，处理阶段的评估和反馈等，这部分的研究主要集中于信息反馈系统的建设和评估方面。

2.7 本章小结

信息传播主体利用数字技术和网络技术，通过互联网、宽带局域网、无线通信网、卫星等渠道，以及电脑、手机、数字电视机等终端，向用户提供信息和娱乐服务。网络新闻媒体通过报道新闻不仅反映了对社会现象的关心程度和选择偏好等，而且表明了对客观事实的立场、观点、兴趣等关注倾向性。数字媒体关注的公司外部治理条件主要包括产权分离制度、资本市场有效性和信息摩擦。在法律制度规范机制、经济市场压力机制和政治行政机制协同作用下，媒体关注对企业财务绩效等发挥了直接作用，在环境信息披露水平与财务绩效等关系中发挥着中介作用。数字媒体关注在公司外部治理中是把“双刃剑”，不同性质的媒体对企业的关注，不仅会产生正面影响，还存在负面影响，尤其是带来的声誉风险。因此，企业要充分“趋利避害”，释放媒体关注在公司治理方面的监督功能。不少上市公司从被媒体报道，到逐渐采取积极主动的公司治理策略，通过利益输送等媒体关联策略性改善与媒体的关系，从而进行反向公司治理，这一现象应引起监管部门和投资者的注意。官媒、主流媒体、自媒体等各类媒介平台为网络舆情信息发酵提供了温床，企业应在预防、监测、预警和反应阶段采取管理措施。

第3章　数字媒体关注与利益相关者保护

本章将梳理相关理论之间的关系，主要包括信息不对称理论和委托代理理论。在理论阐述的基础上，清楚界定本书的模型要素——利益相关者、公司治理和媒体关注的概念。根据"媒融"时代数字媒体关注公司的信息传播过程，媒体关注与公司治理效应、媒体关联的公司治理策略、媒体关注与利益相关者关系等分析，阐述利益相关者保护的法律制度，分析数字媒体关注与利益相关者之间的作用机制，从而提出企业在实现公司治理目标实践过程中存在的研究问题。

3.1　信息不对称与委托代理理论

3.1.1　信息不对称理论

信息不对称（Information Asymmetry）是在委托代理问题的背景下进行研究的，在委托代理关系中，委托人与代理人之间的沟通必不可少，但是必然伴随着信息失真的现象（Christozov、Chukova 和 Mateev 2009）。George Akerlof（2001）因为提出了"不对称信息市场分析"，在2001年被授予诺贝尔经济学纪念奖①。他们在假定交易的一方拥有相关信息，而另一方没有的前提下，提出了信息不对称模型。

---

① The Sveriges Riksbank Prize in Economic Sciences in Memory of Alfred Nobel 2001: Information for the Public, press release from the Royal Swedish Academy of Sciences, Nobel Foundation, nobelprize. org, October 2001, accessed November 12, 2007.

3.1.1.1 信息不对称的研究范围

信息不对称主要体现在经济行为和非经济行为中。在合同理论和经济学中，信息不对称（Information Asymmetry）主要研究信息优势一方与信息劣势一方在交易中的决策问题。双方的信息不对称容易造成权利失衡，最坏的情况下会导致交易失败。例如，逆向选择[①]、道德风险和知识垄断都是市场失灵的表现。同样，信息不对称也可以扩展到非经济行为。例如，在政府监管过程中，Fullerton 和 Wolfram（2012）认为私营企业比监管机构更了解在没有监管的情况下他们将采取的行动。因此，监管的有效性可能会受到损害。Jackson 和 Morelli（2007）从国际关系理论角度，分析了现代战争中存在信息不对称，认为大多数情况下国家领导是不够了解彼此拥有的军备、军队素质，会错误地估计他们的胜利前景，从而引发国际战争。

无论是经济行为，还是非经济行为中的信息不对称，都存在逆向选择（Adverse Selection）和道德风险（Moral Hazard）问题。George Aerlof（1970）发表的关于逆向选择的经典——《柠檬市场》，把信息不对称问题带到了信息经济学理论的前沿。逆向选择模型认为，在交易双方中，具有信息优势的一方更倾向与对方签订协议达成交易，另一方因缺乏信息导致利益受损。这种现象在保险市场中很常见，保险公司掌握的顾客信息是不完全的，导致购买保险的可能都是高风险人群，保险公司需要承担更高的赔付责任。道德风险强调的是在市场交易中，拥有更多信息的一方会特意隐藏自己的行为或不作为，而另一方因为无法观测与监督导致自身利益受损。例如，在顾客购买保险后，故意采取极端行为，导致发生保险事故而获得高额索赔，则保险公司需要承担损失风险。

3.1.1.2 解决逆向选择和道德风险的方案

George Aerlof（1970）在“柠檬”市场中注意到，在这样一个市场，

---

① Charles Wilson（2008）. Adverse Selection, The New Palgrave Dictionary of Economics 2nd Edition. Abstract.

往往因为卖方向买方推销低质量商品导致商品的平均质量降低。由于信息不对称，肆无忌惮的卖家可以“欺骗”商品（如手表等仿制商品）并欺骗买家。因此，许多人不愿意冒被敲诈的风险，将避免购买某些类型的产品，或者不会为某一特定物品花费更多，就会造成商品市场价格扭曲、供求失衡、市场效率低下，甚至市场瘫痪的后果。针对该问题，Johannes（2008）提出了逆向选择和道德风险的两个主要解决方案，即信号传递和信息筛选。

（1）信号传递。Spence（1973）最初提出了信号传递的概念。他认为在信息不对称的情况下，人们可以以自己的方式发送信号，从而可信地将信息传递给另一方，并解决这种不对称。这个想法最初产生于劳动力市场环境中的就业匹配问题研究。当一名雇主想雇用一位“善于学习”的新雇员时，所有未来的员工都会声称自己是“擅长学习”的，然而只有他们知道自己是否真的擅长学习，这就是一种信息不对称。再例如，Joseph 和 Stiglitz（2003）提出上大学可以作为学习能力的可靠信号，假设有学习技能的人比没有技能的人更容易完成大学学业，那么有技能的人通过完成大学学业，会向未来的雇主展示他们的技能。不管他们在大学里学了什么、学了多少，只要完成他们的学习，就是表达能力的一个信号。然而，完成大学学业可能仅仅是他们支付大学费用能力、坚持正统观点意愿，或者是遵守权威意愿的一个信号。

（2）信息筛选。Joseph 和 Stiglitz（2003）开创了筛选理论，认为信息不足的一方可以根据自己掌握的私有信息，诱导另一方披露信息，另一方可以根据选择性清单来筛选信息。卖方通常比买方拥有更多的信息优势，包括二手车销售人员、抵押经纪人和贷款发起人、股票经纪人和房地产经纪人。Arrow（1963）在一篇关于医疗保健的文章中首次描述了买方通常比卖方有更多信息的情况，例如，遗嘱中规定的不动产销售、人寿保险或未经专业评估其价值的旧艺术品的销售。

3.1.1.3 信息不对称的应用

信息不对称理论自提出以来，被应用于各个领域，尤其是财会与金融行业。会计领域的大量研究可以以信息不对称为框架，研究如何将企业拥有的信息传递给需要信息的决策者。同样，金融经济学家将信息不对称应用于金融市场参与者（内部人士、股票分析师、投资者等）之间的信息不对称或金融机构财务成本的研究（Garmaise 和 Natividad，2010）。近些年，随着互联网和网络媒体的发展，信息不对称也在行为经济学中有所应用。与传统形式的报纸、杂志不同，金融网站上的博客等媒体在投资者、分析师、记者和学者之间提供了自下而上的交流平台，以及一个方便获取信息的场所。Saxton 和 Anker（2013）在一项研究中得出结论，认为如果更多的市场参与者加入博客网站，可以减少公司内部人士之间的信息不对称，同时降低内部交易风险。当然，在人工智能领域也存在信息不对称问题的研究（Saxton 和 Anker，2013）。Marwala 和 Hurwitz（2017）在研究信息不对称与人工智能之间的关系时，发现人工智能的应用可以降低信息不对称程度①。

当然，由于社会治理的需要，社会内部的信息不对称的存在在某些情况下是合理的，甚至通过多种方式制造或维持这种信息不对称。例如，受所有权结构或政治影响，媒体可能无法传播某些观点，宣传某些活动。此外，一个依靠高额学费的教育系统，可能会导致穷人与富人之间的信息失衡。信息不平衡也可以通过某些例如文件分类程序或保密条款的组织和法律措施加以强化。世界各国的信息网络进一步加剧了这种不对称性，大规模的信息监视技术有助于政治和工业领导人收集大量信息，但是这些信息通常不会与社会其他人共享。

3.1.2 委托代理理论

委托代理理论（Principal - agent Problem）产生于 20 世纪 70 年代，是经济学与制度理论相结合的学科。政治科学和经济学中的委托代理问题（也称为代理困境或代理问题）是指一个人或实体（代理方）能够代表另

① Artificial Intelligence can Reduce Information Asymmetry: Networks Course blog for INFO 2040/CS 2850/Econ 2040/SOC 2090. blogs. cornell. edu. Retrieved 5 April 2018.

一个人或实体（委托方）作出决定或采取行动，从而影响另一个人或实体（委托人）的情况。这种困境常见于公司股东与管理层、市场主体与经纪人、政治官员与公民等关系中（Eisenhardt，1989）。

在委托代理关系中，被激励的代理人为自己的最佳利益行事，这与他们委托人的利益相反。当双方拥有不同的利益和不对称的信息（代理人拥有更多的信息）时，在这种困境下就无法避免道德风险，即代理人不一定会始终坚持维护委托人最佳利益的原则履行职责。对于委托人来说，代理人付出的代价是昂贵的，代理人对委托人利益的偏离被称为“代理费用”①。例如，在律师（代理人）和客户（委托人）的关系中，如果律师建议延长法律程序，会为律师创造收入，而损害了客户的福祉。事实上，无论是在正式就业中，还是在诸如支付家庭工作或汽车修理费等协商交易中，这一问题几乎可能出现在任何一种情况下，即一方被另一方支付报酬，以做代理在结果中所占份额很小或不存在的事情。

一般情况下，在建立正式的委托代理关系前，委托人都会通过特别关注与考察代理人的综合素质方式来降低被利用的风险。如果代理人选择不参与交易或退出交易将会降低整体福利，这仅仅是一个次优结果。如果当一个代理人代表多个委托人行事时，代理问题就会加剧（Voorn 和 Van，2019），多个委托人必须就代理人的目标达成一致，但是在治理中面临着集体行动的问题，即委托人可以游说代理人以其他方式为其个人利益行事，而不是为所有委托人的集体利益行事（Bernheim 和 Whinston，1986）。因此，所有者为代理人争取高度自治权，可以在指导和监督时自由支配，但是也会产生重复指导和监督，或委托人之间的冲突等问题（Khalil、Martimort 和 Parigi，2007；Gailmard，2009；Garrone、Grilli 和 Rousseau，2013）。在公共部门，多头领导是一个非常严重的问题，在缺乏科学治理机制的情况下，效率、民主和问责都会受到破坏。该问题可能发生在行政

① Pay Without Performance，Lucian Bebchuk and Jesse Fried，Harvard University Press 2004 (preface andintroducti on).

权力、部委、机构、民间合作、公私伙伴关系以及拥有多个股东的公司治理中。

因此，对委托代理问题的研究不只是局限于经济学、制度经济学等领域，还渗透到信息传播学、法律学科等领域。例如，在法律制度背景下，委托人仍然无法确定在多大程度上能够获得合同上的满足，最终导致代理成本。为了使代理人能够与委托人的利益目标达成一致，提供适当的激励措施是解决在委托代理关系中因信息不对称产生的道德风险问题的有效办法。当然，根据博弈论的原理，也可以通过改变博弈规则的方式改变代理人的理性选择偏好实现委托人的意愿。然而，在劳动力市场中，雇佣劳动合同中规定的各种传统激励措施与实践监督计划在实施过程中都存在很多困难，Deming（2000）也对该类型的管理实践提出了质疑与批评。因此，劳动雇佣关系中，雇主尝试采取各种激励机制，确保代理人与委托人的利益一致。例如，实施的短期激励计划有计件工资制、佣金制、绩效奖金制等，长期激励计划有员工持股计划、期权计划和收益分享计划等。

3.2 利益相关者的定义与分类

正如在斯坦福研究所1963年的内部备忘录中首次使用该词所定义的，在一个公司中，利益相关者是“没有其支持的组织将不再存在”的成员。这个理论后来由Freeman和Reed（1983）在20世纪80年代提出并支持，认为企业中的利益相关者是指自愿为企业创造财富而作出贡献的具有一定能力和经验的个人和参与者，是潜在的受益人，或风险承担者。Post（2002）认为利益相关者是“在一个组织中拥有利益或团体的个人、团体或组织”，利益相关者很容易受组织行动、目标和政策的影响。在公司中，并非所有利益相关者都是平等的，例如，客户有权享有公平贸易惯例，但是他们无权享有与公司员工相同的报酬。Phillips（2003）的《益相关者理论和组织伦理》为利益相关者理论提供了道德基础，坚持John Rawls（1971）提出的利益相关者公平原则，为股东利益奋斗的忠诚伙伴被贴上真正利益相关者的标签，应合法享有公司的股份。债权人、董事、雇员、政府（及其机构）、所有者（股东）、供应商、工会和企业从中获取资源的社区都是关键利益相关者。从此以后，利益相关者概念在商业实践中，以及在战略管理、公司治理、商业目标和企业社会责任（CSR）的理论化方面得到了广泛的认可。利益相关者模型如图 3 - 1 所示。

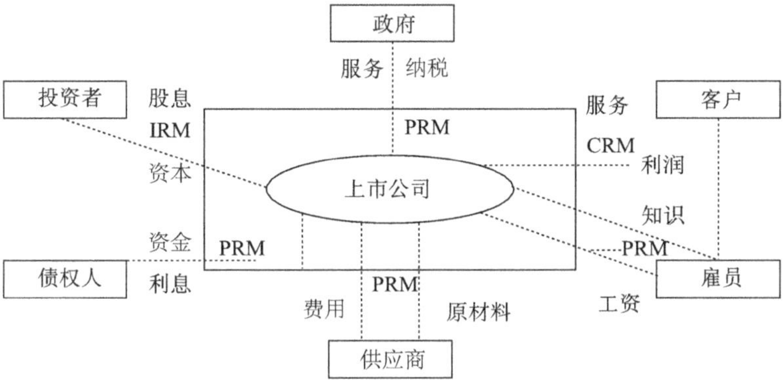

图 3 - 1　利益相关者模型①

数据来源：作者整理。

综合国内外学者对利益相关者划分的观点（见表 3 - 1），从覆盖范围来看，划分为狭义的利益相关者和广义的利益相关者。狭义的公司利益相关者（Carroll，1991）包括员工、社区、股东、债权人、投资者、政府、客户、金融家和经理等。广义的公司利益相关者包括供应商、经销商、工会、政府监管机构、政府立法机构、政府税务机关、工业贸易集团、专业协会、非政府组织和其他宣传团体，潜在雇员，潜在客户、当地社区、国家大众化社区（全球社区）竞争对手、学校后代、分析师和媒体研究中心等。从重要性来看，划分为主要利益相关者和次要利益相关者。主要利益相关者通常是内部利益相关者，即与企业进行经济交易的利益相关者（如股东、客户、供应商、债权人和员工）。次要利益相关者通常是外部利益相关者，是指那些虽然不与企业进行直接经济交流，但是受其行为影响，

---

① Fremond，Olivier（October 2000）. The Role of Stakeholders（PDF）. OECD.

或可能影响其行为的利益相关者（如公众、社区、积极分子团体、商业支持团体和媒体）。因此，参考 Donaldson、Thomas、Preston 等（1995）和 Gordon（1997）对利益相关者①的界定和分类，认为股东、债权人、员工、客户、供应商和政府都属上市公司的主要利益相关者，其中股东、债权人、消费者、政府是重要利益相关者，员工和供应商是次要利益相关者②。

表 3－1　　国内外有关利益相关者划分的主要观点

国际	学者	划分依据	分类
国外	Freeman（1984）	所拥有的资源不同对企业产生不同影响	1. 持有公司股票的一类人，如董事会成员、经理人员等，成为所有权利益相关者 2. 与公司有经济往来的相关群体，如员工、债权人、内部服务机构、雇员、消费者、供应商、竞争者、地方社区、管理结构等称为经济依赖性利益相关者 3. 与公司在社会利益上有关系的利益相关者，如政府机关、媒体以及特殊群体，称为社会利益相关者
	Frederick（1988）	利益相关者对企业产生影响的方式	1. 直接的利益相关者就是直接与企业发生市场交易关系的利益相关者，主要包括：股东、企业员工、债权人、供应商、零售商、消费商、竞争者等 2. 间接的利益相关者是与企业发生非市场关系的群体，如中央政府、地方政府、外国政府、社会活动团体、媒体、一般公众等
	Charkham（1992）	是否与企业存在合同关系	1. 契约型 2. 公众型

① 利益相关者包括企业债权人、员工、当地政府、股东、供应商、顾客等．见 Donaldson 和 Preston. 公司相关利益者理论：概念、证据和应用，载《管理学会评论》1995 年，第 20 卷，第 65－67 页：Donaldson，Thomas；Preston，LeeE.（1995）. The Stakeholder Theory of the Corporation：Concepts，Evidence，and Impli－cations. Academy of Ma nagement Review 20（1）：65－91.

② Lin，Tom C. W.，Incorporating Social Activism（December 1，2018）. 98 Boston University Law Review 1535（218）；Temple University Legal Studies Research Paper No. 2019－01. Available at SS-RN：https：//ssrn. com/abstract＝3 294317.

续表

国际	学者	划分依据	分类
国外	Clarkson (1999，1995)	相关群体承担风险的种类	1. 自愿的利益相关者 2. 非自愿的利益相关者
国外	Clarkson (1999，1995)	相关个人或群体与企业联系的紧密性	1. 包括股东、投资者、雇员、顾客、供应商等，参与性决定了公司的持续生存 2. 间接地影响企业的运作或者受到企业运作的间接影响的媒体、学者、环境组织以及特定的利益集团等
国外	Wheeler (1998)	相关群体与企业的关系	社会性利益相关者：1. 主要的社会利益相关者 2. 次要的社会利益相关者 非社会利益相关者：1. 主要的非社会利益相关者 2. 次要的非社会利益相关者
国内	万建华(1998)；李心合(2001)	利益相关者的合作性与威胁性	1. 支持型利益相关者 2. 混合型利益相关者 3. 不支持型利益相关者 4. 边缘的利益相关者
国内	贾生华、陈宏辉(2004)	主动性、重要性、紧急性	1. 核心利益相关者 2. 蛰伏利益相关者 3. 边缘利益相关者
国内	王辉 (2005)	从对企业目标的影响程度出发	1. 资源利益相关者，是企业生产过程中必不可缺资源的提供者，主要影响着企业利润最大化目标的实现 2. 环境利益相关者作为利润最大化目标实现的外部环境与影响因素，主要影响着企业社会目标的实现
国内	王竹豪(2006)	是否能够参与集体选择	1. 企业内部的利益相关者 2. 企业外部的利益相关者

3.3　利益相关者保护的法律制度

3.3.1　利益相关者保护的法律制度

法律制度及其落实对于金融市场的重要性，基本上得到公认，但是，我国正处于计划经济向市场经济、传统社会向现代社会的转型中，法律的制定和有效落实非一日之功。而且，从历史上看，中国缺乏民法传统，民事纠纷主要由刑法替代解决，但刑事惩罚未必能补偿受害者的财富损失。历史传统与转型现实的双重约束，构成对于当前中国法律环境进步的极大挑战（陈冬华、章铁生和李翔，2008）。具体来说，我国的法律制度在投资者保护方面，具有如下特点。

3.3.1.1 民法对个人的保护程度不够

Bodde 和 Morris（1973）认为传统的中国不是一个由法律调整的社会，中国的法律注重刑法；保护个人或者团体的利益（尤其是经济利益）免受其他个人或团体的损害，并不是法律的主要任务；而对于受到国家损害的个人或团体的利益，法律则根本不予保护。中国的法律总是以垂直方式发生作用，由国家指向个人，而不是以水平的方式在个体之间发生作用。陈冬华、章铁生和李翔（2008）也认为从历史上看，中国缺乏民法传统，民事纠纷主要由刑法替代解决，但刑事惩罚未必能补偿受害者的财富损失。目前我国对违法、违规的上市公司及有关责任人进行的是行政、刑事处罚，而在民事责任制度方面则存在诸多缺漏，忽视了对受害者给予民事赔偿救济。从法理上来说，在民事责任、行政责任和刑事责任三大法律责任中，应以民事责任为优先。但是法律重行政处罚和刑事制裁，强调政府整治证券市场秩序、惩罚犯罪行为，轻民事责任追究。虽然 2003 年 1 月最高人民法院颁布了《关于审理证券市场虚假陈述引发的民事赔偿案的若干规定》，使得我国有了第一个具有可操作性的立法规定，但是就立法保护而言，尚处在构建法律保护制度框架的开始阶段，还有一段很长的道路要走（王弦，2002）。

陈静（2011）更是将我国与 48 个经济体的投资者法律保护书面立法和法的实施进行了比较。结果显示，无论是书面立法还是法的实施水平都比较低。从投资者法律保护的书面立法来看，信息披露方面的立法较为完善，而董事责任程度的相关立法还有待提高，股东诉讼便利程度不高；从法的实施来看，我国法治水平低，腐败程度高，分值低于 48 个市场经济体的平均值。

3.3.1.2　缺乏完善的证券市场民事赔偿机制

陈冬华、章铁生和李翔（2008）认为上市公司如果闹出丑闻，投资者利益受到损失，证监会除了警告、特别处理和摘牌等，在保护投资者免受损失方面并无良策。并且，当投资者在寻求法律保护时，也会遇到极大的障碍。2001 年震惊全国的“银广夏”造假事件曝光后，一些中小投资者为了挽回经济损失，将“银广夏”告上了法庭，要求获得民事赔偿。全国多家法院先后接到投资者的诉状，江苏省无锡市崇安区人民法院则准备正式受理此案，但此时最高人民法院向全国各级人民法院下发通知，要求各级人民法院暂时不予受理涉及证券欺诈民事赔偿的案件，理由是目前法院尚不具备审理条件（王弦，2002），这时的中小投资者几乎不可能依靠司法获得民事赔偿。直到 2002 年 1 月，最高人民法院发布了关于受理证券市场因虚假陈述引发的民事侵权纠纷案件有关问题的通知，法院拒绝受理证券欺诈民事赔偿案件的状况才有了初步改变；同年 12 月，最高人民法院又通过了关于审理证券市场因虚假陈述引发的民事赔偿案件的若干规定；2006 年 1 月起施行的新证券法规定设立证券投资者保护基金，明确规定了对投资者的损害赔偿制度，为投资者提供了法律救济的原则支持（陈冬华、章铁生和李翔，2008）。

虽然近些年来，我国在投资者民事赔偿机制建立方面取得了一些进展，但这仅仅是一个开端。对于民事赔偿的整体机制以及具体细节，还没有形成一个相对完善的体系。现存的民事赔偿机制也存在着执行困难、保障不足等问题。不完善的证券市场民事赔偿机制，使得投资者的利益在受到损失后得不到或者很难得到应有的赔偿。我国的民事赔偿机制建立缓慢除了与传统的重刑法轻民法习惯有关，也与证券市场的制度设计本身有关。政府建立证券市场的初衷之一就是解决国有企业的融资问题，为筹资的多元化提供融资渠道。这种证券市场的制度设计从根源上就对作为核心目标的投资者权益保护未给予足够的重视（潘泳霖，2011）。

总而言之，有关中小投资者法律保护方面普遍较差，处在一个从弱到强、逐步健全的过程中，法律环境改善依然任重道远（沈艺峰、许年行和杨熠，2004）。我国公司法和证券法中有关投资者诉讼权的规定缺陷也很多，不仅缺少原则性的规定，而且欠缺操作性，投资者在自身权益受到侵害时无法有效运用法律武器。例如，只受理单独或者共同诉讼，不接受集团诉讼。自 2002 年 1 月至 2006 年 4 月，全国只有 20 家上市公司因虚假陈述遭到投资者起诉（陈冬华、章铁生和李翔，2008）；《公司法》并未对大股东表决权的限制作出规定，上市公司股权比较集中，大股东为自己的利益而损害中小股东利益的现象容易发生。

3.3.1.3　公司治理中的行政管制外溢

当法律不能完全保护投资者利益免受侵害时，证券市场监管机构及相应监管制度的出现就显得十分重要。证券市场监管机构在规则制定、证券市场的调查和相关规则的执行方面具有强大的力量。尤其是在法律制度相对较差的新兴市场，证券市场监管制度的出台将是司法不力的有效替代。

1978 年中国实行改革开放以后，关于市场发展的所有法律重新开始修订和建立。在过去的几十年中，虽然在发展法律体系方面作出了巨大的努力，但是其最初法律发展的起点太低。同时，关于市场经济的法律并不基于对于私有财产的保护。在转型经济体中，由于法律体系的不完善，以及执法机构的无经验和腐化，市场的发展依赖于法律的规制是一件很困难的事情（Pistor 和 Xu，2005）。

当法律难以完备，无法准确无误地说明所有潜在的侵害行为时，通过重新分配剩余立法权和执法权而非试图制定完备的法律，可以提高执法的有效性。在法律高度不完备的情况下，将立法权分配给主动执法的管制机构，可能优于分配给被动执法的法院，特别是转型经济国家（Pistor 和 Xu，2003）。在一个不断变迁、转型甚至断裂的社会中，管制作为法律的替代，至少可能是一个重要的次优备择机制。

Pistor 和 Xu（2005）认为市场发展早期往往不是基于严格的执法机制，而主要是行政机制。中国金融市场发展早期的成功，与配额制为核心的分散化行政管制替代了标准的法律治理功能有关。这种配额制的行政管理，有利于金融市场中分散信息的集中化，这对于存在很多信息问题的未成熟的市场来说，具有重要的意义。同时配额制在股票IPO阶段可以建立一种激励机制，使得市场中的信息问题得以解决。通过对不同地区配额数量的调整，政府就可以根据各地区之前的表现对不同地区以减少或增加配额的方式进行惩罚或奖励（Pistor和Xu，2005）。

在法律不健全的经济体中，管制权力外溢可能更明显更普遍。比如，一些无法诉诸法律（或者诉诸法律不经济）的纠纷，虽然其解决并不在管制机构的权力或职责范围之内，但是如果管制机构与纠纷某方具有共同的利益，同时又拥有影响纠纷另一方利益的某种管制性决策权，管制机构就可能会运用这种决策权，来表达对利益相同方的支持（陈冬华、章铁生和李翔，2008）。这种管制外溢一方面可以在一定程度上填补法律机制的缺失；另一方面，管制本身会形成对于原定目标的偏离和扭曲。事实上，在我国目前的经济体制下，市场上存在众多的管制外溢和隐性契约，对公司的行为和经济的运行产生重大影响。

3.3.2 经理人市场的发育

相比于西方经过100多年发展的职业经理人制度，我国职业经理人的出现还不到20年的时间，经理人市场处于初级阶段，真正意义上的职业经理人阶层并没有出现，同时也还没有形成职业经理人的评估机制。我国职业经理人市场发展滞后，职业经理人出产率过低、出产速度过慢，职业经理人阶层没有形成，导致职业经理人远远无法满足社会的巨大需求，给企业发掘优秀人才、评价经理层人员、提高企业管理效率造成了一定程度的影响。

3.3.2.1 国有企业尚无真正意义的职业经理人

由于受到原有干部管理体制的束缚，国有企业的厂长、经理大多由政府部门选拔任命。他们在选拔管理者方面受“官本位”思想的影响，许多企业领导者首先不是考虑企业的利益与发展，而是考虑如何通过企业这个跳板以达到去政府部门任职的目的。国企经营者主要对任命者负责，这种行政任命制是无法形成职业经理人阶层的原因。而且，国有企业的经理层拥有相当的行政特权，不会因为经营不善而降低待遇。因此，在目前制度环境下，国有企业不存在真正意义上的职业经理人市场。

3.3.2.2 民营企业的经理人市场不发达

随着民营企业的规模不断扩大，不少民营企业家感到力不从心，而同时“社会上已经有大批高素质的企业管理人才开始出现，聘请职业经理人是民营企业向更高层次发展的必然要求”。而现实中，真正聘用职业经理人的民营企业为数并不多。

我国民营企业中经理人市场不发达的主要原因是企业主与职业经理人之间相互不信任感的存在。这种不信任导致了企业主宁愿将企业交给自己的亲人进行管理也不愿意交给职业经理人进行管理，对职业经理人保持着天然的不信任感，同时职业经理人在进行管理时也没有完全站在企业主的角度为企业争取利益，很多职业经理人在经营的过程中不同程度地谋求自己的非正常利益。职业经理人对于企业家的不信任不忠诚，以及由此而体现出的职业经理人职业道德的缺失，使得我国职业经理人市场出现了无序的流动。因此，这两方面的作用使得职业经理人市场在民营企业中一直没有发展起来。

3.3.2.3 职业经理人市场缺乏社会制约监督机制

在职业经理人的制约、监督方面，我国的相关法律对于职业经理人的权利和义务没有进行明确的界定和判断，致使中国职业经理人在不受相关约束的情况做出大量短期行为，职业经理人在职业生涯中缺乏诚信时没有多少后顾之忧，不用付出多大的失信成本（刘小红，2006）。

宪法中虽然承认个体私营经济是社会主义市场经济的重要组成部分，但法律在保护国营企业和民营企业的财产上其力度和广度都是无法相提并论的。例如，同是利用职权贪污受贿在国有企业和民营企业就不一样。侵害对象若是国企就触犯了刑律，有可能被判死刑，而贪污民营企业的钱就是民事纠纷。另外，公司法没有对企业内部包括职业经理人在内的各种主要利益主体的地位及行为作出明确的法律规范，因而对企业内部的利益主体没有约束。职业经理人法的缺失，也导致了职业经理人一方面损害企业的利益可以不承担法律责任，另一方面职业经理人的合法权益又得不到法律的保障（李湘蓉，2002）。

除了法律制度的缺失以外，社会机构对于职业经理人也缺乏必要的制约机制。企业间、企业与客户之间缺乏商业道德、商业规则和商业秩序，企业与经理人之间缺乏契约意识，整个社会信用关系缺乏刚性，信用链条十分脆弱。企业内部普遍缺乏有效的监督机制，一些职业经理人大量利用手中特权谋取私利，从而做出大量的短期行为和利己行为，违背了最初的为企业谋利的基本价值要求（刘小红，2006）。中国职业经理人尚未发展成熟，没有形成行业自律性组织以及相应的行业规范和职业经理人评估监督体系。

3.3.3　资本市场有效性与投资者保护

与成熟资本市场相比，我国的资本市场表现出弱有效性，在发挥市场机制的作用方面较弱。因此，通过市场机制进行投资者保护的机制不够完善。具体来说，资本市场主要有如下特点。

3.3.3.1　股价经常表现出不理性的波动

证券市场上的“羊群效应”是指在证券投资过程中，投资者在信息不确定的情况下，行为受到其他投资者的影响，根据他人的投资决策而改变自己最初投资决策的一种群体行为。在信息不充分、投资理念不成熟以及缺乏做空机制的情况下，我国证券市场中存在大量的“跟风”“跟庄”的投资行为，出现了“羊群效应”。证券市场上的投资者普遍缺乏长期投资的理念，崇尚中短线的操作，表现出高换手率的非理性特点，另外也造成了投资者对政策的依赖心理，当股票市场表现低迷时，投资者往往寄希望于政府的“救市行为”。

由于“羊群行为”者往往抛弃私人信息追随别人，这会导致市场信息传递链的中断。投资者可能会全部关注于一个信息源而非多样化的信息，并且这种信息溢出可能会十分严重，直接导致了市场在信息获取阶段的无效，从而最终造成市场信息无效。如果“羊群行为”超过某一限度，将诱发另一个重要的市场现象——过度反应的出现，从而造成股价的较大波动，使我国证券市场的稳定性下降。“羊群行为”具有不稳定性和脆弱性，也直接导致了金融市场价格的不稳定性和脆弱性。

3.3.3.2 机构投资者的专业化程度不高

2011 年我国基金投资亏损 5000 亿元。这不仅与低迷的大环境有关，还与激励机制缺乏、管理水平较低、从业人员能力参差不齐等因素相关。资本市场发生一系列“黑天鹅”事件都有基金公司的身影，基金公司优选的股票最终变为垃圾股的事实让人们对其专业投资能力产生疑问。在一定程度上，机构投资者看似是专业投资者，但其在市场上的表现却没有体现出专业性。

中国资本市场的发展也不过 10 多年的时间，机构投资者的起步和发展时间则更短，在此期间成长起来的具有过硬知识背景和投资经验的机构从业人员无法满足快速发展的市场的需求。一些从业时间极短的从业人员被推上了基金经理的职位，甚至有的基金经理还未完整经历过一轮牛市和熊市。因此，机构投资者把握优质上市公司的能力还不足，资金投资决策人员未选择到表现最好的、具有高 ROE 的上市公司，其对资本市场资本配置效率的影响也远未发挥作用。

3.3.3.3 股票市场受政策影响程度较大

在股市中，行政监管的重点本应是通过打击违法违规行为来保障股市的运行秩序稳定，但在实践中政府部门直接运用行政机制管理股市的各项事务，从深层次上真正伤害投资者权益。

在 A 股市场发展的十几年中，市场运行特别是指数的起伏与各种政策变化总是有着过于密切或者较为直接的关系。市场上几次较大的异常波动都是由政府政策引起的，政策在短期内稳定市场的作用十分有限。股市周期的频繁交替总是受制于政策因素的推动。我国股票市场由于受政策较大的影响，因而在有些时候被人们称为“政策市”。

证券市场作为计划经济向市场经济转轨过程中政府设计的产物，“政策市”特点十分明显。由于上市公司、证券机构多是国有控股，市场的持续低迷会损害国家的利益，政府有强烈的动机干预股市。同时在特定阶段，政府作为宏观政策的制定者和组织实施者，有时将股票市场作为贯彻政策意图的手段。通过领导人讲话、新闻媒体舆论和临时性政策措施等形成政策导向，引导股票市场沿着其期望的政策目标运行。同时，政策干预经常有很强的功利性。例如，当股票市场低迷时，政府往往采取各种途径救市；而当股市涨幅过大时，往往采取政策措施，打压股市。

我国政府过多的行政干预，对证券市场的稳定发展非常不利，给股市发展造成的负面影响越来越大。在政府干预较强的环境中，市场的系统性风险较大，市场活动主体显然并不能完全依靠对经济和企业的基本面的投资，在投资决策时，必须考虑政府干预与市场反馈的互动因素，从而使得市场价格信号失真，正常的价格形成机制被扭曲，从而可能破坏股市的价值发现功能。

同时，政府机关不仅实质性地决定着上市资源的分配，而且对上市公司的配股行为、收购兼并和大规模的资产重组也有发言权和最后的审批权。因此，股市的资金流向和资源配置，首先取决于政府的意志，而不是企业和投资者自由选择的结果。政府的决定主要是从特定时期紧迫的政治和经济任务出发，市场本身的功能和效率的要求通常居于次要地位，导致了市场资源配置功能的缺陷。

3.4　数字媒体关注与利益相关者的作用机制

3.4.1　利益相关者团体福利最大化是公司治理的终极目标

3.4.1.1　媒体关注与利益相关者之间的互动

互联网的出现与应用加速了传统产业结构、经营模式和营销策略的改变。首先，互联网技术的应用打破了产业或行业之间的边界，进一步拉近了企业与利益相关者之间的关系。“以人为本、尊重利益相关者”的企业文化要求建立良好的利益相关者关系管理机制，脸谱网（Facebook）、推特（Twitter）、谷歌（Goolge）、领英网以及很多新创公司都已实践。其次，互联网技术的应用增强了不同地域利益相关者之间的“黏性”，实现了他们之间的信息传播与共享。最后，互联网的出现冲击了文化传播媒介垄断的地位，互联网技术的应用加速了信息传播的速度，利益相关者成为媒介信息的生产者、传播者和受益者。赵金楼和成俊会（2015）通过了解信息传播与信息沟通的过程，也发现在媒体信息传播网络中，媒体受众者即信息接收者才是关键节点。

整体而言，网络媒体的“去中心化”发展有效缓解了信息不对称问题，直接拉近了企业和利益相关者之间的互动距离。Jonathan、Douglas 和 Sarah（2016）曾经明确提出，媒体报道往往成为市场参与者所依赖的信息获取和接受渠道，尤其是那些能够影响到利益相关者判断和行为的有关上市公司的新闻报道更能引起关注（Alexandr 和 Bennett，2011）。

3.4.1.2 媒体关注下利益相关者群体福利最大化目标的实现

赵金楼和成俊会（2015）运用社会网络分析（SNA）研究信息传播的网络结构特征时，发现媒体用户会能动性地发出反馈讯息，包括行为的改变。媒体融合的纵深发展，每位受众者都可以轻松参与到信息传播过程中，不仅有利于降低市场参与者的信息搜集成本和交易成本，而且经济当事人利用各种渠道努力获取有关经济变量的大量信息，在未来不确定条件下作出尽可能准确的判断、预计和决定，减少损失，谋取最大利益（Alexandr 和 Bennett，2011）。

媒体作为重要的市场信息中介，有效地缓解了经济当事人间的信息不对称问题（媒体关注与利益相关者信息互动机制如图 3－2 所示），为其获得更多有关信源的细节信息，从而为接近媒体事件的真相提供有利的条件。多元化的媒介平台为利益相关者提供了交流和维护权益的空间，也为搜集有关企业生产经营、资本运作、股价波动等一系列投资决策的真实信息提供了渠道。在资源有限情况下，以媒体为载体的信息流动改善了经济当事人之间的资源配置，从而使市场得到发展（Akerlof 和 George，2001）。这种调节和配置作用主要表现在利益相关者群体之间利益的此消彼长。根据信息的流动可以改善资源配置而使市场得到发展的观点，可以推断出媒体关注可能会改变上市公司利益相关者之间原有的利益均衡。媒体是把“双刃剑”，对不同利益相关者会产生不同的经济效果，在肯定其正面效果的同时，也需要关注其带来的中性效果甚至是负面效果（李常青和熊艳，2012）。尤其是媒体报道上市公司负面新闻后，投资者作出合理的决策及时止损，例如，消费者根据《消费者权益保护法》申请索赔，政府机构通过行政介入对税收激进等投机行为实施行政处罚等。

因此，媒体关注会产生巨大的、积极的市场影响，包括对市场的主要组成部分即公司的利益相关者的影响，Jonathan、Douglas 和 Sarah（2016）的研究为此提供了证据。Cao、Ajjan 和 Hong（2013）的研究认为在组织供应链管理中使用社交媒体具有一定的必要性，同时使用社交媒体还会在组织的运营、市场营销以及利益相关者的满意度方面产生影响。后文部分章节的论述，将在图 3－2 理论模型的基础上展开探讨我国目前制度环境和经济背景下，媒体关注的公司治理效应，分别实证检验媒体关注对投资者利益、债权人利益、消费者利益、政府利益、员工利益与供应商利益影响的作用途径以及经济后果，经过比较分析后进一步检验媒体关注对利益相关者群体福利最大化的影响。

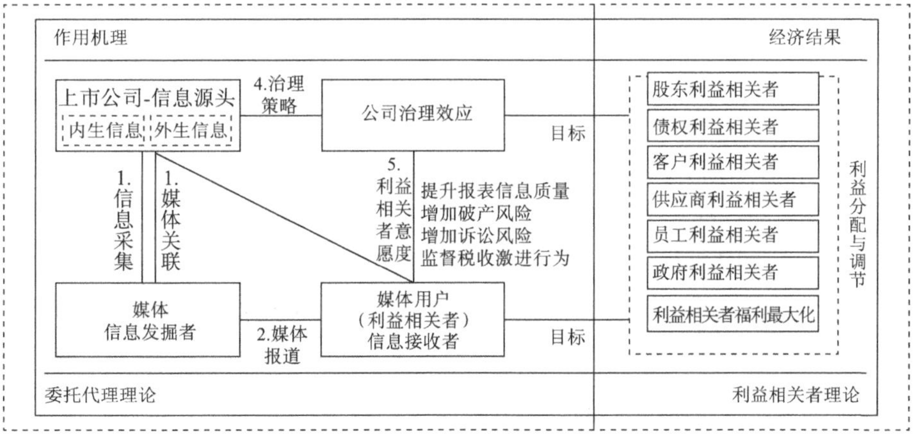

图 3－2　理论模型

3.4.2　信息披露下的企业利益相关者利益的保护

投资者给企业投资希望能分享企业的收益，获得回报，而有效的管理机制和交易契约设计不仅能够增加投资者确定从投资中取得收益的信心，而且也是筹资者偿付能力和诚信的体现，能够吸引更多的外部投资，这一深层问题被称为公司治理（Shleifer 和 Vishny，1997）。以 Adam（1776）、Berle 和 Means（1932）为代表的所有权与控制权分离的观点提出，证明了公司治理问题在西方经济学领域引起了学者们的关注，更多的经济法学家和经济学家们提出了传统的公司治理的观点，认为股东与经理人之间委托代理关系建立的最终目标是实现股东利益最大化。近 20 年来，类似美国安然事件等大规模金融危机的爆发和诸多公司财务丑闻的曝光，大家逐渐意识到企业单纯追求股东利益最大化将会带来负的外部效应。公司的责任范围不应该仅仅局限于保护股东的利益，还应该有利于利益相关者群体总体福利的最大化，即利益相关者利益得到保障或满意（Gordon，1997），并将外部效应内部化（姚伟等，2003），这才是企业努力的真正目标。因此，公司治理行为和结构的选择至关重要，而公司治理结构是调节投资者、供应商、消费者和政府等不同利益相关者之间的利益关系，进行资源再配置的一整套制度安排（钱颖一，1995），依靠制度安排的互补性，主要解决诸如控制权的配置和行使、激励职业经理人和员工、评价和监督董事会等公司内部管理问题，降低代理人成本，从而达到保护利益相关者团体利益的终极目标，这也是评价公司治理机制有效性的决定性因素（郑红亮等，2005）。

依据信息传播理论，媒体传播者（信源）大量搜集和整理有关经济当事人盈利方面的积极信息或违规行为方面的消极信息，如公司的薪酬乱象、董事会的低效率、会计欺诈和内幕交易等（Miller，2006；Joe、Louis 和 Robinson，2009；杨德明和赵璨，2012），将其译成接受者能够理解的、有意义的由符号组成的信息，利用各种传播渠道、手段和工具将信息发送给处在信息传播网络中关键节点的受传者（赵金楼和成俊会，2015）。互联网背景下新媒体的迅速发展，更多上市公司违规行为很容易被曝光。在媒体监督和强烈舆论的助推下，其中那些能够影响信息使用者决策的新闻媒体报道更容易引起关注。因此，企业一旦发生媒体事件，将面临着“被曝光”的风险，事件被大量地传播和转载，从而引发社会各界关注，因触及相关利益方的自我中心主义思维，瞬间在受众间激起轩然大波，相关企业一时几乎到大厦将倾的地步。因此，从侧面折射了媒体关注对资本市场和企业利益相关者关系管理的深刻影响。

信息披露渠道的多元化也为谣言等各种具有传播速度快、覆盖区域广、传播方式隐蔽、传播目的复杂和传播途径多样化等特点的虚假信息的产生带来机会。尤其是有关上市公司的谣言等虚假信息的快速传播会带来次生性的风险，可能使公司财务陷入困境，甚至加速其破产速度（如安然事件），部分利益相关者利益因此遭受严重损失。无论是真实信息，还是虚假信息，日渐丰富的网络媒介资源会不同程度带来信息传播的“放大效应”“连锁效应”和“蝴蝶效应”。胡锦涛同志曾在视察中央媒体时就提出“互联网已经日益成为社会意见的集散地与放大器”。当上市公司被媒体“曝光”后，相关信息的快速传播很容易引起社会大众的关注，在舆论和市场等外界压力约束下，可能会改变受众者的决策偏好和选择行为（Miller，2006；Joe、Louis 和 Robinson，2009；杨德明和赵璨 2012）。因此，上市公司才有更强的动力和意愿作出风险管理及媒体治理决策，采取应对措施化解危机。受传统监督、市场压力和声誉机制作用的影响，“被关注”的上市公司不得不改正糟糕的治理决策和行为。食品安全、国有资产流失、偷税漏税、环境污染等诸多违法违规行为和贪污腐败问题得到了相关部门的重视与监管，企业违规经营行为得到了及时有效的制止，部分利益相关者的利益得到了保护。

3.5　实现利益相关者群体福利最大化目标的问题

3.5.1　媒体关注的公司治理效应研究领域

近几十年来，信息化浪潮的不断推进和互联网的日益普及，媒体力量的崛起已成为重要的社会现象，媒体监督被认为是新兴资本市场上有效替代法律保护不足的一项重要制度安排（Dyck、Volchkova 和 Zingales，2008），能够有效降低各种代理问题（陈志武，2002），媒体逐渐成为管理学与公司金融学领域的新兴热点研究课题。但是，关于媒体公司治理机制的研究，尚未得出一致的结论。总结归纳国内外公司治理和公司金融文献中对媒体报道的研究，我们可以将现有文献分为两个较大的研究领域。

第一个研究领域集中于资产定价方面，主要探究媒体对资产价格的形成与变化的影响（Fang 和 Peress，2009；Tetlock，2007，2010，2011；饶育蕾、彭叠峰和成大超，2010；张雅慧和万迪昉，2011；游家兴和吴静，2012；于忠泊和田高良等，2012；罗进辉和杜兴强，2014；方军雄和谭松涛，2014；崔小勇等，2014；权小锋和尹洪英，2015）。这个领域又包括三个分支：第一个分支关注的是金融市场对媒体报道的反应，主要着眼于经过媒体报道的上市公司其股价表现与交易活跃程度；第二个分支着眼于媒体报道在加快信息传播、减少信息摩擦上的作用功效，属于传统信息经济学范畴；第三个分支则认为媒体报道在向投资者传递信息的同时，也捕获了他们的注意力，影响了投资者的认知和情绪，属于行为金融学的研究范畴。

第二个研究领域集中于公司财务方面，主要探究媒体的新闻报道与信息传播在公司治理中所起到的作用（Dyck 等，2008；Core、Guay 和 Larcker，2008；郑志刚，2007；李培功和沈艺峰，2010；柳木华，2010；游家兴，2010；醋卫华和李培功，2011，2012，2015；于忠泊和田高良等，2011；罗进辉，2012；权小锋和吴世农，2012；Nguyen BD，2015；才国伟等，2015）。现有文献的研究成果认为，媒体关注发挥公司治理功能的途径可以分为以下三种：第一，媒体报道具有揭露功能，媒体的宣传能够增加公司治理问题的暴露程度，引起监管部门的注意，增加公司治理问题被发现的概率；第二，通过影响经理人和董事会成员的声誉来规范他们的行为；第三，通过资本市场渠道，对投资者进行舆论引导，影响股票价格的变动，进而影响经理层的绩效报酬。现有的文献中，43.66%的研究涉及媒体的公司治理功能，尤其在2010年以后，有关媒体的公司治理功能的研究文献有了较大幅度的增长，体现了当今研究的热点话题。网络舆情的相关研究除了涉及领域较为广泛之外，其研究视角和方法也与传统经济学和管理学有较大差异，所表现出的特征大有“颠覆”传统学科规律之势。例如，现代公司金融理论认为，企业内部决策人具有绝对的信息优势地位，外部人根据内部人发出的“信号”进行决策，信息处于一种“单线”传播的模式，双方的博弈模式也是一种“单线”的多回合博弈。但是，在网络环境下，内部人和外部人之间信息传播的典型特征是“双向互动”，企业内部决策人的信息优势地位不再那么绝对，在博弈之前双方就进行了信息的互换。股价信息含量对企业内部决策人的行为具有显著影响（Barro，1990；Morck、Shleifer 和 Vishny，1990；Blanchard、Rhee 和 Summers，1993；Baker、Stein 和 Wurgler，2003），这一点可以部分佐证“双向互动”信息传递对博弈模式的影响。

值得注意的是，虽然媒体以及网络舆情的研究领域较为宽泛，尚未形成较为统一的分析框架，即使仅仅针对某一较小的领域，也存在诸多争论。例如，数智时代下媒体以及网络舆情显而易见会对上市公司的股价产生影响，但是目前的分析大多以碎片状的形式散落在信息经济学和行为金融学领域中，研究的观测对象大多是波动性、同步性、信息含量等较为零散的“显指标”，尚未形成全面而严谨的分析逻辑和框架。又如，关于媒体报道为什么会对公司治理产生影响这一较小领域，就有行政干预、声誉机制、市场压力等各种解释，且分析的逻辑和出发点也差异显著。

此外，那些看似对传统经济学和管理学具有挑战意义的研究结论，大多以经济学或管理学异象为突破口，借鉴行为科学、信息科学等领域研究方法，研究成果具有明显的归纳性质。即使研究对相关经济现象给出了具有创新性的理论解释，这些理论模型的适用性也不足以完整描绘媒体以及网络舆情对企业决策与资产定价的影响机理。正如 De Bondt（2008）所指出的，在引入行为视角的经济管理研究中，归纳方法依然占据主流地位。虽然这样的“超级事实”有助于学术界发现现实异象，但是仅凭这些零散的研究成果难以形成逻辑结构一致的经济理论假说。

有关数智时代媒体以及网络舆情的研究，恰恰处于这种尴尬的境地。

虽然大量涌现的网络舆情研究基本上涉及全部经济学和管理学领域，但是就网络舆情本身而言尚未形成框架性的研究范式，研究成果也大多以碎片状的散乱形式出现。尤其是在中国互联网治理的大背景下，特殊的互联网环境使得中国的媒体以及网络舆情在遵循一般规律的基础上，面临着与国外完全不同的约束条件。因此，对数智时代媒体报道以及网络舆情的发展特征、对资本市场以及企业决策的影响机制进行探讨，十分必要而又异常迫切。

3.5.2 媒体关注发挥公司外部治理效应的研究不足

在经济全球化、信息现代化和技术革新的背景下，新媒体的出现拓宽与提高了信息传播的渠道与速度。针对媒体关注下公司治理效应面临的挑战，总结国内外学者对媒体监督大量的研究工作文献，发现研究领域主要集中于媒体监督信息对资产定价和公司治理的影响两大领域。研究内容主要包括媒体关注的公司治理经济后果、媒体关注的公司治理效应机制和媒体关联的公司治理策略。尽管很多学者致力于媒体关注对资本市场的影响与媒体关注对公司治理的影响研究，但是在深入探讨媒体关注下公司治理效应的作用机理方面的研究成果，是以碎片状的散乱形式出现。综上所述，国内外学者对媒体关注、公司治理与利益相关者之间的相互关系、作用机制等方面展开了较多研究工作，但是现有研究的不足之处主要表现在以下三个方面。

首先，需要系统性分析和梳理媒体关注、公司治理与利益相关者之间的关系。以微博、微信、Facebook 等为代表的新社交媒体的出现，使得信息在社会关系网络中传递的过程更加复杂，上市公司利用媒体进行公司治理不再是一个从被动到主动转变的单向循环过程，而是基于约束环境变化下的媒体、上市公司与利益相关者内在依赖的、具有累计效应的循环（如图 2-8 所示）。基于约束环境的变化，目前相关研究不够深入，缺乏系统性，忽视了信息传播规律下，媒体关注对上市公司不同利益相关者利益协调的影响，尤其是不同属性媒体关注作用于不同利益相关者利益的互动机制的研究。对媒体关注、公司治理与利益相关者间的关系进行分析，为系统研究媒体关注信息传播的公司治理效应奠定基础。

其次，需要加深在宏观层面，媒体关注与上市公司利益相关者之间直接关系的认知。媒体报道对利益相关者的影响，自从 1982 年强生“泰诺”事件发生后，Thomas（1997）提出了“焦点事件理论”，认为“突然发生的、不可预知的事件”受媒体的采访而引起广泛关注，通过影响重要利益相关者的期望与利益，来达到改变企业行为的目的。媒体与中小股东利益相关者保护的关系备受关注。例如，李常青和熊艳（2012）认为媒体在一定程度上可以作为保护投资者的补充机制，孔东民、刘莎莎和应千伟（2013）从中小股东利益保护的角度，发现在中国上市公司行为的各个层面，媒体关注都发挥了显著的监督治理功能。因此，现有研究忽视了媒体关注对上市公司其他利益相关者的直接影响和内部资源配置的调节作用，尤其是对外部利益相关者（如客户、供应商与政府利益相关者）差异化影响。从信息传播的视角，提出媒体关注对上市公司利益相关者利益影响的假设，并综合比较分析实证检验结果。

最后，以多变量多因素耦合分析为基础的相关实证研究较少。无论是在公司治理、内部控制，还是资本市场领域，有关媒体的角色、效应和作用机理实证研究中，大多以单因素分析为主，例如媒体关注对投资者买卖股票行为的影响（Bradr 和 Terrance，2008），或媒体关注对控股股东掏空行为的影响（李明和叶勇，2016），缺乏媒体关注下的公司治理动机多变量多因素耦合分析。虽然，多数研究努力从信息传播学、社会关系网络和组织行为角度出发，采用多变量多因素耦合分析方法，研究媒体关注对利益相关者群体利益的影响，但是，由于现有研究未能提出一套公认的评价准则，对于科学合理的利益相关者综合评价体系的操作化和财务指标的选择提出了挑战。因此，本书探讨了基于财务数据的利益相关者的综合利益评价指标，实现了上市公司在不同情况下对利益相关者利益的保护程度和支付能力的度量。

3.5.3　发挥数字媒体关注的公司外部治理效应的研究目标

围绕上述问题从信息传播角度出发，深入探讨在公司治理框架中，网络媒体信息互动在协调利益相关者利益方面的激励作用，预期实现以下研究目标：

3.5.3.1　阐明“媒体融合”背景下公司治理面临的挑战

基于选题，研究首要目的是回答问题：“互联网+”背景下传统媒体与新媒体融合的发展趋势是什么？媒体关注在社会治理（主要包括政府治理和公司治理）中发挥监督作用的现状是什么？基于网络约束的外界复杂环境的变化，媒体监督下的公司治理将面临哪些具体挑战？国内外在相关方面已经取得的研究成果、研究趋势和研究不足是什么？

3.5.3.2　探究媒体关注作用于上市公司治理目标的实现机制

在信息非对称理论和委托代理理论分析的基础上，梳理媒体监督、公司治理结构和决策与公司治理目标之间的关系，深入分析外部媒体关注协调不同利益相关者利益的机制，拟构建基于信息经济学、行为金融学和市场微观结构的分析框架，提出假设并检验差异性作用途径，从而为获得媒体关注产生的公司治理经济后果相关结论提供充足的理论依据和实证数据资料。

3.5.3.3　厘清媒体关注与利益相关者之间的关系

通过回顾已有相关研究文献，了解国内外有关媒体监督的公司治理研究现状，包括研究范围、研究角度、研究内容和研究结果等，接着在理论分析的基础上提出基于媒体关注与利益相关者之间的直接或间接关系的假设，利用 OLS 回归检验研究假设的合理与否，从而通过实证研究的方法，从量化的角度系统性地探讨两者之间的关系，对比分析媒体关注对上市公司内、外部利益相关者产生不同程度的影响。

3.5.3.4　分析不同属性媒体关注对不同利益相关者的影响程度

在媒体关注与利益相关者之间的作用机理和经济结果探究基础上，深入比较分析不同属性的媒体关注对不同利益相关者利益的影响程度，尤其是以媒体数量为代表的媒体关注度与以媒体倾向性为代表的媒体质量，哪种要素在实现上市公司治理目标中发挥着更重要的作用？该类影响在不同性质的上市公司中表现有何不同？此研究目标的实现为提出具有针对性的公司治理意见奠定实证基础。

3.5.3.5　提出有效实现公司治理目标的政策建议

在充分了解“互联网 +”媒体监督下社会治理现状，通过利益相关者和公司治理理论分析，深入探究媒体监督在发挥公司治理效应、实现利益相关者群体福利最大化目标过程中的作用机制和经济后果，结合实证检验结果的讨论与进一步总结分析，提出“媒体融合”时代背景下，上市公司公共关系（包括投资者关系、客户关系、政府关系、消费者关系等）管理、公共部门危机管理和媒体行业自律等的政策建议，努力为构建更加公平、开放、有序的网络媒体监督环境，提高媒体的公司治理效率，强化企业危机事件识别和风险评估行为，为积极应对风险和信息沟通提供更多的参考依据。

3.5.4　实现利益相关者群体福利最大化目标的研究问题

纵观互联网络发展现状，急需解决网络信息安全问题。党的十八大到 2014 年的中央网络安全和信息化委员会的第一次会议上，网络安全和信息化都受到国家领导的高度重视。全国宣传思想工作会议以来，在党中央的坚强领导下，各个部门、各条战线的共同参与，国家互联网信息办公室开展了一系列专项行动，大力治理网络谣言，依法规范网络传播秩序，主动开展舆论引导，传播正能量，网络舆论生态明显好转，雾霾渐散、晴空初现。同时，改革开放 40 多年来，无论在政府治理还是公司治理中，如何充分发挥媒体监督功能工作取得了一定的经验。但是，当前网络外界约束环境在未来较长时间内依然严峻复杂，尤其是社会问题和经济问题共存，网络安全与信息失真交织，网络用户道德缺失与市场潜规则等问题突出等。因此，全面科学的公司治理依然任重道远。充分利用社会化新媒体的普及及其巨大的社会舆论影响力，让新媒体监督下的公司治理新实践成为可能，是一项长期性、复杂性的任务。有关在金融、财务等理论和实务界引起巨大关注的媒体报道，仍然处于初步阶段的研究还存在很多不足，结合媒体融合的新趋势，提出以下三个研究问题：

（1）媒体关注是否有助于实现协调利益相关者之间的利益与群体福利

最大化的公司治理目标？

近几年，从食品行业到娱乐行业，从建筑行业再到金融行业，诸多社会问题越来越容易被媒体“曝光”而引发国内外学者对媒体的公司治理功能的思考。西方经济学界对公司治理问题的关注可以追溯到 Adam Smith (1976)。以 Berle 和 Means (1930) 为代表的所有权与控制权分离的观点提出后，很多法学家和经济学家们认为实现股东利益最大化是股东与经理人之间委托代理关系建立的最终目标。公司治理的治理问题就是如何安排有效的管理机制和设计有效的交易契约来实现这一目标 (Shleifer 和 Vishny，1997)。企业逐渐意识到企业单纯追求股东利益最大化将会带来负的外部效应，该认识来源于类似美国安然事件等大规模金融危机的爆发和诸多公司财务丑闻的曝光。Gordon (1997)，姚伟、黄卓和郭磊 (2003) 等学者认为公司治理的责任范围不应该仅仅局限于保护股东的利益，还应该保障更多的利益相关者的利益，甚至实现利益相关者群体福利的最大化，这才是企业努力的真正目标。但是，现实中利益相关者之间可能存在利益冲突，尤其是投资者之间或投资者与高层管理者之间的利益冲突 (Goergen 和 Marc，2012)。公司治理实践可以被看作协调利益相关者利益的尝试 (Tricker 和 Adrian，2009、Lee、Janet 和 Shailer 等，2008)，这也是公司治理存在的必要性体现。因此，调节投资者、供应商、消费者和政府等不同利益相关者之间的利益关系，进行资源再配置的一整套制度安排被称为公司治理结构 (钱颖一，1995)。公司治理主要任务是依靠制度安排的互补性，解决诸如控制权的配置和行使、激励职业经理人和员工、评价和监督董事会等公司内部管理问题，降低委托代理成本，最终实现保护利益相关者群体利益的目标。公司治理行为和结构的选择在一定程度上决定了公司的治理机制的有效性 (郑红亮，2005)。

(2) 不同属性的媒体关注 (包括媒体关注度、媒体关注倾向性、正面的媒体关注和负面的媒体关注) 分别对上市公司利益相关者利益是否有影响？影响程度如何？

基于 Merton (1987) 的投资者认知假说，很多学者的研究关注于投资者认知度对股价的影响。虽然 Fang 和 Peress（2009）的研究探讨了新闻数目的多少对股价收益的影响，遗憾的是没有考虑新闻报道的真实性。但是，应用于公司治理研究，类似的处理方法就略显粗糙，需要按照语义倾向对新闻进行分类考察。正面新闻和负面新闻的可信度不一样（Kothari、Li 和 Short，2009），对上市公司的影响也必然存在差异。不同类型的语义倾向，也会传递出不同的信号，对资本市场、公司治理也会产生不同的影响（Demers 和 Vega，2010）。国内部分学者已经开始注意到新闻报道的语义倾向，并对新闻的类别进行分类，探究在不同状况下、不同类别的新闻信息对资本市场、公司治理的影响。但是，从总体上来说，该研究仍然处于初步阶段，语义度量的方法和研究问题的设计等都处于探索阶段，需要未来进一步的研究。国有企业与民营企业、具有政治关联与没有政治关联的公司，在公司治理水平、资本市场信息环境、高管激励方式等方面都存在差异（夏立军和陈信元，2007；罗党论和唐清泉，2007；余明桂、回雅甫和潘红波，2010）。根据制度经济学和“法与金融”理论，不同控制权类型、处于不同地区发展水平的公司，媒体的公司治理效应也将会不同（Kim、Zhang 和 Yu，2011）。

（3）媒体关注影响不同利益相关者利益的作用机制是什么？

李培功和沈艺峰（2010）的研究结论认为，公司治理功能的发挥需要依靠其他的外部治理机制，例如行政监管部门的介入。作为信息传播中介的媒体，仅仅发挥着揭露功能，增加公司治理问题的暴露程度（Dyck、Volchkova 和 Zingales，2008），最终引起监管部门的注意。因此，只有监管部门的直接介入，才能导致公司行为的改变，从而发挥其公司治理功能。从媒体报道的传统监督机制来说，行政处罚对国有企业和民营企业的高管具有不同的效应。对于国有企业的高管来说，他们一般有行政职务，不怕因为公司治理问题而受到行政处罚。当前社会上众多的被处罚官员复出事件表明，对具有行政职务的公司高管来说，行政处罚的威慑力需要进一步的研究，而对于民营企业来说，行政处罚的最大威胁是带来“政企关系”的损害。媒体报道的传统监督机制，对民营企业和国有企业的具有不同的影响，需要区别对待。媒体监督过程中的声誉机制也得到了学者们的关注。Dyck、Volchkova 和 Zingales（2008），Nguyen（2015）等认为媒体关注能够约束经理人和董事会行为的直接原因是媒体关注会影响到能给他们带来财富和社会地位的声誉。醋卫华（2011）研究发现，对发生丑闻的企业而言，公司高级管理人员变更的概率会显著增加，高管变更后继续担任其他职位的机会也会减少。因此，公司职业经理人和董事会成员会更加关注媒体的报道，甚至作出及时反应。声誉机制在不同所有权类型企业中的不同功能已经为众多文献证实，唯一需要指出的是，媒体关注导致的声誉风险在不同类型的企业中会有不同的表现。

从媒体报道的市场压力机制来说，媒体发布的任何关于公司的信息，都会对资本市场产生影响。这是因为大量媒体关注的存在（不论媒体报道的新闻是否真实），不仅会减轻信息传播中的摩擦，还会拓宽信息传播的广度，提高资本市场证券类产品定价的准确性，从而影响到股票的收益（Fang 和 Peress，2009）。在国有企业和民营企业中，管理层聘任机制、激励约束机制等方面存在巨大的差异，管理者对资本市场的重视程度也不一样。因此。媒体报道带来的这种市场压力，对不同所有权性质的公司可能会产生不同的影响。

3.6 本章小结

信息不对称理论主要研究广泛存在于市场经济行为和非经济行为中的信息不对称，认为信号传递和信息筛选是缓解逆向选择与道德风险问题的有效方式。源于经济学科和政治学科的委托代理理论，认为委托代理关系中，同样存在着信息不对称，道德风险更加突出等问题，因而带来更高的代理成本。股东、债权人、员工、客户、供应商和政府都属上市公司的主要利益相关者，其中股东、债权人、消费者、政府是重要利益相关者，员工和供应商是次要利益相关者。我国的法律制度在投资者保护方面具有个人的保护程度不够、缺乏完善的证券市场民事赔偿机制和公司治理中的行政管制外溢的特点。网络媒体的"去中心化"发展有效缓解了信息不对称问题，直接拉近了企业和利益相关者之间的互动距离。同时，受传统监督、市场压力和声誉机制作用的影响，"被关注"上市公司不得不改正糟糕的治理决策和行为。食品安全、国有资产流失、偷税漏税、环境污染等诸多违法违规行为和贪污腐败问题得到了相关部门的重视和监管，企业违规经营行为得到了及时有效的制止，部分利益相关者的利益得到了保护。因此，媒体关注对公司的利益相关者产生显著的市场影响。

在互联网快速发展和"媒体融合"时代背景下，基于不同利益相关者视角，比较分析媒体关注的公司治理效应和作用机理。在回顾已有研究基础上，现有文献研究存在媒体关注、公司治理与利益相关者之间的关系有待进一步梳理，媒体关注与上市公司利益相关者直接关系的认知有待加深，以多变量多因素耦合分析为基础的相关实证研究较少等缺陷与不足。因此，为发挥数字媒体关注的公司外部治理效应，实现利益相关者群体福利最大化目标，需阐明"媒体融合"背景下公司治理面临的挑战，探究媒体关注作用于上市公司治理目标的实现机制，厘清媒体关注与利益相关者之间的关系。分析不同属性媒体关注对不同利益相关者的影响程度，提出有效实现公司治理目标的政策建议。

第二部分　实证篇

第4章　数字媒体关注与投资者利益保护

针对第3章中提出的研究逻辑和构建的理论模型，本章将探讨媒体关注与投资者利益之间的关系。从媒体关注信息传播的角度出发，根据搜集已有的论据归纳，演绎出本章的有关媒体关注影响投资者利益的机制和经济结果的研究总假设。从样本选择、变量测量和模型设定三个方面进行研究设计。本章将实证检验媒体关注的公司治理经济后果，包括主要变量均值描述性统计分析、斯皮尔曼和皮尔森相关性分析，解释变量和被解释变量的OLS回归分析，以及回归结果的稳健性检验。希望媒体关注与投资效率、媒体关注与投资者利益关系的多个原假设能够通过实证检验，从而得出本章的预期研究结论。

4.1　投资者的定义与时代特征

4.1.1　投资者的界定

投资者（Investor）是指预期未来财务回报而分配资本的人（Lin和Tom，2015），为企业提供资本的人和购买股票的人都是投资者。包括一级和二级市场之间的投资者，投资类型包括股权、证券、房地产、货币、商品、代币、看跌期权和看涨期权等，以及衍生产品、期货、远期等。通常把持有股票的股东称为投资者。“投资者保护”一词定义了遵守、维护和执行投资者权利与要求的努力和活动的实体，包括建议和法律诉讼。投资者需要保护，是因为金融投资者缺乏金融服务和产品供应商拥有的专业知识、信息或经验。因此，上市公司提供准确的财务报告，以便投资者作出明智的决定，是投资者保护的有效方式。除此之外，市场应该保持公平性，即市场中的所有参与者都可以获得相同的信息。因此，受到更强有力投资者保护的国家，其经济往往比那些受到不良投资者保护的国家增长更快。投资者往往关注的是投资回报和收入，包括股息分配或股票资本收益①。

4.1.2 投资者的时代特征

4.1.2.1 更具有投资意识，投资主动性更强

根据一项3000名新时代投资者的问卷调研，超过90%的受访者认为，在未来投资扮演了非常重要的角色。由于年纪不同，生活阅历、投资经验和投资目的也会不同，其中较为年轻的群体，更倾向于认同“投资比较重要，是需要掌握的技能”；年纪越大的群体，则越偏向于认同“投资越来越重要，是人生规划必备的一环”。在投资中，投资者更具备机会成本意识，秉持着钱不流转起来就亏了的认知，在有一定的闲钱和多余的财富时，就会考虑进行投资理财，社交圈是影响投资者投资方式和渠道的首要因素，超过一半的投资者的投资行为是由于朋友推荐。新时代投资者会主动地获取投资理财信息，而网络信息技术也增加了渠道的丰富性与获取信息的便捷性，获取信息的方式包括订阅相关信息、定时定期查看交易信息和社交媒体偶遇，渠道包括财富管理平台、投资理财 APP、财经媒体、视频平台和泛社区平台。根据调研报告，大部分投资者认为投资需要具备相应的专业技能，并且投资市场瞬息万变，投资群体有定时定期浏览新闻资讯的习惯，以此提升自己的投资认知和能力。

4.1.2.2 以提高生活质量为投资目的

新时代投资者基于现实进行投资，通过投资提升生活质量。根据《中国青年投资态度白皮书》的调研报告，有将近74%的受访者认同投资目的之一是实现财富增值，从而提升物质生活水平；其次有将近72%的受访者认同投资目的之一是有更多元的收入，抵抗未来的不确定性，后者在经历

---

① Certo & Certo (2005). Modern Management (10th ed.). Pearson.

过疫情之后，得到了更多投资者的共识，如果只有单一的收入来源和结构，面对生活和社会中的“黑天鹅”事件，生活质量可能会发生断崖式的下滑，例如有受访者提到：疫情让我明白了一件事情，你不能够把所有东西都压在工作上，如果突然失业了，房贷、车贷、孩子的奶粉钱该怎么办。对于新时代投资者，他们可能刚步入成年，退休养老是十分遥远的话题，通过对受访群体进行年龄划分，越年轻的群体更愿意认同投资对提升当下生活质量的意义，而在较为年长的群体中同意投资目的是为养老做准备，是为了早日退休实现财富自由的比例更高。

4.1.2.3　投资行为更理性，更尊重专业

尽管社交媒体在日常生活中的影响力越来越大，但是基于社交媒体的讨论和广告的推荐进行投资的占比远远低于朋友推荐和家庭教育，投资者倾向基于可信度更高的信息。根据《DT 财经调研》的数据，关注投资经验技巧和国内动态/资讯的投资者人数最多，占到了样本的一半，随着社交媒体的发展，投资相关的内容呈现井喷的态势，如何在众多繁杂的信息中分辨出有用和可信度更高的信息，成为投资中不可避免的问题。越来越多的投资者意识到不同的发布者发布的信息往往带有不同的立场，因此在搜寻投资信息时，投资者会更偏向选择知识和方法类的信息，其中新时代投资者是最关注客观内容（例如行业报告和产品信息）的群体。投资者认为投资专业性较强，尽管目前泛内容平台和短视频形式成为很多人接收信息的主要来源，但投资者仍然偏好选择客观中立的内容和高密度的信息形式作为投资决策的依据，例如公司年报、数据图表、分析师文章等。面对基金经理和投资顾问的推荐，投资者会对观点背后的立场和利益相关性保持一定的敏感性，更倾向于咨询多家机构、整合与分析多方信息，作出自己的独立判断。

4.1.2.4　更具有社会取向和国家意识

新时代的投资者普遍具备经济全球化的认知，从国际视角分析投资行为和活动，更加关注那些可能会影响中国发展和自己购买的投资产品的国际动态资讯，也愿意主动去了解一些在国外投资圈比较火热的投资话题，

例如2022年年末OpenAI在国外的火爆引起了国内对人工智能领域的关注和相关公司股价的飙升。相对于其他群体，新时代投资者更容易因为工作、专业、兴趣或者社交平台关注国际资讯。受高等教育及社会思潮的影响，投资者在投资时还会关注财务效益，例如企业的道德和价值观、是否重视员工的利益、生产经营过程中对社会和环境的影响、是否符合可持续发展要求等，他们更愿意去支持和投资具有较高标准的道德和价值观、重视社会和国家利益、具备可持续发展和创新意识的企业，而抵制或减少一些缺乏社会意识和损害国家利益的企业。

4.2 数字媒体关注与投资者利益相关者变量测度

4.2.1 数字媒体关注的衡量

结合有关数字媒体关注概念的界定，把一家公司在某一则新闻中出现次数最多时的网络报道才定义为该公司的数字媒体关注度（*Media_t*），简称媒体关注，即公司的媒体关注总数的自然对数。数字媒体关注度（*Media_t*）① 的测量主要包括两个方面，一是信息源分布的测度。根据Habbershon和Pistru（2010）的研究，投资者对不同来源的信息的反应具有显著的差异，信息源的分布与信息不对称程度、信息风险大小密切相关。因此，媒体报道信息度量的第一个维度即媒体报道信息源的分布。利用网络财经信息监控系统，实时监测主要财经媒体、财经论坛等平台关于某一证券的相关信息报告。基于这一监测系统，对信息源的分布情况进行研究，构建有关信息源分布的测度变量。信息在财经网站、电视、报纸、博客和微博、互动平台上的分布情况，投资者对于信息的互动程度和谣言发生概率的测度是主要测度内容。二是媒体报道广度测度。信息所能到达的受众数量以及到达的方式是影响信息效力的重要因素。信息传播的广

① 媒体关注度是以各大互联网媒体报道的新闻中，与关键词相关的，被百度新闻频道收录的数量，采用新闻标题包含关键词的统计标准，并以曲面图的形式展现。媒体关注倾向性，是指新闻机构或新闻传播者对于客观事实的立场、观点、兴趣等或明或暗地在新闻中的反映。

度，既包括一般情况下信息的可见程度，也包括特殊的、重大报道信息的可见程度，以及信息在受众之间的传播深度。基于以上的思路，从上市公司在一般新闻信息中的可见度、上市公司在深度报道信息中的可见度和上市公司信息被受众传阅的程度三个方面度量信息传播的广度，具体如表 4 - 1 所示。

表 4 - 1　　数字媒体关注信息的测度

	测度指标	测度内容	测度方法
数字媒体关注的测度	信源	WISENEWS（慧科新闻）数据库财经板块，包括专业财经媒体（如《中国证券报》《第一财经日报》《证券时报》等）和综合性媒体的财经板块（如《环球时报》《北京青年报》《华西都市报》等）	搜索引擎索引、网络爬虫技术摘取
	准确性	在关键过滤词方面进行了大样本的测试	PYTHON
	及时性	媒体关注产生、发酵、爆发、反复、消退的时间 按照 WIND 数据库中的上市公司基本资料、股票更名数据和公司更名数据进行检索	搜索引擎、新闻数据库
	一致性		文本聚类、过滤技术
	数据量	一家公司在某一篇报道中出现的次数	搜索引擎、新闻数据库
	网络特征	中心性、网络密度、结构洞等	社会网络分析模型

有关媒体关注的研究因文本挖掘技术的发展显得较为复杂。首先，根据 Madnick、Wang 和 Yang（2009）的研究将媒体关注的数据质量分为 16 个不同的维度，计划选取其中 6 个和报道信息有关的维度，结合社会网络分析的有关技术指标，对媒体关注程度进行维度的测度划分，具体为媒体信息的信息源、信息的准确性、信息的及时性、信息的一致性、信息的数据量以及信息的网络特征，以期全面地研究媒体关注各个指标的特征。其次，借鉴田高良、司毅和韩洁等（2016）的研究，通过 PYTHON 软件对新闻关注文本进行分析，构建了媒体关注变量即 *Media_t*，为公司媒体报道总数的自然对数。

4.2.2 数字媒体关注倾向性测度

数字媒体关注倾向性的测量建立在媒体关注度（*Media_t*）测量的基础上，媒体关注倾向性（*Media_s*）测量的方法有整体倾向性测度（类似 RavenPack）方法、基于特定字典的倾向性测度和基于现有成熟的技术，采用三种常用的方法测度媒体报道的倾向。

第一种是基于 RavenPack 公司的测度方法。由美国的 Dow Jones Newswires 提供 Headline 新闻，RavenPack 公司基于 Dow Jones 的新闻系统，将新闻信息进行了量化（据其报告，情感指数与 SP500 指数一致性在 80% 左右）。中文方面，和讯网的期货新闻也尝试性地推出了新闻简化、综合、分类、判断等服务。基于已有的网络媒体监控系统，采用类似的方法，构建整体信息属性测度变量。

第二种是基于特定字典的倾向性测度。由于英文自然语言处理技术较为成熟，国际顶级金融学期刊也在理论上给予了支持。普遍应用的词典有 Harvard Dictionary（2011 年 Journal of Finance 的一篇文章认为该词典应用在金融领域存在偏误，并提出了自己的词典），商业软件有 DICTION 等。目前，中文自然语言处理刚刚走出实验室，距离商业应用尚有差距，但是已有相应的字典可以作为学术参考。例如，中国科学院的 ICTCLAS 分词系统能够满足对中文语言的辨别。知网（HowNet）构建了中文语言的知识库。基于以上的数据字典，可以构建可量化的新闻信息语义倾向。

第三种是基于特定语料的倾向性测度。关于中文特定语料的研究十分丰富。例如，中国科学院计算构建了众多的语料库，应用在酒店和电子产品评价等方面，语料构建方法已经成熟。上海语天信息技术有限公司、北大方正语言知识处理科技有限公司、北京拓尔思信息技术股份有限公司等众多商家，已经开发出了相应的产品和解决方案。用类似的方法，抽取相关领域（例如，公司治理、信息披露）等方面的语料，具体测度媒体报道信息的倾向性。具体实施方案如下：

第一，根据已有的网络文本挖掘系统，对选定的财经媒体和网络媒体进行搜索和信息提取。拟选定的财经媒体有 24 种（详细叙述请参考附录章节的论述），选定的网络媒体有东方财富网、金融界、新浪微博。提取出符合条件的新闻，并与相应的公司进行匹配。第二，对新闻的来源属性进行追踪，分别按照下列属性对新闻来源进行分类：是否来自股评吧、是否来自新闻记者、是否来自微博个人、是否来自微博意见领袖等。在此基础上，构建“自媒体”信息源分布变量。第三，将新闻信息在内容方面重新划分，区分为一般相关新闻、高度相关新闻、专题报道新闻，追踪每一篇新闻被传阅的次数。在此基础上构建“自媒体”信息广度变量。第四，对每一篇新闻进行文本挖掘分析，采用综合加权指数、基于字典的指数、基于特定语料的指数三种方法对新闻的倾向进行总体加权。在此基础上构建“自媒体”信息倾向的测度变量。第五，对以上构建变量进行信度和效度测试，不断修改测度方法，构建精确测度变量。

综合已有的测度方法，新闻媒体报道倾向性（$Media\_s$）的衡量，根据 Madnick、Wang 和 Yang（2009）曾经综合信息的信息源、准确性、及时性、一致性、数据量、网络特征以及倾向性等特征对信息质量的考察，结合社会网络分析的有关技术指标，将新闻媒体报道倾向性（$Media\_s$）界定为，通过 PYTHON 软件挖掘一家公司在某一篇报道中出现次数最多时的新闻报道文本，借助台湾大学（NTUSD）提供的汉语语义情感分析词库将每篇文本中的词汇按照正负语义进行等级分类之后得到的分析变量。其中，在每一个公司年度的 N 篇报道中，F 为每一篇报道中的正面词义个数，J 为每一篇报道中的负面词义个数。当 $Media\_s$ 大于 0 为正面报道倾向性（$Media\_p$），小于 0 为负面报道倾向性（$Media\_n$）。

$$Media\_s = \sum_{n-1}^{N} \frac{F - J}{F + J} \tag{4-1}$$

经过以上样本选取、筛选和变量测量的过程，共得到 7985 个公司年度观测值，其中正面、负面和中立倾向性媒体新闻报道分别为 4650、1200 和 2135 个观测值。表 4－2 分别展示了网络媒体关注（$Media$）变量在行业、年份和上市公司产权性质方面均值和中位数描述性统计结果。结果显示，媒体关注不同行业的程度存在较大的差异，卫生和社会工作（N）被媒体报道的频率最高，平均数值为3.823；关注最少的行业是教育（L），平均数值为0.773。正面的媒体关注最多的行业是文化、体育和娱乐（G），平均数值为4.284，正面报道最少的行业是住宿和餐饮业（O），平均数值为0.82。媒体对上市公司的关注度在时间分布上呈现出先降后升的趋势，2013年降到最低值，平均数值为2.176。不同性质上市公司被媒体关注差别不大，国有企业和非国有企业媒体关注的均值分别是2.425和2.382，但是对非国有企业正面报道较多（国有均值为2.495，非国有均值为2.632），国有企业负面报道较多（国有均值为-0.541，非国有均值为-0.517）。

表4-2　媒体关注的描述性统计

Panel A：按照行业

Industry	*Media_t*（数量）		*Media_s*（倾向）		*Media_p*（正面）		*Media_n*（负面）	
	均值	中位数	均值	中位数	均值	中位数	均值	中位数
A	2.415	2.398	1.15	0.24	2.049	0.542	-0.777	-0.103
B	2.795	2.773	1.827	0.58	2.496	0.902	-0.726	0.000
C	2.386	2.485	1.752	0.333	2.394	0.752	-0.579	0.000
D	2.209	2.079	1.972	0.327	2.392	0.542	-0.444	0.000
E	2.1	2.079	1.68	0.333	2.004	0.652	-0.158	0.000
F	2.213	2.079	1.686	0.333	2.163	0.636	-0.358	0.000
G	2.33	2.303	3.688	0.905	4.284	1.187	-0.464	0.000
H	2.034	2.303	2.098	0.533	2.465	0.857	-0.221	0.000
I	2.638	2.639	3.08	0.942	3.545	1.383	-0.333	0.000
J	2.236	2.197	2.224	0.313	2.626	0.509	-0.256	0.000
K	2.699	2.708	2.883	0.778	3.564	1.16	-0.541	0.000
L	0.773	0.000	0.899	0.000	0.899	0.000	0.000	0.000
M	2.16	2.434	0.771	0.252	1.631	1.147	-0.959	-0.172
N	3.823	3.784	1.966	2.423	2.739	2.437	-1.124	-1.133
O	2.015	2.197	0.82	0.117	0.82	0.117	0.000	0.000
P	2.476	2.398	2.95	0.914	3.376	1.19	-0.505	0.000
Q	2.86	2.639	3.245	0.845	4.675	1.53	-1.268	-0.138

续表

Panel B：按照年份

Year	*Media_t*（数量）		*Media_s*（倾向）		*Media_p*（正面）		*Media_n*（负面）	
	均值	中位数	均值	中位数	均值	中位数	均值	中位数
2011	2.595	2.639	1.373	0.227	2.213	0.7	-0.805	0
2012	2.432	2.398	1.268	0.189	2.143	0.678	-0.84	0
2013	2.176	2.197	1.506	0.355	1.858	0.614	-0.298	0
2014	2.453	2.565	3.362	0.981	3.694	1.2	-0.218	0

Panel C：按照企业性质

Ownership	*Media_t*（数量）		*Media_s*（倾向）		*Media_p*（正面）		*Media_n*（负面）	
	均值	中位数	均值	中位数	均值	中位数	均值	中位数
国有	2.425	2.398	1.905	0.375	2.495	0.717	-0.541	0.000
非国有	2.382	2.485	2.012	0.442	2.632	0.833	-0.517	0.000
Total	2.4	2.398	1.966	0.409	2.573	0.778	-0.527	0.000

注：采用证监会行业分类代码，其中，A：农、林、牧、渔业；B：采矿业；C：制造业；D：电力、热力、燃气；E：建筑业；F：交通运输、仓储；G：文化、体育和娱乐；H：水利、环境和公共设施管理业；I：信息传输、软件；J：批发和零售业；K：房地产业；L：教育；M：科学研究和技术服；N：卫生和社会工作；O：住宿和餐饮业；P：租赁和商务服务业；Q：综合。

4.2.3　会计信息质量的衡量

有关会计信息质量（ACC_ality），学者们从不同的角度给出了不同的定义，质量管理专家 Juran 和 Claus 分别从用户使用和生产者角度定义，前者认为会计信息质量应是会计信息产品满足用户使用需求的程度，后者认为应是会计信息产品符合会计准则或制度要求的程度。根据国际标准化组织在 1994 年颁布的 ISO 8402－94《质量管理和质量保证——术语》文件，认为广义的会计信息质量是指会计信息满足明确和潜在需求能力的特征总和，既要有实用性，也要具有符合性的特征。早在 1970 年，APB 第 4 号报告中提到了会计信息质量应该具备相关性、易懂性和可验证性等特征。1980 年 5 月，美国 FASB 第 2 号公告专门开始研究会计信息质量后，引发了不同国家的广泛关注。加拿大特许会计师协会认为会计信息质量具有可理解性、可靠性、相关性和可比性的特征，英国会计准则委员会在此基础上更具体地阐述和研究了会计信息质量的诸多特征。近几年，美国学术界开始研究会计信息的透明度。透明度是会计报告中盈余信息对企业真实经营收益情况的反映程度（Bhattacharya、Daouk 和 Welker，2003）。巴塞尔银行监管委员会（1998）、王艳艳和陈汉文（2006）等认为会计信息应该具有较高的信息含量，投资者能够从企业的会计信息里获得真实可靠的信息，从而降低信息搜集成本。本章将采用会计信息透明度（Tran）替代会计信息质量。

那么，如何量化会计信息透明度呢？整理文献后发现量化方法大致可以分为两类。一类是，国内学者方军雄（2007）、王凤华和张晓明（2009）利用深交所的信息披露评级①作为会计信息透明度的替代变量，研究了信息披露状况对证券分析师预测特征和股价同步性的影响。另一类是，国外学者 Bushman、Piotroski 和 Smith（2004）用财务报告呈报的频率、信息的及时性和其被财务分析师及其他中介机构传播和解释的程度指标来衡量会计信息透明度。Bhattacharya、Daouk 和 Welker（2003）则着重从收益角度提出了三大衡量指标，包括盈余激进度（*Earnings Aggressive*，*EA*）、损失规避度（*Loss Avoidance*，*LA*）和盈余平滑度（*Earnings Smoothing*，*ES*）。周中胜和陈汉文（2008）借鉴上述研究，为了研究会计信息的透明度与资源配置效率之间的关系，联合构造了盈余激进度（*Earnings Aggressive*，*EA*）和盈余平滑度（*Earnings Smoothing*，*ES*）综合指数，用来测量上市公司会计信息的透明程度。

参考 Bhattacharya、Daouk 和 Welker（2003）以及代彬、彭程和郝颖（2011）等的研究，本章采用盈余激进度（*EA*）和收益平滑度（*ES*）综合指数衡量会计信息透明度（*Tran*）。盈余激进度（*EA*）、收益平滑度（*ES*）和会计信息透明度（*Tran*）计算公式分别见式（4－3）、式（4－4）和式

---

① 为了规范上市公司信息披露行为，提高上市公司信息披露质量，深圳证券交易所制定了《上市公司信息披露工作考核办法》，对上市公司信息披露工作进行考核，以上市公司每年度内每一次信息披露行为为依据，从及时性、准确性、完整性、合法性 4 个方面分等级对上市公司的信息披露工作进行考核，考核结果在深圳证券交易所网站上公布。详见网址：http：//www. szse. cn/lawrules/index. html。

(4-5)。其中，ACC_{it}表示第i家上市公司第t年的应计项目，ΔACC是应计项目增加额与期初总资产的比值，ΔCA代表流动资产增加额，ΔCL代表流动负债增加额，ΔCF_{it}是经营性现金流量增加额与期初总资产的比值，$\Delta CASH$表示货币资金增加额，ΔSTD表示年内到期的长期负债增加额，DEP是折旧和摊销费用，ΔTP是应交所得税增加额，TA是总资产，$Correl$代表相关系数。

$$ACC_{it}=\Delta CA_{it}-\Delta CL_{it}-\Delta CASH_{it}+\Delta STD_{it}-DEP_{it}+\Delta TP_{it} \tag{4-2}$$

$$EA_{it}=ACC_{it}/TA_{it} \tag{4-3}$$

$$ES_{it}=|Correl(\Delta ACC_{it},\ \Delta CF_{it})| \tag{4-4}$$

$$Tran_{it}=[Deciles(EA_{it})+Deciles(ES_{it})]/2 \tag{4-5}$$

上述公式中，当EA值比较大时，说明该公司有较强的盈余激进动机，会计信息的透明度将会降低。式（4-5）是EA和ES分别被赋予50%的权重，计算出来的会计信息透明度（$Tran$）的综合指数。该综合指数值越高，说明公司会计信息的透明度越低。

4.2.4　投资效率的衡量

Richardson（2006）认为企业投资总支出（I）受企业投资机会（VP）、企业规模、股票收益、行业及年份等因素的影响（Z），还包括企业的非效率投资水平（I_e），如果I_e大于0，则表示企业投资过度，如果I_e小于0，则表示企业投资不足。由此，提出了企业实际投资水平、投资支出及其残差模型，模型描述如式（4-6）所示：

$$I=\alpha+\rho VP_{t-1}+\phi Z_{t-1}+I_e \tag{4-6}$$

吕长江和张海平（2011）在研究股权激励对上市公司投资行为的影响中，认为企业总投资（I_{TOTAL}）由维持性投资和新增投资两部分构成，如公式（4-7）所示。其中，I_{TOTAL}指总投资，是构建固定资产、无形资产及其他长期资产支付的现金加上取得子公司及其他营业单位支付的现金净额减去处置固定资产、无形资产及其他长期资产取得的现金净额再减去处置子公司及其他营业单位收回的现金的净额。I_{MANTEB}是指维持性投资，包括固定资产折旧、无形资产摊销与长期待摊费用摊销。

$$I_{TOTAL} = I_{MANTEB} + I_{NEW} \tag{4-7}$$

本章参照 Richardson（2006）的投资支出及残差模型，吕长江和张海平（2011），张悦玫和张芳（2019），王鲁平、白银转和王茵田（2018），以及王仲兵和王攀娜（2018）的研究，建立如式（4－8）模型，估算企业最优投资水平（I_{NVit}），其中，Q =（股票市场价值 + 负债）/总资产，该比值越大，说明企业投资机会越多，CF = 经营活动产生的现金流量净额/总资产，Inv =（处置固定资产、无形资产和其他长期资产的收益 - 购建固定资产、无形资产和其他长期资产的支出）/总资产，其他变量定义详见表 4－5。

$$\beta_5 Age_{it-1} + \beta_6 Size_{it-1} + \beta_7 Year + Industry + \varepsilon_{it} \tag{4-8}$$

投资效率（INV_{ewt}）是指企业实际投资水平与最优投资水平（I_{NVit}）的差异，差异越大，投资效率越低。如果是正向差异，说明企业投资过度（*Over Investment*），反之负向差异表示投资不足（*Under Investment*）。

4.2.5 投资者利益的衡量

4.2.5.1 投资者利益测量指标

投资者权益是对全部资产扣除负债后的净资产的所有权，是一种剩余权益。如果公司的经营业绩较好，投资者权益的报酬率就越高，反之则低或者投资回报率为零，甚至初始投入的资本出现亏损。利益相关者作为目前理论界研究公司治理的新视角，其衡量方法在发展中不断完善。早在1998年标准普尔公司对“金融相关者”即股东利益相关者建立了治理评价指标体系，里昂证券的评价体系从关注公司透明度、对管理层的约束、董事会的独立性和问责性及债务规模的合理控制等治理角度出发，测量对中小股东利益的保护程度。国内学者严复海和赵麟（2009）采用的评价体系具体指标有净资产收益率、资产回报率等考察公司对股东利益相关者回报程度。总体而言，有关股东利益相关者的利益测量并未达成一致。

参考 Gordon（1997）对投资者利益相关者的界定，综合 Madnick、Jalali 和 Siegel 等（2016），Gantchev（2013），张琦和刘克（2016），田高良、

司毅和韩洁等（2016）等对基于利益相关者理论的企业绩效评价体系的构建，发展基于单变量下的多因素股东利益的测量指标，包括每股收益（*EPS*）、净资产收益率（*ROE*）和市净率（*PNR*）。每股收益（*EPS*）代表了普通投资的相对回报、获利水平及投资风险，投资者等信息使用者据以评价企业盈利能力、预测企业成长潜力而作出相关经济决策。净资产收益率（*ROE*）体现了自有资本投资获得净收益的能力，即股东权益的收益水平。市净率（*PNR*）越高，表明投资者对于企业的发展前景和投资价值越认可，会产生较高的投资偏好和选择，指标计算详见表 4 - 3 所示。

表 4 - 3　　投资者利益变量多因素指标评价体系

指标分类	指标名称	符号	计算公式
投资者利益（*ISS_i*）	每股收益	*EPS*	每股收益 = 净利润/流通股数
	市净率	*PNR*	市净率 = 每股市价/每股净资产
	净资产收益率	*ROE*	净资产收益率 = 净利润/股东权益平均额

4.2.5.2　投资者利益财务指标数据耦合分析

在单变量多因素的耦合分析之前，标准化处理以上市公司投资者利益财务指标为研究样本的相关数据，以此解决变量单位、数据大小异质性和限制性带来的可比性问题，统一比较和评价标准，消除量纲不同和数量级差异所带来的影响。为了克服指标相关性对实证研究的影响，本章运用 SAS9.4 软件分别对上市公司的投资者利益的数据进行耦合分析和综合评价。首先对指标相关矩阵进行分析，发现指标间相关程度较低，再对数据做 KMO 和 Bartlett 球度检验，结果显示适合进行耦合分析。

$$ISS\_i = 0.5440 \times EPS + 0.3318 \times PNR + 0.1242 \times ROE \quad (4-9)$$

根据式（4 - 9），可以看出 *EPS* 所代表的每股收益的增加对于改善上市司投资者利益 *ISS_i* 是积极的，其系数为 0.5440，以 *PNR* 和 *ROE* 为代表的市净率和净资产收益率对于上市公司投资者关系管理改善的影响程度依次降低，其系数分别为 0.3318、0.1242。

4.2.6 其他控制变量

公司治理：承袭已有学者的研究（李维安和唐跃军，2009），公司治理的方式主要有监督和激励，董事长与总经理是否两职合一、监事会规模、外部董事比例和第一大股东持股比例直接反映了公司的监督执行情况，管理层持股指标直接反映了公司治理的激励措施。根据代理理论的观点，董事长与总经理两职合一使得企业高级管理员工为自身谋取利益创造了便利条件，更容易获得利益上的满足。外部董事占董事会成员的比例越高，可能会在一定程度上抑制其额外收益的获得，对公司管理者会起到监督作用，同时外部董事客观地发表意见有利于决策的民主性，维护和保障股东权益。第一大股东持股比例反映了企业大股东控制程度，比例越大，会抑制和减少管理者谋利的动机和机会，因而大股东利益相关者利益更容易得到保护。外部机构投资者持股比例有利于提高企业资本配置效率，促进绩效，在分配股利、偿还债务及员工福利待遇方面都会得到保障。适度规模的监事会有利于充分履行监督董事会的职责，在一定程度上能够杜绝经理人滥用职务权力、侵占企业和投资者权益的行为。管理层持股有利于缓解和平衡其与股东之间的利益冲突。因此，从董事会治理、监事会治理和管理者激励三个方面选取了相关指标作为公司治理变量衡量指标。

企业发展阶段（*DevStage*）：因销售收入增长率、留存收益、资本支出及企业年龄指标具有非常明显的周期性特点，李云鹤、李湛和唐松莲（2011）在考察我国上市公司资本配置效率的动态演变过程中，将其构建为企业生命周期划分指标，包括成长期、成熟期及衰退期。根据上市公司已经度过初创期的实际情况，结合打分法与产业经济方法的优点，计算上市公司销售收入增长率、留存收益、资本支出及企业年龄四个指标的总得分，分行业按照从大到小的顺序排列，认为每个行业中得分最高的1/3企业、得分最低的1/3企业和中间的1/3企业分别归类为成长期、衰退期和成熟期。经过上述步骤，上市公司发展阶段的样本行业分类结果汇总为表4-4。

表 4 - 4　　企业发展阶段的划分标准

企业年龄			销售收入增长率		留存收益率		资本支出率		总分	
发展阶段	特征	赋值	特征	赋值	特征	赋值	特征	赋值	特征	赋值
成长阶段	低	3	高	3	低	3	高	3	高	2
成熟阶段	中	2	中	2	中	2	中	2	中	1
衰退阶段	高	1	低	1	高	1	低	1	低	0

注：企业成长性 = 营业收入增长率（销售收入增长率）；留存收益率 = （未分配利润 + 盈余公积）/净利润 = （净利润 - 分配给股东的利润）/净利润；资本支出率 = 构建固定资产、无形资产和其他长期资产支出的现金/总资产；企业年龄 = ln（1 + 从成立到当前财务年度的年份差）。

其他相关控制变量：参考已有的研究文献，本章将在研究模型中加入可能影响投资者利益的相关变量，目的是减少其对研究结论的影响。例如，公司规模（*Size*）、企业性质（*State*）、企业年限（*Age*）等。本章所用到的所有变量如表 4 - 5 所示。

表 4 - 5　　本章用到的所有变量

变量名称	变量符号	变量定义
媒体关注	*Media_t*	媒体报道数量的自然对数
媒体关注倾向性	*Media_s*	正负面报道差值占新闻报道总数的比值，大于 0 为正面报道，小于 0 为负面报道
会计信息透明度	*Tran*	*EA* 和 *ES* 十分位化后的等权平均值综合指标
会计信息披露质量	*Kv*	借鉴 Kim 和 Verrecchia[40] 的 KV 度量法模型，该值越小，信息披露越充分，说明信息质量越高
会计盈余稳健性	*C_Score*	借鉴 Khan 和 Watts 对巴苏模型的拓展，是公司规模、负债率和市值与账面价值比率三个工具变量的线性函数，表示盈余对“坏消息”反应的增量程度
股价同步性	*SYNi*	借鉴 Durnev 等的股价同步性衡量指标：$SYNi = Ln\{Ri^2/(1-Ri^2)\}$
文本相似度	*Similarity*	利用 WinGO 方法计算报告文本当期与同一行业其他所有公司报告当期的相似性的中位数大小
投资支出	*INVewt*	期初总资产调整的企业投资支出
过度投资	*Over_INV*	模型（4 - 8）残差大于 0

续表

变量名称	变量符号	变量定义
投资不足	*Under_INV*	模型（4－8）残差小于0
投资者利益	*ISS_i*	计算过程详见表4－4和公式（4－8）
应计盈余质量	*ABSDA*	借鉴Dechow等采用修正的截面Jones模型，分行业、分年度计算可操纵性应计利润的绝对值
资产负债率	*LNMVA*	负债总额/资产总额
自由现金持有	*Cashratio*	息税前利润＋折旧－所得税－资本性支出－营运资本净增加
账面市值比	*MTBA*	市场价值/账面价值
盈利状况	*LNI*	利润总额－所得税后净利润的自然对数
净利润增长率	*DNI*	（当期净利润－上期净利润）/上期净利润×100%
前五大股东持股比例	*Overship*	前五大股东持股占公司所有股权的比例
分析师报告	*Repa*	分析报告数量的自然对数
独立董事规模	*Indratio*	独立董事人数/董事会规模
投资回报	*STD_RET*	考虑再投资红利的月个股回报率标准差
机构投资者持股	*INST*	机构投资者股权占公司所有股权的比例
分析师跟踪	*LANA*	分析师跟踪的自然对数，如果数据缺失，取1
盈利能力	*Roa*	息税前利润/总资产
企业投资机会	*TobinQ*	｛（每股价格×流通股股份＋每股净资产×非流通股股份＋负债账面价值）｝/总资产
营业收入增长率	*Growth*	企业营业收入增长额与上年营业收入总额的比率
前四大事务所	*BIG4*	根据中国注册会计师协会的每年排名，事务所排名前四为1，否则为0
行业	*Industry*	某一行业取值1，同时其他行业取值0
公司规模	*Size*	期末总资产的自然对数
市账比	*MTB*	（年末股票价格×流通股数量＋每股净资产×非流通股数量）/账面股权价值
年度变量	*Year*	某一年份取值1，同时其他年份取值0
企业年限	*Age*	ln（1＋从成立到当前财务年度的年份差）
企业性质	*State*	国有股取1，非国有股取0

续表

变量名称	变量符号	变量定义
高管持股比例	*MO*	年末公司全部高管持有的股票总数占总股本的比例
企业发展阶段	*DevStage*	分行业依变量打分，分值最高的约 1/3 为成长期，分值最低的约 1/3 为衰退期，其余为成熟期（详细过程见表 4-4），1 为衰退期，2 为成熟期，3 为成长期
董事会领导结构	*Dual*	若为两职合一取 1，否则取 0
外部董事比例	*Indpd*	外部董事（包括独立董事）占董事会成员的比例
监事会规模	*MoniSize*	监事会成员总人数占董事会成员比例
第一大股东持股比例	*FStckhd*	第一大股东持股占公司所有股权的比例
外部机构持股比例	*LgStkhd*	外部机构投资者股权占公司所有股权的比例
管理层持股	*MStckhd*	实施管理层持股计划的取值 1，否则取值 0

4.3　市场压力机制下会计信息质量与投资效率的提升

4.3.1　数字媒体关注与会计信息披露质量

高质量的会计信息能够减少市场噪声，从而提高资产定价效率，它是证券市场有效运行的基础（Cadbury，1992）。《萨班斯—奥克斯利法案》(Sarbanes - Oxley Act)① 提出公司治理责任之一就是保证信息披露质量和透明度，确保所有投资者都能获得清晰、真实的信息。在中国资本市场中，监督管理制度还不够健全，法律执行效率较低（Allen 和 Qian，2005）。以散户为主的市场投资者很容易受其他投资者情绪的影响（张峥和刘力，2006），市场中的噪声越多（张艳，2005），会计信息质量就越低（王亚平、刘慧龙和吴联生，2009）。因此，提高会计信息质量与效率，成为中国证券市场制度建设的重要任务之一。

① Study Pursuant to Section 108 (d) of the Sarbanes - Oxley Act of 2002 on the Adoption by the United States Financial Reporting System of a Principles - Based Accounting System; Bumiller, Elisabeth (2002 - 07 - 31). "Bush Signs Bill Aimed at Fraud in Corporations". The New York Times; Sarbanes - Oxley Act of 2002, US Congress, Title Ⅶ.

机构投资者为了获取高质量的投资信息，主要通过电话会议、见面会议或者是实地调研等方式与上市公司管理层进行沟通（Jeffery、Brian 和 Raedy，2003；Kimbrough，2005；Bushee、Core 和 Guay，2011；Green，2014；谭松涛、阚铄和崔小勇，2016；张勇，2018；冯彦杰、陈敏和尤奔，2019）。除此之外，媒体报道也是有效的沟通方式。媒体报道能够减小信息在非完全有效资本市场中传播的阻力，能够显著地削弱资本市场异象的影响（权小锋和吴世农，2012）。但是传统媒体报道也有自身的局限性。例如，媒体报道的对象较窄、媒体报道的内容较肤浅、媒体报道的频率较低、媒体报道信息获取成本较高等（Jensen，1979；Gentzkow 和 Shapiro，2006；杨德明、林斌和王彦超，2011）。然而，个体投资者只能被动地接受媒体、分析师和上市公司发布的信息，很难与上市公司管理层面对面交流。

以“互动易”[①] 为代表的互联网信息平台的出现，不仅可以帮助投资者及时了解、跟踪上市公司的经营活动，还为投资者与上市公司管理层之间的直接互动提供了更多的机会，对于很多疑问可以直接获得上市公司的解答（Kelley，2009），进而提高了投资者们获取信息的准确性，降低噪声对市场参与者的影响（谭松涛、阚铄和崔小勇，2016）。因此，网络媒体报道不仅可以扩大信息传播范围，提高公司会计信息的透明度和会计信息的质量，还具有信息再造、改善资本市场信息环境的功能（Jin 和 Myers，2006；Ding、Mcinish 和 Wongchoti，2007；杨世鉴，2013；张琦和郑瑶，2018；张俊玲，2018）。基于上述媒体关注对资本市场信息环境的影响理论分析提出研究假设，其他条件一致的情形下，媒体关注越多，上市公司会计信息披露质量越高。

4.3.2 媒体关注与投资效率

资本投资作为企业的一项战略决策，对于公司价值有着重要的影响。

---

① 从本质上而言，“互动易”是一种基于互联网平台的新型管理层接触方式（Management Access）。从形式上来看，“互动易”平台上的公司回复实质上可以视为上市公司进行的自愿性信息披露。深交所在《上市公司信息披露工作考核办法》（2011 年修订）第十六条也增加了对“互动易”的监管要求，以此引导上市公司充分重视，不断提高投资者关系管理水平。

无论是过度投资、投资不足，抑或是低质量的投资决策都有可能损害公司的价值。

4.3.2.1　媒体关注对投资决策的影响

一般情况下，企业管理者在作投资决策前首先会考虑公司的经营状况、成长性等内部信息，其次会考虑行业发展、市场需求等外部信息。虽然投资者并非完全理性，对不同来源信息的反应程度不同（Kothari、Li 和 Short，2009），但是投资者掌握越多内外部的信息，就越可能作出合理、高质量的投资决策。这是因为媒体的报道有利于信息的广泛传播，引起更多投资者的注意，提高资本市场中的知情交易比例和证券市场的定价效率（Dyck 和 Zingales，2004），有助于改善资本市场的信息环境（Grossman 和 Stiglitz，1980）。当媒体报道给公司带来巨大的外部市场压力时，管理者在作出投资决策时，将会更多地获取来自资本市场中有用的股价信息（Chen、Pantzalis 和 Park，2009）。网络平台的出现，加快了信息传播的及时性。例如，在“互动易”平台上，如果公司管理层能够及时、准确地回复投资者的问题，投资者投资的概率会提高（张继勋，2001）。

4.3.2.2　媒体关注对投资水平和投资组合的影响

资本投资的水平对公司价值有重要的影响。高质量的资本投资有助公司的长远发展，并能提升公司价值。而投资决策水平与管理者掌握的信息量有关。原因主要有以下两点：第一，媒体报道增加了股票价格的私有信息含量，例如，Kim、Zhang 和 Yu（2011）；罗进辉和蔡地（2013）指出媒体报道能够提高股价的信息含量，这对能够掌握更多盈余信息的管理者的决策非常有利；第二，市场压力的存在，让管理者更关注资本市场的信息，进而提高投资决策的水平。资本市场中，管理者在进行投资决策时会特别关注股价变动的情况，媒体报道提高了股价信息的增量，对投资者的决策具有一定的参考价值（郑建明和夏楸，2015；宋婕、张俊民和李会云，2019）。虽然受投资者认知的限制，无法构建完全分散化的投资组合（Merton，1987），但是高度媒体关注能够降低投资组合的风险溢价，提高投资组合的收益（Fang 和 Peress，2009）。

4.3.2.3 媒体关注对投资效率的影响

基于媒体关注对投资组合影响的分析，可以得出适当的媒体关注能够有效补偿不完全投资组合风险的研究结论（Fang 和 Peress，2009；Merton，1987；饶育蕾、彭叠峰和成大超，2010）。张雅慧、万迪昉和付雷鸣（2011）；游家兴和吴静（2012）；王建新、饶育蕾和彭叠峰（2015）的相关研究也提供了类似的经验证据。除此之外，媒体关注通过影响投资者过度投资的行为调节投资收益。依据 Jensen（1979）提出的自由现金流量假说，当公司拥有充裕的现金时，管理者倾向于将企业多余的资金投资于效益不高，乃至净现值为负的项目上，以实现扩大企业规模，进而达到增强自身控制权、降低职业风险的目的。这种自利性的过度投资行为，不仅损害了股东的利益，降低了公司的价值，还造成了社会资源的浪费。传统的制约公司高管过度投资的方法，主要是向投资者支付现金股利、增加债务融资等机制（Jensen，1979）。近年来，也有一些学者研究了股权结构、高管薪酬契约、独立董事等内部治理因素对公司过度投资行为的影响（张翼、刘巍和龚六堂，2005；林斌、辛清泉和杨德明，2007；唐雪松、周晓苏和马如静，2007）。黄雷、李明和叶勇（2017）；赵嘉仁、张晓明和钟磊（2017）特别关注媒体报道作为公司治理的外部监督机制之一，同样会抑制过度投资行为的研究。

媒体通过制造各种噱头的方式提高新闻的点击率（Core、Guay 和 Larcker，2008；熊艳，2011），吸引投资者的注意力（Barber 和 Odean，2008），从而获得收益。岑维、童娜琼和郭奇林（2017）根据深交所“互动易”平台的投资者关系数据及 2008—2014 年深交所上市公司的数据，构建了机构投资者关注度指标。通过研究发现，机构投资者的持股比例或关注度都会抑制公司的非效率投资。因此，媒体通过提高投资者的关注度而提高投资效率（张建勇、葛少静和赵经纬，2014；杨世鉴，2013；郑建明和夏楸，2014；程新生、刘建梅和王子璇，2015）。基于上述媒体关注对投资效率的影响理论分析，提出三个假设：一是其他条件一致的情形下，媒体关注越多，上市公司投资效率越高；二是其他条件一致的情形下，越多的媒体关注，越有利于抑制过度投资；三是其他条件一致的情形下，越多的媒体关注，越有利于减少投资不足。

4.4　数字媒体关注保护投资者利益的公司外部治理效应

4.4.1　数字媒体关注度对投资者的激励效应

《萨班斯—奥克斯利法案》（Sarbanes - Oxley Act）认为实现股东的权利和待遇的公平性是公司治理的责任。组织应尊重股东的权利，帮助股东行使这些权利，可以通过公开和有效地交流信息以及鼓励股东参加股东大会帮助股东行使权利（Cadbury，1993）。

4.4.1.1　媒体关注与投资者保护

在信息不完全市场中，投资者很难充分认知所有的证券产品（Merton，1987）。但是，当市场外界条件发生变化时，信息不对称问题得到改善后，有可能会改变投资者对证券的认知程度。例如，投资者在卖出已经持有股票后，更愿意购买媒体高度关注和报道首次引起他们注意的上市公司的股票（Barber、Lee 和 Liu，2009）。以公司为主体的媒体事件曝光引发社会舆论，政府的介入及惩罚有利于公司经营管理者及时改正违规行为，保护投资者的利益。首先，通过传播其他信息中介（分析师、审计师及法律诉讼）的信息，Miller（2006）发现媒体对会计欺诈起到了积极的监督作用。其次，有关违规行为信息，媒体曝光得越多，舆情数量越多，上市公司改正违规行为的概率就越高（李培功和沈艺峰，2010）。另外，有关各种乱象信息，如杨德民和赵璨（2012）的研究证实了网络媒体舆情对我国薪酬乱象起到了一定的监督作用。最后，有关内幕交易信息，Jonathan（2016）研究发现在媒体对其报道后的几分钟内，将显示在交易价格和数量上，从而引起投资者的注意，有可能会改变投资者的金融产品认知度和理性选择，及时止损投资者的股票投资收益，提高公司治理水平，减少内部相关人员对外部投资利益的侵害（Dyck 和 Zingales，2002；Dyck、Volchkova 和

Zingales，2008）。整体而言，媒体关注在保护投资者收益方面具有积极作用（李培功和徐淑美，2013）。

4.4.1.2 媒体关注与投资者收益

行为金融学界的有限关注理论认为，经济当事人因信息收集和处理的时间、精力、资源和成本等限制，即便是公开信息，也无法全面获得（Hirshleifer 和 Teoh，2003），作出最优决策。但是，在第35次我国互联网发展现状调查结果中，发现已经有5.19亿的规模用户在关注网络新闻，借助网络平台的新闻获取率高达80%（中国互联网络信息中心，2015）。这一数据说明在经济全球化、信息现代化和技术革新的背景下，新媒体的出现拓宽和提高了信息的传播渠道与流动速度，减少了信息传播的阻力，降低了利益相关者获取信息的成本。Fang 和 Peress（2009）在研究媒体关注与投资收益的关系中得出结论，在市场规模、流动性风险等一定的情况下，媒体关注度越高，股票的年均回报率越高，最终提高了投资者的收益（Fang 和 Joel，2009），Jonathan、Douglas 和 Sarah 等（2016）的研究为此提供了更有力的证据，指出媒体引导投资者更多地关注媒体报道频数较多的上市公司，也直接影响着投资人的收益。于忠泊和田高良（2012）、岑维、童娜琼和郭奇林（2017）及王建新、饶育蕾和彭叠峰（2015）认为上市公司受到媒体高度关注，投资组合的风险溢价降低意味着投资者收益的相对增加。Fang 和 Joel（2009）进一步研究发现股票收益受媒体报道信息传播宽度的影响。基于成本效应分析，罗进辉（2012）提出媒体报道的信息传播不仅直接降低了投资者搜集信息的成本，而且能够显著降低中国上市公司的双重代理成本，包括权益成本和债务成本。投资人以较低的成本获得较高的回报，其利益得到了保障并有所增加，从而带来更多的“公司治理溢价”（徐莉萍和辛宇，2011），导致投资人投资组合的低风险溢价（王建新、饶育蕾和彭叠峰，2015），投资人以较低的成本获得较高的回报。因此，媒体关注在保护投资者权益方面具有积极作用（岑维、童娜琼和何潇悦，2016）。根据媒体关注对投资者利益保护的理论分析，认为在市场压力机制作用下，媒体关注越多，越有利于股东利益的增加。

4.4.2　媒体报道倾向性对投资者利益的激励效应

传统公司治理理论认为投资者向企业投资的目的就是分享企业的投资回报。因此，公司金融的一个深层问题就是如何有效地选择用以再次配置资源的公司治理行为和结构以及设计治理机制（契约），使投资方确信其能够从投资中获得相应的收益。信息经济学则认为信息的流动可以使市场得到发展，改善资源配置。Jonathan、Douglas 和 Sarah 等（2016）曾经明确提出，媒体报道往往成为市场参与者所依赖的信息获取和接受渠道，具有倾向性的媒体报道更容易引起投资者的关注。不同性质的媒体报道与各个上市公司利益相关者的关系及机制也具有差异性。例如，媒体倾向性报道对股东利益产生的影响和经济后果。因此，新闻媒体作为重要的市场信息中介，明显地减少了信息传递的阻力，有效地缓解了经济当事人内外部的信息不对称（Hirshleifer 和 Teoh，2003）。

虽然，行为金融学界的有限关注理论认为，投资人因信息收集和处理的时间、精力、资源和成本等限制，即便是公开信息，也无法全面获得（于忠泊和田高良，2012），作出最优决策。但是投资者为了避免损失和谋取最大利益，设法利用一切可以取得的信息对所关心的经济变量，在未来不确定条件下作出尽可能准确的判断、预计和决定（Alexandra 和 Bennett，2011）。媒体报道不仅直接降低了投资者搜集信息的成本，提高了其处理信息的能力，而且产生巨大的积极的市场影响（Jonathan、Douglas 和 Sarah 等，2016）。媒体报道直接影响投资人的意愿和行为。于忠泊和田高良（2012）发现，媒体引导投资者更多地关注媒体报道频数较多的上市公司，提升了高媒体关注度上市公司会计信息的市场定价效率。同时，媒体报道的治理效应可以约束经理人的机会主义行为，提升股东利益（张雅慧、万迪昉和付雷鸣，2011；Jonathan、Douglas 和 Sarah 等，2016；Miller，2006）。例如，大量的媒体报道迫使管理者为了满足市场预期而进行基于应计项目的盈余管理（于忠泊和田高良，2012）。整体而言，媒体监督的公司治理职能表现在上市公司各个层面的行为上（孔东民、刘莎莎和应千伟，2013），尤其是在保护投资者权益方面具有积极作用。因此，基于市场压力机制，倾向性媒体报道越多，越有利于股东利益的增加。

4.4.3 倾向性的新闻媒体报道对股东的激励效应

影响上市公司投资者利益的不仅仅局限于媒体报道的数量，还有媒体报道的倾向性。当上市公司“被”媒体关注时，Peter、Amanuelh 和 Yibo（2017）认为积极的消息有利于提高企业的价值评估，然而，David 和 Eugene（2012）等提出媒体更倾向于报道公司的负面新闻。例如，近些年新闻媒体对一系列相关的诸多公司财务丑闻和金融危机进行曝光，这些报道在短时间内会发挥止损效应，但是投资者因此会存在长期连续性的过度反应和交易恐慌，作出错误的选择和决策。相关公司的股票股价格也会明显地受到抑制而陷入危机或濒临破产（刘志雄、刘婷文和满子会，2017；黄辉，2013）。国外学者 Lili、Jerry 和 Bohui（2015）还发现媒体向监管部门提供的内部交易信息减少了股东未来的交易利润，国内学者李明和叶勇（2016）在媒体负面报道对约束控股股东掏空行为的研究中也得出了一致的结论。因此，上市公司会通过“媒体干预”等方式降低其“被曝光”的风险（Peter、Amanuelh 和 Yibo，2017）。

那么，当上市公司主动“媒体倾斜”时，更愿意战略性发布正面消息还是负面消息呢？Neal 和 Rober（2017）指出，作为占据信息优势的卖方上市公司，在重要的公司事件中倾向于释放更多的正面消息的强烈动机是利用媒体对企业的过度炒作，吸引买方做出“劣势选择”。然而，Jonathan、Douglas 和 Sarah 等（2016）提出了相反的观点，研究发现在交易时间过后上市公司为引起投资者注意，更倾向于释放负面消息，当然即使是战略披露负面消息也不会导致投资者反应不足，Matthew 和 Jesse（2010）甚至建立媒体倾斜指数，采用定量的测量方法验证了该结论的正确性。上市公司的负面报道会抑制投资者的过度投资行为（黄雷、李明和叶勇，2014）。其中国外学者 Lili、Jerry 和 Bohui（2015）等认为导致媒体对公司内部交易新闻的报道和传播而产生的舆情减少了其未来交易利润的作用机制。因此，具有正负面倾向性的媒体报道对上市公司股东利益相关者影响是不同的。第一种是其他条件一致的情形下，正面报道倾向性更有利于股东利益的增加。第二种是其他条件一致的情形下，负面报道倾向性会抑制股东利益的增加。

4.4.4　不同性质企业媒体关注与投资者利益的关系

探讨行政介入机制的学者们认为，在转型经济国家中，声誉机制和法律制度作用的发挥是非常有限的，政府治理成为保护投资者利益的补偿机制，甚至在特定环境下，政府监督管理部门介入的效果比正式法律制度治理的效果更显著（Glaeser 和 Shleifer，2001；Pistor 和 Xu，2005；陈冬华、章铁生和李翔，2008；李培功和徐淑美，2013）。行政监督管理部门对公司行为的介入与监管，促使就职于不同所有权属性的上市公司管理者行为的改变，从而发挥公司治理作用（李培功和沈艺峰，2010）。

虽然政府的行政介入会给不同性质企业带来巨大的压力，督促其及时解决公司治理问题，但是行政介入的效果并不一样。首先，受国有股权在上市公司股权结构中占有很大比例的影响，管理层可以不用通过激烈的竞争应聘，而是由国资委直接任免。因此，国有企业高层管理者们的政治前途更容易受到媒体曝光行为的影响（李培功和沈艺峰，2010）。为了降低媒体曝光的风险，国有企业会积极主动约束、改正自我行为，努力保障投资者的收益。其次，职业经理人市场发展较滞后，较低的薪酬水平和较高的流动率，导致人力资本投资效率低下，民营企业更希望通过与当地政府建立良好的关系，从而获得政策支持等方面的资源优势（张建君和张志学，2005；余明桂和潘红波，2008）。民营企业的违规行为一旦被媒体曝光，不仅会影响到高层管理者的政治前途，还会破坏该企业与政府的良好关系，不利于其长久发展。基于以上理论分析，在其他条件都一致的情况下，媒体报道对投资者利益影响在不同实际控制人上市公司表现不同。媒体关注和投资者利益研究假设提出的逻辑框架如图 4-1 所示。

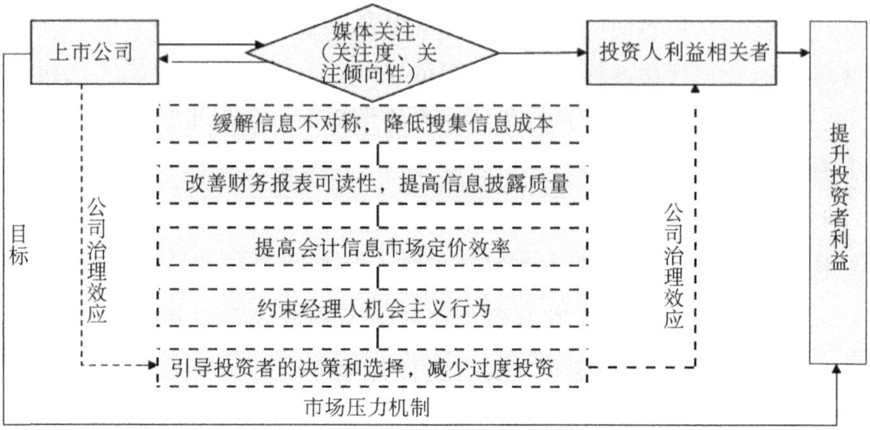

图 4-1　媒体关注和投资者利益研究假设提出的逻辑框架

4.5　实证检验与结果讨论

4.5.1　样本选取

本书选取了中国 A 股上市公司有关媒体关注、会计信息透明度、投资效率、投资者利益和公司治理等相关财务数据。其中媒体关注数据来自涵盖了主要综合性媒体和专业财经媒体板块的 120 万条财经新闻的 WISE-NEWS 数据库。有关上市公司投资效率、投资者利益变量指标如每股收益、净资产收益率和市净率等财务数据来自万得（以下简称 Wind）数据库。国泰安（以下简称 CSMAR）数据库是公司治理和其他控制变量数据的主要来源。因此，本章数据主要由媒体关注数据、上市公司财务数据和公司治理等其他相关数据三部分构成。

媒体数据主要来自慧科新闻媒体（以下简称 WISENEWS）数据库，采用文本挖掘技术（PYTHON），详细地分析了 2010—2014 年专业财经媒体和综合媒体的财经板块中 120 万条财经新闻报道的文本，构建了媒体关注度（*Media_t*）和媒体关注的倾向性（*Media_s*）两个变量。上市公司财务数据用于衡量投资者利益相关者指标，如每股收益、市净率和净资产收益率等相关财务数据主要来自 Wind 数据库。有关公司治理如外部董事比例、监事会规模、第一大股东持股比例、外部机构持股比例及管理层持股等公司治理指数，控制变量董事会领导结构及其他数据等主要来源于 CSMAR 数据库。

获取上述数据后，剔除了金融行业公司样本、变量中的缺失值、上市时间少于两年的样本，数据筛选过程如表 4－6 所示。借鉴田高良、司毅和韩洁等（2016）的研究，采用滞后一期的媒体关注变量，控制内生性问题对研究结果的影响。同时，部分变量的计算过程也涉及上一期的财务数据。本章使用 EXCEL2016、STATA13.0 和 SAS9.4 软件经过以上过程对数据进行处理，共得到 7985 个公司年度观测值。为消除极端值的影响，对连续变量进行 1% 与 99% 分位 Winsorize 处理。根据 2012 年证监会行业分类标准对有效样本进行归类，结果显示研究样本在年度行业上的分布与上市公司分布情况基本一致。

表 4－6　　全样本筛选过程

样本筛选过程	观测数量
2011—2017 年 A 股上市公司初始样本	11396
减：金融业样本	204
减：上市时间少于两年的公司 A 股非金融类	2897
减：剔除相关变量缺失值	310
最终样本数	7985

4.5.2　模型设定

4.5.2.1　数字媒体关注对上市公司会计信息质量的影响

为了检验上述观点，即媒体关注对上市公司会计信息质量的影响，建立基本模型如式（4－10）所示。

$$ACC_{ality_{it}} = \beta_0 + \beta_1 Log(Media)_{it-1} + \beta_2 ABSDA_{it-1} + \beta_3 LNSize_{it-1} + \beta_4 LEV_{it-1} + \beta_5 LNMVA_{it-1} + \beta_6 TobinQ_{it-1} + \beta_7 BMA_{it-1} + \beta_8 LISTAge_{it-1} + \beta_9 SALES_{it-1} + \beta_{10} BIG4_{it-1} + \beta_{11} LNI_{it-1} + \beta_{12} DNI_{it-1} + \beta_{13} ROA_{it-1} + \beta_{14} STD\_RET_{it-1} + \beta_{15} INST_{it-1} + \beta_{16} LANA_{it-1} + \sum_{k-1}^{n} \beta_{17} Year_k + \sum_{p-1}^{m} \beta_{18} Industry_p + \varepsilon_{it} \quad (4-10)$$

其中，分别以会计信息质量（ACC_ality）的替代变量会计信息透明度

(*Tran*)、会计信息披露质量(*Kv*)、会计盈余稳健性(*C_Score*)、股价同步性(*SYNi*)和文本相似度(*Similarity*)测度变量作为因变量,把媒体关注 $Log\ (media)_{t-1}$作为自变量,梳理现有文献,控制了可能会对会计信息质量产生影响的相关变量,包括应计盈余质量(*ABSDA*)、公司的盈利性(*Roa*)、资产负债率(*LNMVA*)、机构投资者持股(*INST*)、账面市值比(*MTBA*)、托宾Q(*TobinQ*)、净利润增长率(*DNI*)和投资回报(*STD_RET*)等。除此之外,控制了年份(*Year*)和行业(*Industry*),减少其对实证检验结果的影响。

4.5.2.2 数字媒体关注对投资效率的影响

为了验证研究假设,建立基本模型如式(4-11)所示。考虑到被解释变量与解释变量之间可能存在内生性问题,为了规避存在的该问题,本章各模型中的解释变量和控制变量相对于被解释变量而言均使用滞后一期的数据。模型中的主要变量定义与计算方式如表4-5所示。

$$I_{NVit} = \beta_0 + \beta_1 Log(Media_{t-1}) + \beta_2 Owenership_{it-1} + \beta_3 Indratio_{it-1} + \beta_4 Repa_{it-1} + \beta_5 Absda_{it-1} + \beta_6 Size_{it-1} + \beta_7 Lev_{it-1} + \beta_8 Growth_{it-1} + \beta_9 Age_{it-1} + \beta_{10} Mtba_{it-1} + \beta_{11} Cashratio_{it-1} + \sum_{k-1}^{n} \beta_{12} Year_k + \sum_{p-1}^{m} \beta_{13} Industry_p + \varepsilon_{it} \quad (4-11)$$

其中,I_{NVit}是投资水平(*INVewt*)、投资过度(*Over_INV*)和投资不足(*Under_INV*)的代理变量。

4.5.2.3 数字媒体关注对投资者利益保护的影响

基于理论模型的建构,建立媒体报道下投资者利益保护连锁反应的多元回归模型如式(4-12)。其中,自变量*Media*为媒体报道数量(*Media_t*)、媒体关注倾向性(*Media_s*)、正面倾向性媒体关注(*Media_p*)和负面倾向性媒体关注(*Media_n*)的代理变量。

$$ISS\_i_t = \beta_0 + \beta_1 Long(Media_{t-1}) + \beta_2 FStckht_t + \beta_3 MO_t + \beta_4 LgStkhd_t + \beta_5 Dual_t + \beta_6 MStckhd_t + \beta_7 Indpd_t + \beta_8 MoniSize_t + \beta_9 Age_t + \beta_{10} Size_t + \beta_{11} MTB_t + \beta_{12} State_t + \beta_{13} DevStage_t + \sum_{k-1}^{n} \beta_{14} Year_k + \sum_{p-1}^{m} \beta_{15} Industry_p + \varepsilon_t \quad (4-12)$$

由于媒体关注与投资者利益两个变量在当期可能存在内生性问题,借鉴以往的研究（田高良等，2016），采用滞后自变量（*Media*）对因变量（*ISS_it*）进行回归，希望能够有效地消除内生性。如果新闻媒体对于上市公司的报道发生变化，当其他条件一致时，则 *ISS_it* 会发生变化，其系数 β_1 会显著为正（负）。为了控制公司特征、公司治理、行业和年份的影响，加入了相应的控制变量，ε 为随机扰动项。

4.5.3　实证检验结果分析

4.5.3.1　均值描述性分析

在行业分布上，图4-2统计结果显示，媒体数据分布差异较大，媒体关注（*Media_t*）最多和最少的行业分别是卫生和教育行业，而对于其他行业，例如，房地产业、采矿业、信息传输和软件行业等分布较为均匀，并没有什么大的区别。倾向性新闻报道（*Media_s*）数据整体分布差异较大，最多和最少的行业分别是娱乐和科学研究行业，而对于其他行业，例如，建筑业、采矿业、批发业、水利和卫生业等分布较为均匀，并没有明显的差异。但是正面新闻媒体报道倾向性（*Media_p*）数据在行业上分布的波动性要明显大于负面的媒体报道倾向性（*Media_n*），文化行业的正面倾向性报道最多，住宿餐饮行业正面报道最少。相反，住宿和餐饮行业的负面报道最多，建筑行业的负面报道最少。

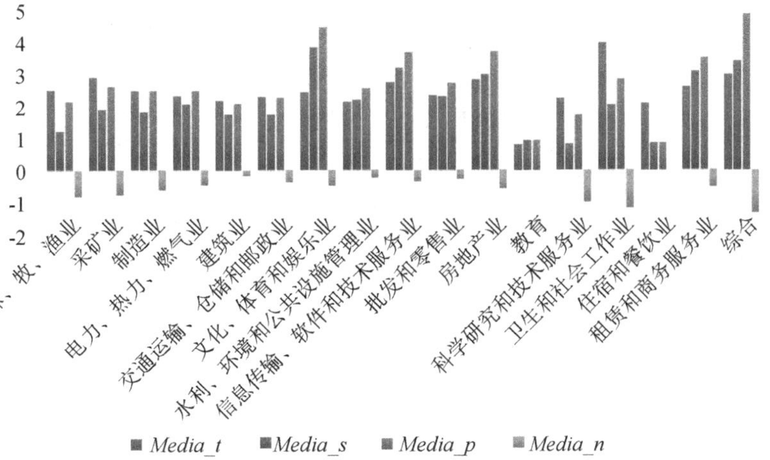

图4-2　媒体关注的行业分布情况

注：行业分类来自中国证监会的行业分类。

在年份分布上，图 4 - 3 统计结果显示，2011—2014 年媒体数据较为均匀，未出现异常变化。媒体关注倾向（*Media_s*）、正面（*Media_p*）和负面倾向性报道（*Media_n*）都在 2013 年出现了拐点，媒体报道数量（*Media_t*）有明显快速增长趋势，主要受新媒体的出现和互联网普及率提高的影响，拓宽了信息传播的渠道、速度和效率，随后发展呈现缓慢下降趋势。整体观察，倾向性媒体报道（*Media_s*）变化趋势明显比媒体关注度波动性大，其中正面的媒体关注倾向性（*Media_p*）波动明显大于负面的媒体关注倾向性（*Media_n*）。

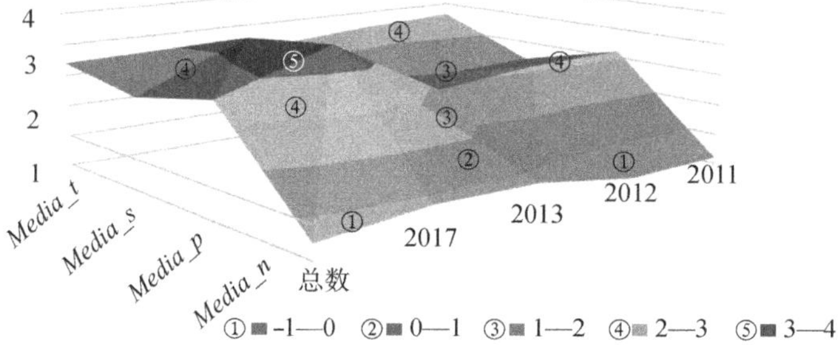

图 4 - 3　2011—2017 年媒体关注均值发展趋势分析

通过图 4 - 4 主要变量均值的分布可以观察到，对于国有和非国控股的上市公司而言，因产权性质上的差异，国有企业的媒体报道数量（*Media_t*）要多于非国有企业。非国有企业倾向性的媒体报道（*Media_s*）比国有企业多，非国有企业中的正面报道（*Media_p*）比国有企业中的正面报道多。而国有企业的负面报道（*Media_n*）比非国有企业的负面报道多。总之，对于国有企业，媒体倾向于负面报道，而对于非国有企业，媒体更多倾向于正面报道。媒体对国有企业的关注度（*Media_t*）高于非国有企业，媒体对国有企业的关注倾（*Media_s*）向性低于非国有企业。

根据全样本的描述性统计结果显示，解释变量 *Media_t* 的均值和标准差分别为 2.400 和 1.532，最大值和最小值分别为 0 和 6.203，表明不同企业媒体关注差异不是很大。*Media_s* 的均值和标准差分别为 1.966 和 4.788，最大值和最小值分别为 29.19 和 - 6.026，较大的差异表明在实际情况中，基于新闻媒体报道的倾向性波动较大。被解释变量 *ISS_i* 和 *INVewt* 的均值和标准差、最大值和最小值比较接近，并未显示出较大的差异。在其他连续型控制变量中，除 *Size* 均值和标准差分别为 21.66 和 1.349，最小值为 18.95，最大值为 25.73，*MTB* 均值和标准差分别为 2.78 和 2.81，最小值为 0，最大值为 19.30，表明上市公司在规模（*Size*）、企业投资机会（*TobinQ*）和市账比（*MTB*）方面差异较大外。*LEV*、*LNMVA*、*Age*、*MO*、*Indpd*、*MoniSize*、*FStckhd* 和 *LgStkhd* 方面差异并不大，比较集中。

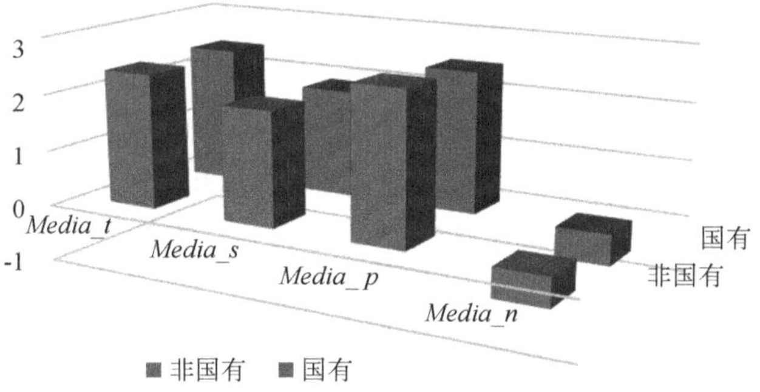

图 4-4　不同产权性质下媒体关注均值分布

4.5.3.2　相关系数分析

根据总样本变量间的斯皮尔曼（Pearson）和皮尔森（Spearman）相关系数矩阵结果显示，对角线以上和对角线以下分别列示了斯皮尔曼相关系数（Spearman）与皮尔森相关系数（Pearson）统计结果。*Media_t* 与 *Tran* 在 5% 水平上显著负相关，*Media_s* 与 *Tran* 在 1% 水平上显著正相关，*Media_s* 与 *INVEewt* 在 5% 水平上显著正相关，初步表明媒体关注度越多，会计信息透明度越高，倾向性媒体关注越多，虽然会计信息透明度越低，但是投资水平越高。*Tran* 与 *INVEewt* 在 1% 水平上显著正相关，说明会计信息透明度越低，企业投资支出越多。*Media_t*、*Media_s* 与 *ISS_i* 在 5% 水平上显著正相关，初步表明媒体报道数量（*Media_t*）、媒体报道倾向性（*Media_s*）与股东利益相关者（*ISS_i*）的正相关关系。

另外，*Size* 和 *LgStkhd* 都与 *ISS_i* 显著正相关，说明对于规模越大的上市公司，越能引起媒体的关注和讨论。外部机构投资者股权占公司所有股权的比例（*LgStkhd*）等指标则反映了有效的公司治理可能会改善股东利益相关者的收益。限于篇幅，其他控制变量和 *ISS_i* 就不再赘述。此外，通过对变量进行 VIF 的检验，其值都是介于 0—2 之间，故变量之间不存在多重共线性。

4.5.3.3 统计结果分析

（1）媒体关注与会计信息质量。根据会计信息透明度多元回归检验结果，会计信息透明度（*Tran*）与解释变量系数为 -6.326，在 10% 的显著性水平上为负，会计信息披露质量（*Kv*）与媒体报道数量（*Media_t*）系数均在 5% 水平上显著负相关，会计盈余稳健性（*C_Score*）和文本相似度（*Similarity*）均与媒体报道数量（*Media_t*）系数在 1% 水平上显著正相关。股价同步性（*SYNi*）与媒体报道数量（*Media_t*）系数在 5% 水平上显著负相关，表明媒体关注的数量越多，上市公司会计信息透明度越高，会计信息的质量越高。

控制变量的回归结果比较符合模型设定。应计盈余质量（*ABSDA*）的回归系数为 22.176，均在 1% 的显著性水平上为负，表明应计盈余质量对企业会计信息透明度有正面作用，控制了公司盈余管理的可能影响。净利润增长率（*DNI*）的回归系数为 0.016，均在 1% 的显著性水平上为正，表明盈利的可持续增长对企业会计信息透明度有正面作用，控制了公司发展的可能影响。企业投资机会（*TobinQ*）的回归系数为 2.707，均在 5% 的显著性水平下为正，表明企业价值越大，企业会计信息透明度越高，控制了价值投资的可能影响。与现有文献（Bushee、Core 和 Guay 等，2010；张俊玲，2018；张琦和郑瑶，2018）结果一致。因此，本章的假设 H4 -1a，媒体关注（*Media_t*）有利于提高上市公司会计信息质量（*ACC_ality*）得以验证。

（2）媒体关注与投资效率。根据投资效率多元回归检验结果得出，媒体关注（*Media_t*）与投资效率（*INVewt*）、媒体关注（*Media_t*）与过度投资（*Over_INV*）、媒体关注（*Media_t*）与投资不足（*Under_INV*）之间的关系，相关系数均在1%水平上显著负相关，分别为-0.002、-0.004和-0.001。这说明媒体关注的数量越多，上市公司过度投资越少，投资不足越多，整体投资水平降低。控制变量中，前五大股东持股比例（*Owenership*）的系数显著正相关，表明股权集中度高的公司投资效率高，与以前的文献发现一致。*Indratio*的系数显著为正，表明独立董事规模越大，投资效率越高，与以前的文献发现一致。除此之外，*Cashratio*和*Size*的符号与以前的文献发现不一致，可能是由于本研究中内部控制无效的样本在总样本中所占比例太小导致的。因此，媒体关注（*Media_t*）有利于提高上市公司的投资效率（*INVewt*），验证了本章的假设观点。

（3）媒体关注保护投资者利益的实证结果。为验证媒体关注对上市公司投资者利益影响的多元回归结果及其子假设是否成立，以上市公司投资者利益综合指数（*ISS_i*）作为因变量，控制其他影响因素基础上，发现媒体关注（*Media_t*）与投资者利益（*ISS_i*）在1%水平上显著正相关。这表明在控制了企业特征和其他公司治理特征后，媒体对上市公司的报道与关注有利于保护投资者的利益。根据媒体报道倾向性（*Media_s*）对于上市公司股东利益（*ISS_i*）的影响，以及全样本下媒体报道倾向性（*Media_s*）与上市公司投资者利益（*ISS_i*）的关系检验结果，发现倾向性的媒体报道可以增加股东利益，在1%水平上显著正相关。根据正面和负面的媒体报道倾向对股东利益的影响检验结果，发现正面的媒体报道（*Media_p*）有利于股东利益（*ISS_i*）的满足，在5%水平上显著正相关，但是负面的媒体报道（*Media_n*）对上市公司投资者利益（*ISS_i*）并无显著影响。因此，正面报道倾向性（*Media_p*）对股东利益（*ISS_i*）会产生积极显著的作用。

为比较不同企业产权性质下，媒体关注（*Media_t*）对于上市公司投资者利益（*ISS_i*）影响的差异性，根据实证检验结果得出结论，在控制其他变量情况下，相比较非国有企业，有关国有控股上市公司的媒体关注（*Media_t*）越多，投资者利益相关者的利益（*ISS_i*）会发生变化，两者正相关，此结果与全样本实证结果基本一致。产生这种现象的原因在于，国有企业受到政府保护可能性较高，在被媒体曝光后有恃无恐，不会积极地矫正和改善与投资者利益相关者的关系。国有企业中正面的媒体报道（*Media_p*）与投资者利益（*ISS_i*）在1%水平上显著正相关，负面的媒体报道（*Media_n*）与投资者利益（*ISS_i*）不相关。而非国有企业媒体关注与上市公司利益相关者之间关系并不显著。综上所述，认为媒体关注对于投资者利益影响在不同实际控制人上市公司中表现不同。

（4）稳健性检验。

一是差分法和固定效应模型。为减少影响本章实证结果的因素，在数据筛选和样本选择中对媒体关注（*Media_t*）数据进行了上一期的处理，来降低媒体关注存在内生性问题的可能性。但是诸如解释变量与被解释变量间的反向因果关系问题，究竟是高强度媒体关注缓解了上市公司内、外部信息不对称的程度，降低了投资者搜集信息的成本，增加了投资者的收益？还是对于倾向于释放更多的正面消息的上市公司，当投资者收益增加时战略性地发布信息（Benjamin 和 Dan，2016），引起媒体的更多关注？不少学者在相关研究中采用工具变量捐赠赞助支出、非流通股比例和控制权类型等（于忠泊、田高良和齐保垒等，2011；权小峰、肖斌卿和吴世农，2016）来进一步缓解和减少内生性问题的影响，但并未形成一致观点。本章研究仿照 Kim、Zhang 和 Yu（2016）以及田高良、司毅和韩洁等（2016）的研究。首先，采用差分分析法，对因变量（*ISS_i*）和自变量（*Media_t*）的变动进行回归，即对主假设进行重新检验，结果依然稳健。其次，当加入个体时间双重公司固定效应后，进行主假设检验，检验结果也依然稳健。

二是两阶段最小二乘法。虽然本章使用了滞后一期的媒体报道倾向性（*Media_s*）指标减少影响实证结果的因素，但是仍可能存在反向因果关系问题，即上市公司被媒体倾向性（*Media_s*）报道后因约束经理人的机会主义行为而提升了股东的价值，反之拥有较好业绩表现的公司，股东利益更容易得到保障。因此，媒体越倾向于报道相关公司的盈利消息，这也是上市公司战略性释放正面消息的动因之一。为了缓解此类基于反向因果的内生性，本章使用工具变量（IV）法对主假设进行稳健性检验。由于处于同一行业内的上市公司具有类似的公司治理和信息环境，媒体关注也存在较强的行业聚集特征。因此，同行业上市公司股东利益对倾向性的媒体报道可能存在相似程度的反应。参考 Ghoul、Guedhami 和 Kwok 等（2011）以及权小峰、肖斌卿和吴世农（2016）等的方法，本章使用同行业内其他公司媒体报道倾向性（*Media_s*）的平均值作为工具变量，使用两阶段最小二乘法对主假设重新检验，结果显示媒体报道倾向性（*Media_s*）与投资者利益（*ISS_i*）依然正相关，且回归系数在 1% 水平上显著，说明在考虑可能的反向因果问题后，本章的主检验结果依然稳健。

4.6　本章小结

在理论阐述的基础上，本章分析了媒体关注影响投资者利益的作用机制，即媒体关注有效提升上市公司会计信息质量，缓解与投资者之间信息不对称问题，从而影响到投资者的决策，包括投资组合、投资水平和投资收益，最终提高了投资者的投资效率。根据媒体关注的外部监督功能，搜集已有的论据，归纳演绎出本章的有关媒体关注与投资者利益相关性的若干个竞争性假设：作用机制和经济结果假设，具体包括媒体关注与信息质量、媒体关注与投资效率、媒体关注与投资者利益之间关系。

在提出本章研究假设后和检验研究假设前，设计了有关数字媒体关注与投资者利益保护的研究方案，确定有效的数据来源途径有 WISENEWS、Wind 和 CSMAR 数据库，筛选适当的研究样本。参照已有的研究，对本研究的解释变量、被解释变量和控制变量进行衡量，建立测量指标体系，其中采用文本挖掘技术测度了媒体关注和媒体关注倾向性两个变量，基于单变多因素耦合分析方法的投资者利益指标体系的建立是重点。构建了基于传统声誉监督机制、市场压力机制和行政介入机制下的有关媒体关注的经济后果连锁反应模型，从而为下文顺利完成实证检验和结果分析奠定一定的基础。

本章以中国A股上市公司为样本，实证检验媒体关注与投资者利益之间的关系。一是不仅对研究的主要变量进行了均值描述性统计分析，总结出均值分布特征和规律，而且对其相关性进行了分析，简单判断主要变量之间的相关性。二是针对媒体关注的传统声誉监督机制、市场压力机制和行政介入机制，分别实证验证本章提出的相应假设，实证结果表明均已通过检验。本章结论支持了媒体关注的市场压力存在性假设，即更多的媒体关注有利于提升上市公司会计信息披露质量，缓解信息不对称问题，抑制过度投资，增加投资收益，从而提高了投资效率。随后，本章检验了媒体对上市公司的关注是否有利于满足投资者的需求，即媒体关注保护投资者利益免受损失的假设。研究结论发现，媒体关注通过提高信息质量和投资效率的作用途径机制，最终保护了投资者的利益。其中倾向性的媒体关注有利于增加投资者收益，相比较负面的媒体报道，正面的媒体报道能够显著提升投资者的收益。高强度的新闻报道倾向性有助于媒体信息中介效应的发挥，从而改善股东的利益。媒体激励作用在积极的、正面的媒体报道倾向样本中更明显。该结论同样适用于国有企业中样本，而不适用于非国有企业。三是本章第四节采用了差分法、两阶段最小二乘法、工具变量法和固定效应等方法，检验了媒体关注和投资者利益主要回归结果的稳健性，表明媒体关注有利于投资者利益满足的结论依然稳健。实证结果的分析和讨论为得出的研究结论奠定了定量分析的基础和经验证据。本章的研究结论支持了数字媒体关注的作用机理假设，验证了媒体关注保护投资者利益的经济后果。

第5章 数字媒体关注与债权人利益保护

在第4章分析媒体关注与投资者利益之间的关系后，本章将对媒体关注与债权人利益的关系展开讨论。针对媒体关注是否通过影响上市公司破产风险，最终损害到债权人的利益这一问题，首先，本章通过理论分析，分别提出有关作用机理和经济结果的若干个假设。科学合理设计研究方案，包括样本规模的确定，主要变量的测量和实证模型的构建。其次，对本章主要变量进行均值描述性统计分析和相关性分析。最后，对主要解释变量和被解释变量进行多元回归分析，以及回归结果的稳健性检验。希望基于媒体关注与企业破产风险、媒体关注与债权人利益关系的多个竞争性假设通过实证检验，从而得出本章的结论，为后文的相继研究奠定基础。

5.1 债权人的定义与时代特征

5.1.1 债权人的定义

债权人（Creditor）是指对另一方有要求偿还债务的个人、组织、公司或政府（O'Sullivan、Sheffrin 和 Steven，2003）。在借贷关系中，对债权人负有偿还义务的一方称为债务人。借贷方式有短期贷款、长期债券和抵押贷款。在会计报告中，负债被分为“一年内到期的金额”或“一年以上到期的金额”。无论是国内还是国外，都对企业破产期间的债权人权利作了相应规定。在英国，一旦申请 IVA[①]（Individual Voluntary Arrangement）并通过法院生效，债权人就无法与债务人直接联系，当提交申请后将与破产执行人保持联系，随时准备接收报告。在我国《破产法》[②] 第 37 条规明确规定了破产清偿的顺序，破产债权的偿还仅次于破产企业所欠职工工资和劳动保险费用、破产企业所欠税款之后。贷款和利息是否能够按期收回直接影响着债权人的损益。因此，债权人更多关注的是企业的获利能力，包括现金流量、信用评分、新合同、流动性等，尤其是短期偿债能力，包括流动比率、速动比率和现金比率等。

5.1.2 债权人的时代特征

5.1.2.1 债权人与企业之间的信息不对称性减少

在数字化时代，企业的信息透明度得到了大幅度提高，这也对企业债权人产生了明显的影响。具体有如下几点：首先，企业债权人更加了解企业的财务状况。企业的财务信息可以在短时间内得到大量的数字化分析和解读，一方面可以帮助债权人更好地了解企业的财务状况，从而更准确地评估债务风险和还款能力，更全面地了解企业的整体经营情况。其次，数字化时代可以提高企业债权人的信任度。当企业提供更详细更真实的数字化财务信息时，债权人会更加信任企业，并对企业的还款能力和债务风险有准确的判断，进而更加愿意为企业提供融资支持。此外，数字化时代的计算能力和数据分析能力不断提升，企业债权人团队可以更好地进行数据挖掘和风险评估。企业债权人可以通过各种数据分析工具，快速而准确地

① 在英格兰和威尔士，个人自愿安排（IVA）是希望避免破产的个人的正式选择。IVA 由 1986 年《破产法》第八部分确立并受其管辖，并构成通过破产从业人员向债务人债权人提出的正式还款建议。通常（但不一定），IVA 仅包括无担保债权人的债权，担保债权人的权利基本不变。除债务外，破产从业人员还收取初始和持续费用。IVA 是与债权人签订的合同安排，可以像个人的情况一样灵活；因此可以基于资本、收入、第三方付款或这些付款的组合。在这一过程中，在优先债权人和基本费用之后有足够剩余资金的债务人，可以安排一项个人自愿安排（在听取独立意见后，问题较轻的债务人可能希望考虑一项债务管理计划）。

② 中华人民共和国中央人民政府网 https://baike.baidu.com/reference/5027271/0ffeEVBnLDCBezC8kABGx6Tz27_FExd ukwSQC5tVvZtwFOn32yG5MP - nw2aMGNdYhnNKHUAIc9wtR6m6zJki63jiA_K_ESr3TRq_WV_unsPn.

评估企业的财务状况，从而更好地决定是否为企业提供贷款支持。最后，信息透明度增加，企业债权人也存在风险。当企业的财务信息被公开，债权人也可能更容易受其他竞争性债权人的质疑和挑战。因此，在数字化时代，企业债权人掌握信息透明度，以提高企业的竞争力，保障债权人的利益。

5.1.2.2　债权人重视企业的社会责任

企业社会责任越来越受到各方关注，包括政府、媒体、消费者、投资者都强调企业社会责任的重要性。社会责任不仅是企业的道德和法律义务，还是企业长期发展的根本保障和竞争力来源。在这种背景下，债权人的态度也发生了明显的变化，更加关注企业的社会责任，并将其纳入风险评估和投资决策的考虑范围之内。首先，企业债权人更加倾向于支持那些具有良好社会形象的企业。一个企业的社会形象直接关系到其品牌价值和市场声誉，企业债权人往往会通过收集消费者、政府、媒体等各方反馈信息来评估企业社会形象的好坏，一个社会形象良好的企业通常能获得债权人更多的支持和信任。其次，债权人更加注重企业的环境、社会、治理等方面的表现。环境方面，债权人会注意企业是否符合环保法律法规要求，以及企业在节能减排、资源循环利用、环保技术研发等方面的投入和表现。社会方面，债权人会关注企业对于员工、供应商、客户以及社会公益事业的关心和支持程度。治理方面，债权人会重视企业文化、道德操守、内部管理制度等方面，以及是否存在违法违规行为等情况。最后，债权人更加注重企业的可持续发展。可持续发展是企业发展的长期战略方向，也是企业社会责任的重要内容。债权人会关注企业是否有长远的战略规划和商业模式，以及企业在资源利用、环境保护、员工福利、社区公益等方面的可持续发展能力。

5.1.2.3　债权人关注企业的数字化转型和创新能力

在数字化时代，创新已成为企业生存和发展的必要条件，数字化技术的发展正在改变着各个行业的生产和管理方式。债权人也重视企业创新的能力，企业创新不仅可以带来商业机会和竞争优势，还能对企业未来的财务表现产生积极影响。首先，债权人关注企业的数字化转型和数字化能力。企业数字化转型旨在通过应用数字技术，提高企业的生产效率和经营效益。债权人通常会关注企业的数字化能力，如企业是否拥有数字化基础设施、数字化技术的应用情况、数字化创新能力等，这些数字化能力是企业在数字化时代中具有竞争优势的重要保障。其次，债权人关注企业的科技研发投入和创新能力。科技研发是企业实现可持续发展的基础，而创新能力则是企业在数字化时代获得成功的关键。债权人会关注企业在科技研发投入和创新能力方面的表现，以评估企业在未来是否具有持续发展的潜力。再次，债权人关注企业的合作和生态系统。数字化时代，企业需要积极参与各种形式的合作，如行业联盟、创新合作、开放创新等，以提升企业的竞争力和生态系统优势。债权人会关注企业与其他企业、科研机构以及政府等的合作情况，判断是否具有持续发展的动力和潜力。最后，债权人关注企业的创新成果与商业价值。创新是企业的生命力，但债权人也需要关注企业的创新成果是否能够转化为商业价值和财务回报。债权人通常会计算企业的研发投入与业绩之间的关系，以评价企业的创新能力和商业表现。

5.1.2.4 债权人利益保护方式更加多样化

在新时代下，债权人利益保护的方式也变得更加多样化。除了诉讼、仲裁等传统方式外，债权人还可以通过重组、债转股、资产交割等方式来保护自身的利益。债务重组是一种非常流行的债务解决方式。债务人和债权人都可以通过协商重新规划债务，严格限制债务人的支出，并提供交易计划，以实现妥善的债权重组。债权人还可以通过对债务人企业的重组或重新管理来保护他们的利益。例如，债权人可以保留债务人企业的重要股权，在重组时直接参与管理企业，并通过投票权参与企业的决策。这种方式是指将债务转换为股权。债务人可以通过发行股票的方式，将债务变为持股份的投资者，从而获得预期的股票回报。债权转股的方式可以有效保护债权人的利益。这些方式不仅可以有效化解风险，还能够促进企业的转型升级。

5.2　企业破产风险与债权人利益相关变量测度

5.2.1　债权人利益的衡量

因投资者和债权人在投资过程中承担的风险不同，其应该享有权益的顺序、内容和报酬率等也有很大的差异。投资者权益对象则是全部资产扣除负债后的净资产，报酬率随着公司业绩的变化提高或降低。债权人权益对象是公司的全部财产，要求的报酬率较低且比较稳定。如果公司进入解散清算阶段，债权人在财产求偿权方面优先于投资者权益。因此，债权人的利益是否能够得到保障，主要在于债务人的资产、现金流等财务指标的良好表现。从较早的 1998 年标准普尔公司治理评价体系，再到李昂证券的评价体系，都体现了对股东利益相关者利益的衡量，尤其是对中小股东利益保护等问题的重视。国内学者李维安和唐跃军（2005）等在此基础上拓展了利益相关者评价指标体系，包括利益相关者参与性与和谐性。严复海和赵麟（2009）构建了更加具体可以量化的评价体系，具体指标有净资产收益率、资产回报率、员工收入水平、资产负债率、利息保障倍数和社会贡献率等指标。总体而言，多年来有关基于财务指标的债权人利益的测度并未达成一致，尤其是综合评价体系的建立。

首先，综合 Gantchev（2013）以及张琦和刘克（2016）对基于利益相关者理论的企业绩效评价指标体系的分析，发展基于单变量下的多因素的测量指标。站在债权人的立场，面对公司各种融资方式，他们除考虑安全程度外最关心的是本金和利息能否按期收回，利益的保障主要受其借款动机和债务人偿债能力的影响。利息保障倍数（*ICR*）是衡量企业支付负债利息能力的指标，用以衡量偿付借款利息的能力，倍数越大，说明企业支付利息费用的能力越强。现金负债率（*CLR*）反映了企业应对短期自发性债务偿付的能力，而资产负债率（*DAR*）直接影响了企业在清算时，债权人的利益是否能够得到保护，反映了企业通过借款筹集资金在总资产的比重。以上三个指标用来测量债权利益相关者的利益具有一定的代表性。债权人利益的衡量和计算如表 5 - 1 和式（5 - 1）所示。

表 5 - 1　　债权人利益变量多因素指标评价体系

指标分类	指标名称	符号	计算公式
	利息保障倍数	*ICR*	利息保障倍数 = 息税前收益（*EBIT*）/利息费用
债权人利益相关者（*BSS_i*）	现金负债率	*CLR*	现金负债率 = 经营现金流量净额/流动负债资产
	资产负债率	*DAR*	资产负债率 = 负债/总资产

其次，为了统一比较口径和评价标准，解决变量因单位、数据大小差异等带来的可比性问题，对债权人利益的财务数据进行了标准化处理，消除量纲不同和数量级差异所带来的影响。为了克服指标相关性对实证研究的影响，首先对指标相关矩阵分析，发现指标间相关程度较低，再对数据做 KMO 和 Bartlett 球度检验，结果显示适合进行耦合分析。

$$BSS\_i = 0.3767 \times DAR + 0.3260 \times ICR + 0.2974 \times CLR \quad (5-1)$$

最后，运用 SAS9.4 分别对上市公司的债权人利益的数据进行耦合分析和综合评价，评价结果如式（5 - 1）所示。根据公式可以看出，*DAR* 所代表的资产负债率对于改善上市公司债权人利益相关者（*BSS_i*）关系管理的影响是积极的，其系数为 0.3767，以 *ICR* 和 *CLR* 为代表的利息保障倍数和现金负债率对于上市公司债权人利益相关者关系管理改善的影响程度依次降低，系数分别是 0.3260 和 0.2974。

5.2.2　企业破产风的衡量

借鉴郭婷婷（2017），祝继高（2011），刘星和彭程（2009）的研究，采用 *Z_score* 模型来衡量上市公司财务状况和抵御破产风险的能力，如表 5 - 2 和式（5 - 2）所示。

$$Z\_score = 1.2X_1 + 1.4X_2 + 3.3X_3 + 0.6X_4 + 0.99X_5 \quad (5-2)$$

该模型是由纽约大学斯特恩商学院教授 Edward Altman（1987）经过数理计算、多变量统计和实验研究建立的分析企业的运行状况和破产与否的有效判断系统。在模型建立过程中，教授构建了 22 个财务指标，对美国破产和非破产生产企业样本进行了观察。欧美等国家在应用了 *Z_score* 模型后，能够准确地预测和判断上市公司。*Z_score* 模型对于规范证券市场的运作、降低投资风险和保护投资者利益等具有重要的现实意义。

表 5-2 *Z_score* 模型变量定义

变量	变量定义	变量说明
X_1	（流动资产 - 流动负债）/总资产	衡量流动性和规模该比率越高，表明企业流动性越高，规模越大
X_2	（未分配利润 + 盈余公积）/总资产	衡量企业积累的利润，该比率越高，说明企业生产经营时间越长，利润积累越多
X_3	息税前利润/总资产	衡量企业在不考虑税收和融资影响，其资产的生产能力的情况，该比率越高，表明企业的资产利用效率越高，经营管理水平越高
X_4	（股票市值 × 股票总数）/总负债	衡量企业的价值在资不抵债前可下降的程度，即企业基本财务结构是否稳定，该比率高表明财务结构低风险低报酬
X_5	销售额/总资产	衡量企业产生销售额的能力，即企业资产利用的效果。该指标越高，表明资产的利用率越高，增加收入效果越明显

注：根据 *Z_score* 的取值范围，大致可分为破产区、灰色区和安全区。当 *Z_score* 小于 1.8，可以判断企业的财务状况非常糟糕，很可能会破产；当 *Z_score* 介于或等于 1.8 和 2.99 之间时，可以判断企业处于灰色区；当 *Z_score* 大于 2.99 时，可以判断企业处于安全区。因此，*Z_score* 值越大，说明企业的财务状况较好，破产的可能性越小。

5.2.3 其他控制变量衡量

为了简洁，避免赘述，本章解释变量媒体关注（*Media*）的衡量详见 4.2 节中媒体关注变量衡量过程。参考已有学者的研究，还控制了可能影响被解释变量的因素，如公司治理（*Indpd*、*MoniSize*、*FStckhd*、*LgStkhd* 和 *MStckhd* 等）、规模（*Size*）、公司上市年限（*Age*）、企业性质（*State*）、市账比（*MTB*）等公司特征。除此之外，特别控制了企业价值（*Tbq*）和营业收入增长率（*Growth*），如表 5-3 所示。

表 5－3　　本章用到的所有变量

变量名称	变量符号	变量定义
债权人利益	*BSS_i*	计算过程详见表 5－1 和公式 5－1
媒体关注	*Media_T*	媒体报道数量的自然对数
高媒体关注	*High_media*	当媒体关注代理变量值大于或等于当年中位数时为 1，否则为 0
媒体报道倾向性	*Media_S*	正负面报道差值占新闻报道总数的比值，大于 0 为正面报道，小于 0 为负面报道
企业破产风险	*Z_score*	详见 5.2.2 节企业破产风险测量与计算过程
财务杠杆系数	*Levr*	普通股每股收益变动率/息税前利润变动率
总有形资产	*Ta*	固定资产/总资产
盈利能力	*Roa*	息税前利润/总资产
企业价值	*Tbq*	市值/资产重置成本
营业收入增长率	*Growth*	企业营业收入增长额与上年营业收入总额的比率
行业	*Industry*	某一行业取值 1，同时其他行业取值 0
公司规模	*Size*	期末总资产的自然对数
市账比	*MTB*	（年末股票价格 × 流通股数量 + 每股净资产 × 非流通股数量）/账面股权价值
年度变量	*Year*	某一年份取值 1，同时其他年份取值 0
企业年限	*Age*	ln（1 + 从成立到当前财务年度的年份差）
企业性质	*State*	国有股取 1，非国有股取 0
高管持股比例	*MO*	年末公司全部高管持有的股票总数占总股本的比例
企业发展阶段	*DevStage*	分行业依变量打分，分值最高的约 1/3 为成长期，分值最低的约 1/3 为衰退期，其余为成熟期（详细过程见 4.2.2 章节表 4－3）
董事会领导结构	*Dual*	若为两职合一取 1，否则取 0
外部董事比例	*Indpd*	外部董事（包括独立董事）占董事会成员的比例
监事会规模	*MoniSize*	监事会成员总人数占董事会成员比例
第一大股东持股比例	*FStckhd*	第一大股东持股占公司所有股权的比例
外部机构持股比例	*LgStkhd*	外部机构投资者股权占公司所有股权的比例
管理层持股	*MStckhd*	实施管理层持股计划的取值 1，否则取值 0

5.3　数字媒体关注影响企业破产风险机制

5.3.1　媒体关注下企业破产风险的“马太效应”

基于网络新媒体环境下，新闻报道信息传播的特点和媒体服务的动机，媒体对上市公司破产可能性的影响是一把“双刃剑”，在产生积极的影响同时也会带来消极的影响。

5.3.1.1　数字媒体关注的“客观效应”

资源基础观（RBV）理论认为信息是一种无形资源，信息的获取对于企业的发展发挥着重要的作用。以客户的需求偏好、同行业竞争者的经营现状为主要内容的外部信息即市场信息的获取，能够帮助企业提出有效满足客户需求的有效方案，提高吸引顾客的能力，提升总体绩效，当然，信息处理能力也是企业竞争优势的重要组成部分（Burgers、Van 和 Volberda, 2008；Coviello 和 Russo，2006；Wiklund 和 Shepherd，2003）。除此之外，企业也要收集、传播与分享内部信息，提高信息的效度，降低信息搜集与信息加工的成本，以此提高企业的效益。

在互联网信息环境中，企业的管理信息与网络的能力已经成为企业核心竞争力的重要组成部分。Ingram 和 Lifschitz（2006）研究认为，企业获取信息以及处理信息的方式和方法会深刻影响企业的绩效。随着网络新媒体的开放性和虚拟性环境的复杂变化，新闻和舆论信息传播速度快、传播信息多元及传播方式互动，具有传统媒体无法比拟的优势。不仅使得上市公司获取信息的方式发生了巨大的变化（Kelley，2009），而且改进了上市公司信息传播的效率。因此，上市公司既是获取信息的需求方，也是提供信息源的供给方，作为市场经济的主体有足够的动机搜集信息或传递信号①。

① 搜集信息或传递信号是缓解信息不对称现象中逆向选择和道德风险的有效解决方案。详见章节 3.1.1 信息不对称理论部分的论述。摘自：Johannes Hörne（2008）．“signalling and screening”．The New Palgrave Dictionary of Economics，2nd Edition. Abstract.

根据议程设置理论[①]，媒体有强烈的动机安排将要传递信息的话题或内容，有效引导受众者关注事实的先后顺序。主流权威媒体是媒体信息传播过程中最重要的参与者，如果媒体报道的是真实客观的新闻，包括有关上市公司的广告运动、媒体事件、社会公益事业赞助和主题活动等，该类报道拥有较强影响力，往往成为上市公司重大媒体事件信息的源头。该类信息的传播，既有利于企业树立良好的社会形象，扩大社会影响（居延安，2006），带来“光环”效应，而且有利于媒体监督的公司治理功能的发挥。基于上述理论分析，认为基于媒体关注的客观效应，媒体关注越多，上市公司的破产风险越小。

5.3.1.2 数字媒体关注的“轰动效应”

媒体组织和新闻记者都有足够的动机，通过报道能够吸引眼球、激发兴趣和煽动情绪的具有“轰动效应”的新闻，赢得声誉，赚取经济利益。Jensen（1979）提出媒体为了维护自己的利益，通常更倾向于传播能够满足大众娱乐需求的信息。上市公司直接性和突发性的事件被媒体“曝光”后，会受到利益相关者广泛的关注、传播和转载，不仅速度快，而且传播范围广。新闻跟帖、论坛、博客、微博、微信等新媒体的出现，为各方相关利益者自由发表言论提供了更广的传播渠道，沉默的螺旋理论[②]在变化的环境中将接受新挑战。公司利益相关者逐渐开始觉醒和联合，在不断关注和转载的情况下，引起舆情迅速发酵，扩大了上市公司媒体关注新闻的

---

① 1968 年，唐纳德·肖（Donald Shaw）和麦克斯威尔·麦克姆斯（Maxwell McCombs）对总统大选进行了调查，看媒介议程对公众议程有多大的影响。1972 年提出了议程设置理论，该理论认为大众传播往往不能决定人们对某一事件或意见的具体看法，但可以通过提供信息和安排相关的议题来有效地左右人们关注哪些事实和意见及他们谈论的先后顺序。大众传播可能无法决定人们怎么想，却可以影响人们想什么。详见网址：https：//baike. baidu. com/item/议程设置/1338658？fr = aladdin。

② 沉默的螺旋（The Spiral Of Silence）是一个政治学和大众传播理论。理论基本描述了这样一个现象：人们在表达自己想法和观点的时候，如果看到自己赞同的观点受到广泛欢迎，就会积极参与进来，这类观点就会越发大胆地发表和扩散；而发觉某一观点无人或很少有人理会（有时会有群起而攻之的遭遇），即使自己赞同它，也会保持沉默。意见一方的沉默造成另一方意见的增势，如此循环往复，便形成一方的声音越来越强大，另一方越来越沉默下去的螺旋发展过程。理论是基于这样一个假设：大多数个人会力图避免由于单独持有某些态度和信念而产生的孤立。

影响。同时由于网络空间中法律道德的约束较弱，有限理性网民的评论信息往往具有隐蔽性和偏差性，很容易把上市公司推向风口浪尖。

一旦有偏报道迅速传播，往往令当事人措手不及，很难及时采取补救措施，危机事件在短期内会演变为全球危机，危机处理难度和成本都会加大。最终，上市公司的良好形象会大打折扣，消费者因对产品产生怀疑态度而更加无所适从，导致销售业绩下滑、投资者缺乏信息而导致股价崩盘、消费者和供应商的巨额索赔、活动费用支出的增加、监督管理部门的行政介入和惩罚，甚至带来声誉风险和诉讼风险，从而陷入财务困境，让其“雪上加霜”，有可能加大破产风险可能性。因此，上市公司媒体危机事件信息容易被放大、扩散，最终会影响到上市公司的市场表现和品牌形象，往往给上市公司带来巨大“经济代价”。因此，一方面基于媒体关注的轰动效应，越多的媒体关注，越不利于破产风险较大的上市公司。另一方面基于媒体关注的马太效应，越多的媒体关注，越有利于破产风险较小的上市公司。

5.3.2　倾向性数字媒体关注下的企业破产风险

相比正面的媒体关注，当上市公司欺诈、建筑物毁损、不能解决客户投诉问题、不尊重他人等违规行为被媒体曝光后，短期内会成为各大报纸、网络媒体、投资者热议的焦点。上市公司突发事件发生后，各大媒体对该事件进展跟踪报道，消费者、客户、竞争者等也会自发地高度关注，在网站、论坛、博客、微博等平台上掀起评论、跟帖、转帖、回帖的多次发酵，其影响迅速扩大。上市公司的不良信息将再次被有意挖掘、传播与转载。为什么相比正面的媒体关注事件，有关上市公司的危机事件被“曝光”后备受关注而迅速传播呢？从现代传播学的角度进行研究，发现受众心理、社会环境和大众媒介等因素推动了有关上市公司负面信息的扩散传播，并呈明显扩大趋势。首先，随着现代传播技术的快速发展，受众者更愿意通过户网站、微博、微信、社交网站等评论、传播和分享负面信息（Winter 和 Nelson，1982）。其次，受众心理因素直接影响了受众者的可接受程度。德国哲学家 Engels F（1976）提出利己是人的本能，信息受众者更愿意选择、接收和传播对自己有利的信息。相比较积极的信息与体验，消极的信息与体验带来的影响会更深刻（Baumeister、Masicampo 和 Dewall, 2009）。最后，社会环境因素直接影响了负面信息传播的内容。处于转型期的社会，过大的贫富差距更容易使负面情绪通过新媒体平台快速、广泛地传播。面对大量的媒体关注，若上市公司反应、反馈不足，没有真诚回应并推卸责任，会引来网友的更多指责、质疑。接着，由点及面的单一事件将会转变为群体性的网上负面舆情，就会对上市公司声誉风险产生更大、更持久的影响。声誉损害风险就本身而言并不是风险，而是另一种风险的结果，是由于缺乏控制而非事件本身导致了损失。如果公司在灾后能够更好地应对媒体，就能有积极的表现（Sanchez、Robert 和 Bourgault 等, 2013）。

但是，由于信息来源的多元化，加大了上市公司及时应对的难度。市场对公司重要产品的质疑很容易带来品牌信任危机，销售受到严重打击，销售额骤减，直接影响公司生产经营，财务报表业绩出现下滑。供应商或客户的索赔，会使上市公司遭受经济上的损失，从而使财务状况雪上加霜。各大主流财经媒体均对盈利能力、未来成长性等问题进行质疑，舆论质疑的风口浪尖对公司股价造成重大的负面影响，最后导致公司资本市场形象受到极大的影响。例如，投资者和机构不敢持有该公司股票，股市跌停，市值蒸发，遭证监会调查、IPO 受阻等，债权人收紧贷款政策、缩小贷款规模、提高贷款利率，诸多融资约束方式直接引起企业融资能力降低、融资成本上升，最终导致企业财务风险骤增（Diamond, 1989；谢德仁和陈运森，2009）。由此可见，媒体报道及持续的跟进，引发大量负面舆情及次生性负面舆情，都会带来一系列的连锁性反应，使上市公司面临品牌、监管、声誉、诉讼、组织和财务等风险，有可能加速其破产风险，从此一蹶不振，退出市场。基于上述理论分析，结合“首因效应”和“近因效应”理论，一是在其他条件一致的情形下，正面的媒体报道越多，公司破产风险可能会降低。二是其他条件一致的情形下，负面的媒体报道越多，公司破产风险可能会增加；整体而言，其他条件一致的情形下，倾向性媒体关注越多，公司破产风险可能会增加。

5.4　数字媒体关注保障债权人利益的公司外部治理效应

5.4.1　企业破产风险下的公司治理改进

风险管理是企业经营管理过程中的一部分（Maclean 和 Lichtenberg，1992）。风险的来源有多种，公司层级的风险主要有政治风险、财务金融风险和法律风险（Tony 和 Detlef，2000）。例如，Romain 和 Aaron（2016）认为，允许债务和面值不匹配的财务自由，内生性地产生了危机风险。供应链层级的风险主要有生产风险、供应风险和采购风险等，组织在决策前必须加以考虑。在众多企业风险中，破产风险存在时间效应。郭婷婷（2017）基于 2003—2015 年中国沪深 A 股市场季度、半年度和年度全样本数据，研究发现上市公司的破产风险存在时间效应，且该时间效应具有内生性特征。

企业破产风险和企业绩效高度相关得到了很多学者的一致认可，尤其在制造行业多类别风险与企业绩效关系成为关注的焦点。周橙（2014）指出当企业面临较大的破产风险时，盈余管理的动机会增强，企业盈余的稳健性会降低。Kumar，Bak 和 Guo（2018）通过研究供应风险管理和生产风险管理对中国制造业供应链的影响后，认为供应风险和生产风险的管理对企业的绩效表现至关重要。而供应商的依赖程度、系统采购、生产和供应链的成熟度以及人力资源这些因素对供应风险和生产风险管理绩效没有显著影响。在中国制造业供应链的背景下，供应商和客户导向、灵活程度、生产风险、供应风险与企业绩效高度相关。

在对破产风险特征研究的基础上，部分学者就如何降低破产风险问题进行了探讨，认为大规模的董事会公司治理可以有效降低破产风险，但无法规避破产风险，还需要有效的风险交流来降低企业破产风险。Darrat、Gray 和 Par（2014）研究公司的特征后，发现对于结构复杂的公司，拥有大规模的董事会可以有效降低破产风险。对于专业知识的需求较强烈的公司，非独立董事的比例越高，其破产风险越低。对于技术上不成熟的公司，非独立董事的比例越高，其破产风险越高。他们还发现，随着公司破产时间的延长，除公司治理变量之外的其他因素对破产风险有更显著的影响，这意味着公司治理对企业的影响是长期的，在这种情况下，公司治理的改变并不能使企业避免破产风险。王志涛和王翔翔（2017）研究发现有效的风险交流有助于降低食品企业的破产风险，相对于资产专用性投资较低的企业，高资产专用性的企业更倾向于选择建立积极有效的协调环境来保证食品安全。

5.4.2 破产法律制度对债权人利益的保护

自由贸易和经济全球化是社会化生产力发展的客观要求与科技进步的必然结果，为上市公司的发展壮大提供了强劲动力，促进了商品、资本和技术的流动，但同时将面临优胜劣汰竞争的挑战。目前，我国沪深两市共有 3485 家上市公司，其中，ST 和 ST* 上市公司 138 家，都或多或少面临着财务困境。2007 年《中华人民共和国企业破产法》（以下简称《企业破产法》）的颁布，有助于帮助企业根据和解制度、重整制度以及破产清算的方式摆脱流动性困境，积极预防破产风险，从而转危为安。其中，和解制度是指债务人和债权人就债务的清偿在意愿自治、没有其他主体参与的基础上达成的契约。这种只能消极避免债务人破产的和解制度在为债务人提供重新开始机会方面的作用是非常有限的。

相比“消极避免”债务人破产的和解制度，作为破产法律制度核心的破产重整制度更加关注的是法律制度的“积极拯救”功能，受到越来越多国家的重视，该种制度能更加适应现代社会经济发展。破产重整制度的实施能够有效地帮助上市公司摆脱财务困境、恢复正常营运（王卫国，1993；汤维建，2001）。至今已有 30 多家上市公司采取了重整程序，并取得了良好的效果。虽然通过和解和破产重整的方式使破产公司数量逐渐减少，但是仍然有不少企业不得不进入破产清算程序，通过吊销、注销的方式退出市场。一旦这些濒临破产的上市公司进入破产清算程序，按照《企业破产法》第 37 条规定，对不同性质破产债权进行先后分配，顺序依次是破产企业所欠职工工资和劳动保险费用、破产企业所欠税款和破产债权。因此，即使企业面临破产困境，债权人的合法权益也会得到应有的保障。

5.4.3　媒体关注的信息不对称缓解效应

由于信息不对称问题存在，债权人因受时间、精力、资源和成本等资源限制无法全面获得、处理和掌握企业的真实信息（Hirshleifer 和 Teoh，2003）。但是，根据 Fang 和 Peress（2009）的研究，证实以媒体为载体的新闻报道可以减少信息摩擦，缓解信息不对称问题。Havakhor、Soror 和 Sabherwal 通过代理仿真收集数据，对媒体声誉机制的特征、分布、作用和影响进行了深入的研究，认为媒体报道会给公司和管理层成员的财富与社会地位的声誉造成影响，以致他们更加关注网络媒体舆情并及时应对，提升公司价值。因此，于忠泊、田高良和齐保垒等（2011）认为有效的声誉惩罚机制最为根本，能够对企业形成威胁，抑制企业的机会主义行为，保护债权人的权益不受侵害。

根据 3.3.1 节解析媒体信息传播过程，发现媒体报道及产生的网络舆情信息传播通过有效减少上市公司和债权人之间信息流动的阻力，债权人获得了更多更好的上市公司的真实生产经营现状信息，不仅节约了债权人搜集和处理信息的成本，而且不同程度降低或规避了更多的债权契约履约风险和道德风险。因此，债权人更容易获得长期低成本的债务（仲秋雁和石晓峰，2016）。为此提供间接的证据来自于郑建明和夏楸（2014）对媒体报道与融资约束和投资效率之间的关系探讨，研究结果表明报道总数与上市公司融资约束负相关。另外，罗进辉（2012）也提出媒体报道能够显著降低中国上市公司的债务成本负担，在其他条件不变情况下，债权人的利息收益越容易得到保障。整体而言，虽然媒体关注可能对陷入财务困境的上市公司具有推波助澜的作用，从而增加其破产的风险，但是企业内部的风险交流机制、企业外部的《破产法》保护以及媒体关注的影响，都使债权人的利益得到了保障。因此，基于成本效益，媒体关注越多，越有利于上市公司债权利益相关者利益的增加，如图 5-1 所示。

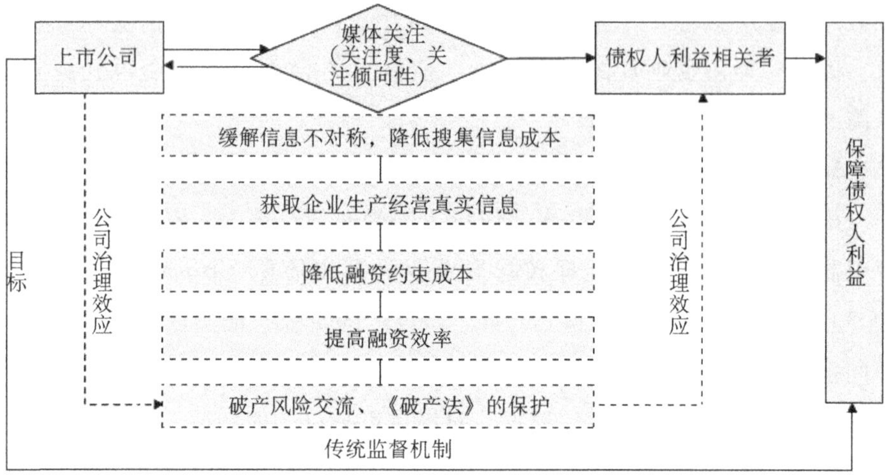

图 5-1　媒体关注与债权人利益研究假设提出的逻辑框架

5.5　实证检验与结果分析

5.5.1　样本选取

本章依然选取了中国 A 股上市公司 2011—2017 年有关媒体关注、企业破产风险、债权人利益和公司治理等相关财务数据，其中媒体关注数据来自涵盖了主要综合性媒体和专业财经媒体板块的 120 万条财经新闻的 WISENEWS 数据库，采用 PYTHON 方法分析新闻报道文本，构建媒体关注度变量，在此基础上构建媒体报道情感分析变量，即媒体关注倾向性，以及正面报道倾向性和负面报道倾向性两个子自变量，最终共得到公司年度观测值 7985 个，其中正面、中立和负面倾向性媒体关注样本分别是 4650、2135 和 1200 个。基于主成分分析法的债权人利益相关者变量具体衡量指标由利息保障倍数、资产负债率和现金负债率等构成，财务数据来源于万得（WIND）数据库，企业破产风险指标计算过程中涉及的财务数据及其他公司治理、财务杠杆系数、托宾 Q 等变量数据来源于国泰安（CSMAR）数据库。数据筛选包括剔除金融行业公司样本、ST 和 ST* 公司样本，以及变量中的缺失值。通过对连续性变量进行 1% 与 99% 分位的 Winsorize 处理，消除极端值的影响。

5.5.2　模型设定

5.5.2.1　媒体关注与企业破产风险的模型设定

为了检验媒体关注与企业破产风险之间的关系，本章分别以企业破产风险（*Z_score*，包括安全区和破产区）测度变量作为因变量，高媒体关注度（*High_mediat* -1）作为自变量，回顾并借鉴现有研究文献，归纳对企业破产风险可能产生影响的其他变量以有形资产（*Ta*）、公司的盈利性（*ROA*）、企业价值（*Tbq*）、公司规模（*Size*）、高管持股比例（*MO*）等为代表的公司治理变量，还包括年份（*Year*）和行业（*Industry*）。相关控制变量已经加入基本模型如式（5 -3）。

$$Z\_score_t = \alpha_0 + \alpha_1 Log(Media_{t-1}) + \alpha_2 Ta_t + \alpha_3 Roa_t + \alpha_4 Tbq_t + \alpha_5 Growth_t + \alpha_6 FStckhd_t + \alpha_7 MO_t + \alpha_8 LgStkhd_t + \alpha_9 Dual_t + \alpha_{10} MStckhd_t + \alpha_{11} Indpd_t + \alpha_{12} MoniSize_t + \alpha_{13} Age_t + \alpha_{14} Size_t + \alpha_{15} MTB_t + \alpha_{16} State_t + \alpha_{17} DevStage_t + \sum_{k-1}^{n} \alpha_{18} Year_k + \sum_{p-1}^{m} \alpha_{19} Industry_p + \varepsilon_t \tag{5-3}$$

其中，*Media* 为媒体报道数量，报道倾向性（*Media_T*）、高媒体关注度（*High_media*）、倾向性媒体报道（*Media_S*）、正面报道倾向性（*Media_P*）和负面报道倾向性（*Media_N*）的代理变量，当正负面报道差值占新闻报道总数的比值（*Media_S*）大于 0 时，为正面报道倾向性（*Media_P*）；当正负面报道差值占新闻报道总数的比值（*Media_S*）小于 0 时，为负面报道倾向性（*Media_N*）。

5.5.2.2　数字媒体关注对债权人利益影响的模型设定

为了检验假设，即媒体关注对债权人利益的影响，本章建立模型如式（5 -4）所示。其中，本章选用利息保障倍数（*ICR*）、现金负债率（*CLR*）和资产负债率（*DAR*）综合指标来衡量因变量债权人利益相关者的利益（*BSS_i*），媒体关注的数量（*Media_T*）、媒体关注的倾向性（*Media_S*）、正面的媒体关注（*Media_P*）和负面的媒体关注（*Media_N*）是解释变量 *Media* 的代理变量。如果新闻媒体对于上市公司的报道发生变化时，当其他条件一致时，则 *BSS_i* 会发生变化，其系数 α_1 会显著正（负）。

$$BSS\_i_t = \alpha_0 + \alpha_1 Log(Media_{t-1}) + \alpha_2 FStckhd_t + \alpha_3 MO_t + \alpha_4 LgStkhd_t + \alpha_5 Dual_t + \alpha_6 MStckhd_t + \alpha_7 Indpd_t + \alpha_8 MoniSize_t + \alpha_9 Age_t + \alpha_{10} Size_t + \alpha_{11} MTB_t + \alpha_{12} State_t + \alpha_{13} DevStage_t + \sum_{k-1}^{n} \alpha_{14} Year_k + \sum_{p-1}^{m} \alpha_{15} Industry_p + \varepsilon_t \quad (5-4)$$

为了控制公司特征、公司治理、行业和年份的影响，加入了相应的控制变量，ε 为随机扰动项。根据一般经济理论，两个变量在当期可能存在内生性问题，采用滞后期变量，研究两者之间的关系可以有效地消除内生性问题。为了结果的可靠性，本章分别将滞后期设置为一期、二期和三期，研究结论完全一致。为了简洁，避免赘述，本章只报告滞后一期的回归结果。

5.5.3 实证检验结果

5.5.3.1 描述性变量均值统计

对连续变量按其 1% 和 99% 分位数进行缩尾处理，根据主要变量的描述性统计结果，发现被解释变量债权人利益（*BSS_i*）的均值和标准差、最大值和最小值分别是 23.7、12.7、107 和 6.31。被解释变量企业破产风险（*Z_score*）的均值和标准差、最大值和最小值分别是 4.95、13.2、80 和 -51.2。解释变量 *Media_t* 的均值和标准差分别为 2.400 和 1.532，最大值和最小值分别为 0.001 和 6.203，表明不同企业媒体关注差异不是很大。*Media_S* 的均值和标准差分别为 1.966 和 4.788，最大值和最小值分别为 29.19 和 -6.026，较大的差异表明在实际情况中，新闻媒体报道的倾向性（*Media_S*）波动较大。在其他连续型控制变量中，除 *Size* 均值和标准差分别为 21.99 和 1.289，最小值为 18.95，最大值为 25.73，*MTB* 均值和标准差分别为 3.298 和 2.924，最小值为 0，最大值为 19.30，表明上市公司在规模（*Size*）和市账比（*MTB*）方面差异较大外，*Age*、*MO*、*Indpd*、*MoniSize*、*FStckhd* 和 *LgStkhd* 方面差异并不大，比较集中。

5.5.3.2 主要变量相关系数分析

本章主要变量相关系数表报告了实证模型（5-3）和模型（5-4）中各个变量间的斯皮尔曼（Spearman）和皮尔森（Pearson）相关系数分析的

结果（见表5-4），发现绝大多数系数值小于0.5，说明各个变量之间不存在严重的多重共线性问题，可以有效减少回归结果的偏差，提高统计值的信度和效果。可以观察得到 *Media_T*、*Media_S* 与 *BSS_i* 和 *Z_score* 在5%水平上显著正相关，初步表明媒体报道数量、媒体报道倾向性与债权人利益相关者和企业破产风险的正相关关系，说明媒体关注越多，上市公司债权人的利益越能得到保护，初步验证了本章的假设。另外，*Size* 和 *LgStkhd* 都与 *BSS_i* 显著正相关，说明对于规模越大的上市公司，越能引起媒体的关注和讨论。限于篇幅，其他控制变量和 *BSS_i* 就不再详细阐述。此外，通过对变量进行VIF的检验，其值都是介于0—2之间，故变量之间不存在多重共线性。

5.5.3.3 实证结果与分析

（1）数字媒体关注影响企业财务状况—企业破产风险的实证检验。为验证总体假设是否成立，本章以上市公司破产风险指数（*Z_score*）作为因变量，控制了其他影响因素，得出多元回归结果，发现媒体报道（*Hight_media*）对上市公司破产风险（*Z_score*）的影响在1%水平上显著正相关，检验结果证实了假设成立，即越多的媒体关注，越有利于降低上市公司的破产风险，具有积极的作用。同时，为分析处于破产区和安全区的上市公司对媒体关注的敏感程度，分别进行了回归。媒体关注与处于破产区的 *Z_score* 在1%水平上显著负相关，与处于安全区的 *Z_score* 在5%水平上显著正相关。这表明在控制了企业特征和其他公司治理特征后，与处于安全区的上市公司相比较，处于破产区的上市公司对大量媒体的报道更敏感，即对于已经陷于财务困境的这些上市公司无疑是“雪上加霜”，会带来次生性风险。对于破产风险较小的公司而言，具有“减震器”的作用。

媒体关注不仅具有数量方面的特征，还有情感度的测量，我们把带有情感倾向的媒体报道分为三种，一是正面积极的媒体报道，二是负面消极的媒体报道，三是客观中立的媒体报道。本章分析了前两种倾向性媒体关注与企业破产风险之间的关系。根据数字媒体关注度与企业破产风险的多元回归结果，可以观察到媒体关注倾向性（*Media_S*）和企业破产风险

（*Z_score*）回归结果都不显著。正面的媒体关注（*Media_P*）与企业破产风险（*Z_score*）在10%水平上显著正相关，即在其他条件一致的情况下，正面的媒体报（*Hight_media*）越多，上市公司破产风险（*Z_score*）的可能性就会降低。说明媒体对上市公司的正面报道有利于缓解企业财务困境，减少企业破产的可能性。

（2）数字媒体关注的公司治理效应—保障债权人利益的实证检验。本章以上市公司债权人利益综合指数（*BSS_i*）作为因变量，控制其他影响因素（如公司治理、企业年限、资产规模等）。根据媒体关注对上市公司债权人利益影响的多元回归结果，得出媒体报道（*Media_t*）对上市公司债权人利益的影响在5%水平上显著正相关，检验结果证实了假设成立，即越多的媒体关注，越能满足上市公司债权人利益相关者的利益需求和期望，具有积极作用。本章进一步检验了媒体关注属性对债权人利益的影响，根据媒体关注倾向性（包括正面报道与负面报道）对债权人利益影响的实证结果，我们发现媒体关注倾向性（*Media_s*）与债权人利益相关者利益（*BSS_i*）不相关。

接着，根据企业产权性质下媒体报道对债权人利益影响的多元回归结果，发现在不同企业产权性质下，媒体关注（*Media_t*）对于上市公司债权人利益（*BSS_i*）影响的差异性实证检验结果。控制其他变量情况下，相比较非国有企业，更多有关国有控股上市公司的媒体关注，会导致债权人的利益发生变化，两者在1%水平上显著正相关，说明在国有企业中，媒体关注越多，越有利于保障债权人的利益，而在非国有企业中，媒体关注对债权人利益的影响并不大。

5.5.3.4　稳健性检验

参考郭婷婷（2017），祝继高（2011），刘星和彭程（2009）的研究，选择*Levr*作为企业破产风险*Z_score*的代理变量，观察媒体关注（*Media*）与财务杠杆系数（*Levr*）之间的关系。根据媒体关注与企业财务杠杆系数的回归结果显示，数字媒体关注（*Media_T*）与财务杠杆系数（*Levr*）在滞后一期时，两者显著不相关。该实证结果说明，选取*Z_score*衡量上市公司的破产风险具有一定的合理性。该结论进一步验证了本章主回归结果具有稳健性。

在检验媒体关注数量（*Media_T*）与企业破产风险代理变量财务杠杆系数（*Levr*）关系的基础上，进一步对媒体关注倾向性（*Media_P*）与企业财务杠杆系数（*Levr*）之间的关系进行了回归检验。统计结果显示，正面的媒体报道倾向性（*Media_N*）与财务杠杆系数（*Levr*）在 5% 水平上显著正相关。总体上显著性要低于采用 *Z_score* 回归的结果。因此，说明了采用 *Z_score* 衡量企业破产风险更加合理，更能体现媒体关注和媒体倾向性关注的经济后果。该实证结果支持了主假设回归结果。

5.6　本章小结

本章理论分析了媒体关注对上市公司破产风险的影响，找出媒体关注作用债权人机理的理论依据，提出竞争性的假设，如果媒体报道是客观、公正的，对财务状况较好的上市公司会起到锦上添花的作用，公司破产风险会降低。如果媒体关注过度追求轰动效应，可能对已经陷入财务困境的上市公司起到推波助澜的作用，其破产风险会增加。虽然，媒体关注对企业破产风险可能具有推波助澜的作用，但是公司内部通过风险交流的方式改进公司治理、公司外部的《破产法》和媒体关注缓解信息不对称等方式都会使债权人利益得到保障。因此，本章提出了媒体关注对债权人利益影响的经济结果假设，即媒体关注越多，债权人利益越能得到保障。

为了实证检验该假设，本章提出了研究方案，包括确定样本规模、测量企业破产风险和债权人利益两个主要变量、设定两个假设模型。通过变量描述性统计分析和相关系数分析后，利用上市公司 2011—2017 年数据，采用 OLS 多元回归分析讨论实证结果。接着，采用工具变量方法对主回归结果进行了稳健性检验，表明结论依然稳健。经过上述分析，最终获得了本章的研究结论，支持了更多的媒体关注对企业破产风险具有推波助澜的假设，同时也支持了媒体关注保障债权人利益相关者利益的存在性检验。

第6章　数字媒体关注与消费者利益保护

消费者是公司最重要的外部利益相关者。本章将对媒体关注对消费者利益影响的作用机理和经济结果进行探讨。首先，在诉讼风险的经济影响基础上，提出媒体关注与诉讼风险之关系的假设，拟探讨诉讼风险、声誉损失和消费者行为三者之间的关系，提出媒体关注对消费者利益影响的假设。其次，设计本章的研究方案，主要有样本筛选、变量测量和假设模型的设定，其中诉讼风险和消费者利益的衡量是重点。最后，通过变量描述性和相关性统计分析，实证检验本章的主要研究假设，希望都能够得到验证，从而具体分析讨论实证结果，获得本章的研究结论。

6.1　消费者的定义与时代特征

6.1.1　消费者的定义

1995年，尼葛洛庞帝在《数字化生存》一书中曾预言，“计算不再只和计算机有关，它将决定我们的生存，计算机和互联网会使人类进入到数字化的生存时代”，随着互联网和移动互联的快速发展，尼葛洛庞帝的预言产生了深刻而广泛的影响，“数字化”的相关概念也开始被引用和借鉴。2009年，著名消费者行为学者M·R. 所罗门在他的著作《消费者行为学》中提出的“数字化消费者行为”的概念经历了多年来的发展，最终形成了现在的体系。对此，数字化消费者可理解为，在互联网时代中以个人消费为目的，购买使用商品和服务的个体社会成员。数字化消费者区别于传统的消费者，有其独特的特点和未来发展趋势，随着互联网络技术和移动互联技术的不断发展而发生变化。消费者（Consumer）是指使用或者消费经济服务或者商品的人或组织[①]。在销售、商业和经济领域，客户（有时称为买方）是商品、服务、产品或创意的接受者，这些商品、服务、产品和创意是通过金融交易或货币兑换，从卖方、供应商处获得的。顾客主要是指商品的部分群体，消费者则是使用商品的群体。消费者一定是顾客，但顾客不一定是消费者，也可以为他人购买商品（Kahn、Reizenstein 和 Richard，2004）。无论是顾客还是消费者，不仅希望能够购买或接受到安全、健康的产品或服务，而且在与经营者交易中支付的商品价格或接受的服务等获得公正、平等的对待。可见，安全与公平决定了消费者的直接利益（Consumer Benefit）。因此，消费者更多关注的是提供适当质量的商品和服务的确定性，以及需求可能被满足，包括产品的特殊权益、价值、价格、质量和关怀等（Hildebrandt 和 Christian，2006）。

6.1.2　消费者的时代特征

6.1.2.1　消费者获取信息的方法发生了变化

用户接受信息的方法经历了从 AIDMA（消费理论模型）到 AISAS（消费者行为分析模型），再到数字时代的 AIDEES（消费者心理行为模型）的转变。AIDEES 模式中，最突出的贡献在于两个 E：体验（Experience）与热情（Enthusiasm），该模式是建立在网络媒介的兴起与发展的基础上，网络媒介的存在使得用户在拥有更多体验机会的同时，也有了更多的表达自己热情的社交平台。

6.1.2.2　消费者购物方式发生了改变

在信息时代，通过信息技术和互联网络的手段，消费者可以突破时间、空间、地域以及国界等的限制，在传统的线下消费之外，还能够利用网上的渠道来进行购买。有学者研究表明，自数字经济时代开始，人们越

---

① 中华人民共和国中央人民政府网 https：//baike. baidu. com/reference/5027271/0ffeEVBnLDCBezC8kABGx6Tz27_FExd ukwSQC5tVvZtwFOn32yG5MP - nw2aMGNdYhnNKHUAIc9wtR6m 6zJki63jiA_K_ESr3TRq_WV_unsPn。“Consumer - Define Consumer at Dictionary. com”. Dictionary. com. 国际标准化组织（ISO）认为，消费者是以个人消费为目的而购买使用商品和服务的个体社会成员。

来越倾向于通过电商平台购买商品，这使得实体商店的销售量有所下滑。与实体商店相比，网上消费更加方便，很大程度上节约了消费者的购买时间，打破了传统实体商店在空间、距离等方面的限制，在价格上也更加优惠。因此，大部分的消费者都觉得网上购买比实体商店消费的体验感更好。此外，数字智能化时代的到来促使抖音、快手等短视频的发展日益强盛，新兴媒体平台的出现吸引了公众的注意力。为了满足大家的需求，有远见的商家迅速发现潜在的商业机会——直播带货，这种新型的销售方式迅速普及，成为当下最热门的销售形式之一。短视频的出现推动了直播带货的发展，在了解互联网营销师的背景下，公众迅速接受这种新型的销售方式。消费者通过直播带货能够更加直观、全面地了解商品的性能，带货商的激情演讲也能够激发消费者购买该商品的热情。

6.1.2.3 购买意愿和行为容易受到意见领袖的影响

意见领袖往往是消费者的“代言人”，其消费行为会被消费者当作参考意见，从而影响消费者的购买意愿和行为。消费者的购买行为是非理性的，常常会被各种媒体平台上的信息所影响，例如，广告、社交媒体中的各种推送以及淘宝、京东等电商平台，这些消费平台上的信息会给消费者提供大量的选择，促使消费者对理想的产品做一些调查，从而影响购买决策和行为。在互联网时代，一些核心人物凭借其自身的社会知名度受到公众的关注和追捧，意见领袖的个人观点会对普通公众产生影响，导致公众产生消费心理和消费行为。

6.1.2.4 消费者受到某种激励更加容易冲动消费

冲动消费是指由于受到某种激励，消费者在没有规划的情况下进行的一种购物行为，在网络环境下受多种因素的影响，冲动消费的现象明显增多。首先，消费者可以准确地传达商业信息。随着互联网络技术的推动以及科学技术的发展，虚拟购物平台逐渐完善，经常通过产品优惠吸引消费者的注意，丰富用户虚拟环境下的沉浸式购物体验，能够更好地激发用户的消费意愿。其次，在商家和消费者之间直接沟通的过程中，其他用户对商品的评价以及卖方对他人评论的回复等信息很容易引起用户的盲目性消费。最后，购物的便利性对冲动消费具有重要影响。便携的电子产品和流畅的购买经验，将会增加用户的购买效率，减少购买时间，促使消费者在网上购买更多的商品。近几年，中国移动网络的迅速发展，极大地推动了我国用户网上购物、网上支付等业务的迅速发展。

6.1.2.5　消费者善于反馈与关注实时产品体验分享

公众通过各种电商平台可以看到消费者对某件商品发表的数以万计的评价反馈，在这种不受约束、非统一标准的反馈体系的影响下，消费者变成了众多观众群体中的一分子，并且可以相互分享和交流自己的观点，具有群体的权力和影响力。大多数的消费者都会产生一种感觉，如果其他消费者对自己分享的购买体验和商品信息给予了高度的认同，那么消费者本身将很容易产生被众人拥护的成就感和满足感，在未来的时间里也会更愿意分享自己的观点，与更多有着相同经历和话题的人进行交流，从而形成一个由消费者集中的小社区，该社区中的用户之间都可以分享自己的意见和看法，这能够有力地证明消费者在网络中的互动愈加强烈。消费者对于产品的反馈评价，从某种程度上能够促使企业厂商更加充分全面了解到消费者的服务需求、内容以及较真实的产品优缺点，同时也拓宽了众多商品宣传的有效渠道与方式。近几年出现的商品消费点评网也是以互动信息为主要内容，消费者可以向感兴趣的人分享自己积极或者消极的消费感受，同时也逐步形成了一系列的消费偏好群组，这些群组中包括了品牌粉丝（忠实消费者），其可以在群组中与其他同伴自由地交流消费心得，愿意满足自己的角色扮演需求，从而成为他人认可或接受的某一消费群组的角色定位。

6.1.2.6　消费者感知风险能力增强

数智时代的消费者大多选择线上交易，在购物时容易对交易安全产生顾虑，如消费者购买商品发现存在假货、交易时消费者信息隐私被泄露，以及存在支付安全隐患等。消费者会根据自身的经验和购物环境的影响对感知风险进行评估，从而影响消费者的购买行为，如选择权威的电商平台交易、减少消费的店铺、选择产品的官方旗舰店等。

6.1.2.7 消费者个性化需求增加

随着社会经济水平的飞速提升，消费者不再满足于传统的大众式消费，更加偏向于小众式的消费或者一对一的营销策略。消费者的自我意识以及自我个性更是被诸多学者激活，个性化消费逐渐成为当代消费者的共同认知。数字化时代下，诸多数智技术可以扩展当前的消费情况，为日后的工作奠定良好的基础，为消费者提供了更多便利的技术保障。生产商家想要吸引消费者的眼球，就要灵活应用多种数字化信息技术，进而满足消费者的个性化需求，扩展自身的商品销量。因此，生产商家要根据消费者的实际需求，制定精准度较高、更加合适的营销措施。

6.1.2.8 消费者改变产品附加值的需求

数字时代下商品同质化程度较高，类似商品的替代物较多，消费者对商品的选择也逐渐增多。顾客不再只是要求商品具备简单功能，已经开始关注商品的附加值。附加价值是消费者衡量是否要购买产品的一个重要指标，任何商品化消费都变成了消费者社会心理的一种体现，同时也变成了标识其社会地位、文化品位、区别生活水准高低的文化象征。因此，消费者在购买商品时，不仅要购买商品，还要购买商品的附加价值。从某种程度上来说，商品的附加价值能否满足消费者的社会心理需求是消费行为是否发生的重要依据，也标示着消费者的社会属性。

6.2 诉讼风险与消费者利益相关变量衡量

6.2.1 诉讼风险的衡量

有关企业诉讼风险（*Litigation*）的衡量，回顾国内学者近几年的研究文献，发现主要采用涉诉次数（*Liti_Count*）和涉诉金额（*Liti_Amount*）两个指标。例如，毛新述和孟杰（2013）在研究内部控制与诉讼风险之间的关系中，用公司在年度报告中披露的其作为原告、被告或者第三方参与诉讼的次数（*Liti_Count*）和参与诉讼的金额（*Liti_Amount*）测量公司的诉讼风险（*Litigation*）。除此之外，潘越、潘健平和戴亦一（2015）对诉讼风险与司法地方保护主义、大股东持股和企业创新之间的关系研究，以及刘慧、张俊瑞和周键（2016）对法律环境和企业债务融资成本之间的关系研究，都采用了类似的指标衡量诉讼风险。

综合刘慧、张俊瑞，周键（2016），潘越、潘健平和戴亦一（2015），邵毅平和李文贵（2018）的研究，采用涉诉次数（*PLcount*）和涉诉金额（*PLamount*）两个指标衡量上市公司的诉讼风险。公司诉讼数据的时点以上市公司首次公告日为准。

6.2.2　消费者利益的衡量

消费者是公司最重要的外部利益相关者。只有满足消费者的需求，才能够有利于上市公司经营业绩的持续增长和良性循环。消费者关注的是产品或服务的价值、特殊服务的满足或产品质量的保障，即消费者利益包括物质和心理上的满足。受客观因素的限制，对消费者心理满足的衡量难度很大。无论在较早的 1998 年标准普尔公司治理评价体系中，还是在李昂证券评价体系中，主要对股东利益相关者问题进行了关注和衡量，而没有考虑消费者利益。国内以南开大学公司治理研究中心李维安和唐跃军（2005）等为代表，把利益相关者参与公司治理纳入利益相关者评价指标体系，提出了公司诉讼与仲裁事项对利益相关者和谐性的影响。严复海和赵麟（2009）等构建了具体可以量化的利益相关者评价指标体系，主要指标有净资产收益率、资产回报率、员工收入水平、资产负债率、利益保障倍数和社会贡献率等。总体而言，多年来有关基于财务指标的消费者利益评价体系的建立并未达成一致。

因此，根据消费者利益概念的界定，综合 Gantchev（2013），张琦和刘克（2016）对企业绩效评价指标体系的分析，发展单变量下多因素的测量指标，消费者利益衡量指标主要有应收账款周转率（*TRAR*）、企业销售商品收到的现金占其经营现金流入的比例（*XSS*）和主营业务成本率（*SALE*）。应收账款直接反映了企业除存货以外的流动资产情况，较短的应收账款回收周期能够提高公司资金的流动、变现及使用效率。应收账款周转速度越快，应收账款周转率（*TRAR*）就会越高，表明该企业的账款回收管理效率较高。企业销售商品收到的现金占其经营现金流入的比例（XSS）衡量企业的销售运营能力，在财务报表中经营性现金流量反映了企业发展的好坏，只有经营性现金流量比较充足，企业才会有足够的现金流用来偿债，促进企业积累发展。这只是现金流入的一种常见形式，还有投资活动流入、筹资活动现金流入等，但是最能反映企业运营情况好坏的还是销售商品收到的现金。即使某月销售大幅增长，也不见得其现金流为正，因为销售可能是赊销，还有可能发生大额采购，或是投资支出。反映主营业务成本占主营业务收入的主营业务成本率（SALE），衡量了主营业务收入的盈利贡献程度。从客户利益角度出发，较低的主营业务收入盈利贡献会带来更多的“消费者福利”，即消费者能够以可接受的价格买到物美价廉的商品。因此，本章选取主营业务成本率（SALE）来测量客户利益相关者的相对收益。消费者利益的具体衡量和计算过程如表 6 - 1 所示。

表 6 - 1　消费者利益单变量多因素指标评价体系

指标分类	指标名称	符号	计算公式
消费者利益相关者利益（CSS_i）	应收账款周转率	TRAR	应收账款周转率 = 主营业收入净额/应收账款平均余额
	企业销售商品收到的现金占其经营现金流入的比例	XSS	企业销售商品、提供劳务收到的现金/企业经营现金流入
	主营业务成本率	SALE	主营业务成本率 = 主营业务成本/主营业务收入

首先，对以上市公司消费者利益财务指标为研究样本的相关数据进行标准化处理，统一比较和评价标准，消除量纲不同和数量级差异所带来的影响。其次，采用相关矩阵分析、KMO 及 Bartlett 球度检验方法，发现指标间相关程度较低，结果显示适合采用耦合分析。最后，运用 SAS9.4 软件对上市公司的消费者利益的数据进行耦合分析和综合评价，得到如式（6 - 1）所示。

$$GSS\_i = 0.3536 \times TRAR + 0.3334 \times XSS + 0.3130 \times SALE \quad (6-1)$$

根据公式（6－1）所示，可以观察到以 *TRAR* 为代表的应收账款周转率的增加对于改善上市公司消费者利益贡献是积极的，其系数为 0.3536，以 *XSS* 和 *SALE* 为代表的企业销售商品收到的现金占其经营现金流入的比例和主营业务成本率对于上市公司消费者利益相关者关系管理改善的影响程度依次降低，系数分别是 0.3334 和 0.3130。

6.2.3 数字媒体关注和其他控制变量的衡量

媒体关注变量中有关媒体关注度（*Media_T*）、媒体关注倾向性（*Media_E*）和正面（*P_Media*）、负面倾向性媒体关注（*N_Media*）衡量与媒体关注变量测量方法类似，不再对其赘述。关于控制变量（*Control*），结合中国资本市场背景，借鉴刘启亮、李蕙和赵超等（2014）；熊艳、李常青和魏志华（2011）；高敬忠、周晓苏和王英允（2011）；Rogers 和 Stocken（2005）的研究。本章研究模型中还控制了可能影响上市公司诉讼风险和消费者利益的因素，如公司规模（*Size*）、公司上市年限（*Age*）、企业性质（*State*）、企业发展阶段（*DevStage*）、市账比（*MTB*）等公司特征。当企业业绩与经营状况恶化时，公司更容易被诉（Boris 和 Gianfranco，2009）。因此，控制营业总收入增长（*Sales_Gr*）、是否亏损（*Loss*）、本公司盈利能力（*ROA*）、公司资产负债率（*Lev*）、公司现金流情况（*Cfo*）和公司价值（*TobinQ*）对上市公司诉讼风险的影响。除此之外，还控制了第一大股东持股比例（*FStckhd*）、两权分离度（*Dual*）、终极控制人性质（*State*）等公司治理变量。本章所用到的所有具体变量定义和描述如表 6－2 所示。

表 6－2　本章用到的所有变量

变量名称	变量符号	变量定义
消费者利益	*CSS_i*	计算过程详见表 6－1 和公式（6－1）
媒体关注	*Media_T*	媒体报道数量的自然对数
媒体报道倾向性	*Media_E*	正负面报道差值占新闻报道总数的比值，大于 0 为正面报道倾向性，小于 0 为负面报道倾向性
被告涉诉次数	*PLcount*	Ln（上市公司前一期被起诉次数＋1）

续表

变量名称	变量符号	变量定义
被告涉诉金额	*PLamount*	（上市公司前一期的被起诉的涉案金额/前一期公司总资产）×100
公司资产负债率	*LEV*	总负债/总资产
公司现金流动情况	*Cfo*	年度经营活动现金净流量/期末资产总额
公司财务困境	*Loss*	上市公司最近两个会计年度连续亏损则取1，否则取0
营业总收入增长率	*Sales_Gr*	（营业收入增长额/上年营业收入总额）×100%
盈利能力	*Roa*	息税前利润/总资产
企业价值（托宾Q）	*TobinQ*	市值/资产重置成本
行业	*Industry*	某一行业取值1，同时其他行业取值0
公司规模	*Size*	期末总资产的自然对数
市账比	*MTB*	市账比=（年末股票价格×流通股数量+每股净资产×非流通股数量）/账面股权价值
年度变量	*Year*	某一年份取值1，同时其他年份取值0
企业年限	*Age*	ln（1+从成立到当前财务年度的年份差）
企业性质	*State*	国有股取1，非国有股取0
高管持股比例	*MO*	年末公司全部高管持有的股票总数占总股本的比例
企业发展阶段	*DevStage*	分行业依变量打分，分值最高的约1/3为成长期，分值最低的约1/3为衰退期，其余为成熟期（详细过程见4.2.2章节表4-3）
董事会领导结构	*Dual*	若为两职合一取1，否则取0
外部董事比例	*Indpd*	外部董事（包括独立董事）占董事会成员的比例
监事会规模	*MoniSize*	监事会成员总人数占董事会成员比例
第一大股东持股比例	*FStckhd*	第一大股东持股占公司所有股权的比例
外部机构持股比例	*LgStkhd*	外部机构投资者股权占公司所有股权的比例

6.3 声誉机制下的企业诉讼风险

我国正处在市场结构转型阶段，在改进和完善法律制度与法治环境的过程中，上市公司将面临着越来越多的法律诉讼风险。早在2013年，A股上市公司中发生民事诉讼案件的有391家，民事诉讼次数共计1173次，涉案金额过亿的诉讼案件有116起，共计涉案金额高达519.29亿元（潘越、潘健平和戴亦一，2015）。首先，诉讼风险的增加会给企业带来巨大的直接经济损失。例如，国外Bhaga、Bizjak和Jeffrey（1998）的研究发现，相比市场价值没有显著变化的原告方，被告方的市场价值受损0.97%。王彦超、林斌和辛清泉（2008）在对中国资本市场中企业诉讼风险研究中，发现诉讼公告发布后，涉诉双方的股票价格都会降低，其中被告方的股票回报率损失更为严重。因此，公司诉讼案件会导致其市场价值受损，大量财富流失（林斌、周美华和舒伟等，2013）。其次，诉讼风险的增加会影响公司的内部治理。例如，较高的诉讼风险会降低高管薪酬及高管薪酬的业绩敏感性、抑制企业的创新活动等（潘越、潘健平和戴亦一，2015；张俊瑞、刘慧和周键，2016）。总之，一旦上市公司的相关诉讼公告被披露，投资者将会对其生产经营状况和财务风险较为悲观。

虽然强大的信息科技力量使诉讼公告披露中的信息互动交流成为现实，有效地缓解了市场经济中的信息不对称问题，但是媒体对上市公司违规行为或公司诉讼风险事件一旦曝光和转载，就会引发大量受众者的评论。部分群体成员为了避免被孤立，受到群体的压力，倾向于附和绝大多数成员的意见而保持沉默，得到支持的意见就会愈加强势，迫使更多持不同意见者转向“沉默”。当然，随着网民的参与性和自主意识提高，少数意见可能被更多的网民接受，甚至成为多数意见，形成反“反沉默螺旋模式[①]”。“优势”意见的传播使陷入舆论漩涡的上市公司的产品质量不合格等负面事件再次被媒体挖掘出来，消费者会质疑其更多产品，从而对品牌带来次生性风险，甚至是对整个行业造成负面影响。部分消费者往往会

① 德国女传播学家伊丽莎白·诺埃勒-诺依曼（E·Noelle-Neumann）在对历史进行研究的基础上，又经过多年的民意调查实证研究社会效果和影响，包括认知、判断和行动的全过程，于20世纪70年代提出了一种描述舆论形成的理论假设——“沉默的螺旋”。“沉默的螺旋”一词最早见于伊丽莎白·诺埃勒-诺依曼1974年在《传播学刊》上发表的《重归大众传播的强力观》一文中，她在1980年《沉默的有强大的螺旋：舆论——我们的社会皮肤（The Spiral of Silence: Public Opinion-Our Social Skin）》一文中进一步发展了该理论。

"用脚投票"，采取集体投诉的行动来维护自己的权益。例如，2019 年西安"奔驰事件"后，大量客户进行集体索赔，瞬间增加了企业的诉讼风险。因此，上市公司的诉讼风险在媒体关注下将会被放大。媒体关注越多，上市公司诉讼风险越大。

6.4 数字媒体关注下的消费者偏好选择

6.4.1 诉讼风险下的企业声誉损失与消费者行为

上市公司及其投资者、债权人、供应商、客户等主要利益相关者都有可能是企业诉讼事件的参与主体。其中，消费者是企业外部最重要的利益相关者（张哲，2015）。企业的诉讼风险不仅因直接合约成本的支出、高额的败诉赔偿和经济环境的破坏带来负面的经济后果（刘慧和张俊瑞，2018），还会遭受更加深远的潜在声誉①损失（傅超和吉利，2017）。企业声誉不仅通过影响消费者的期望、产生信任危机，降低信任度、加强企业与客户间的心理联结、降低交易中的感知风险和不确定性（Marganz 和 Hunt，1994），从而改变购买决策，而且影响消费者口碑传播行为（刘彧彧、娄卓和刘军等，2009），降低客户忠诚度（徐金发、龚杨达和刘志刚，2005）。魏玖长、欧阳哲和赵定涛（2016）指出上市公司以客户关系管理、品牌建设和媒体公关为目的，利用媒体尽可能广泛发布信息，但未真正与用户进行互动，消费者的满意度越低，其行为意向越低。因此，在经济利益信息曝光后，上市公司应该第一时间与消费者等主要利益相关者进行有效的信息沟通而获得信任和支持（罗进辉、黄震和谢达熙，2015）。季丹和郭政（2018）在对产品危机应对策略对消费者购买意愿影响的研究中，提出对声誉欠佳的

① Vergin 和 Qoronfleh（1998）对在美国 Fortune 杂志的最受尊敬企业（AMCC）评选中，1983—1997 年每年前 10 名和后 10 名的公司分别进行了研究。他们认为在声誉排行榜顶部的公司能够持续很长时间保持较高的声誉，这实际上形成了一个良性循环：好声誉吸引优秀的员工—优秀的员工能够生产出高质量的或者更具创新性的产品，或者给顾客提供更优质的服务—公司的收入增加，财务业绩提高—员工和顾客更为满意—公司的声誉更强。Deephouse（1997）、Roberts 和 Dowling（1997）、Dunbar（2000）以及 Belkaoui、Pavlik（1991）等也得到了类似的结论。

企业而言，积极召回是最佳策略，有利于提高消费者的购买意愿，可见消费者的重要性。因此，公司通过努力满足许多不同消费者的需求，提高消费者的满意度，维护自己的形象和品牌（王陈慧子、孙淑晓和郑晓娜，2019）。

6.4.2 媒体关注下的消费者偏好选择

大量的媒体关注及引发的舆情会给企业高层管理者带来较大的市场压力，并且这种压力在分析师数量较多、机构投资者持股比例较高的情况下更加显著，管理层迫于压力不得不实施应计项目的盈余管理来满足市场预期（于忠泊和田高良，2012）。总之，市场压力使得管理者从媒体报道中获取更多的有用信息改变其决策。因此，媒体对上市公司的报道可以增加客户对品牌和企业的了解，节约搜集信息的成本。但是，基于媒体的经济属性，过度的媒体关注给受众者也会带来负面影响。信息传播理论认为信息传播是信息传播者利用媒介（信息源），将上市公司相关信息资源传递给信息接收者的过程。信息传播决定了受众者获得什么样的信息，却不能决定受众者对某一事件或意见的具体看法。议程设置理论却认为大众传媒能够通过安排信息传播的相关议题，引起受众者对该事实的关注与讨论，从而引导社会大众的舆论。因此，新闻媒体不仅影响着议题的传递速度和受众群体，还影响着议题的传播方向（许静，2011）。Solomon、Soltes 和 Sosyura（2014）发现媒体更倾向于报道公司的负面新闻，而对于这些影响到利益相关者收益的新闻正是客户所喜欢关注的，企业对此反应也非常强烈。研究还表明，新闻中不断出现的暴力行为会导致人们高估新闻在现实世界中发生的频率，从而增加他们在日常生活中的恐惧程度（Altheide，2011）。从利益相关者角度而言，虽然这些报道在短时间内会发挥止损效应，但是会让利益相关者存在着长期连续性的过度反应和交易恐慌，作出错误的选择和决策，给消费者带来利益上的损失（刘启亮、李蕙和赵超等，2014）。

新媒体的出现，为企业充分利用媒体的声誉机制提升其社会影响力和竞争优势提供了新的渠道（张茜等，2015），企业在对企业媒体目的选择中，客户关系管理与品牌建设、媒体公关位列前三项（居延安，2006），尤其是在重要的公司事件中，企业通过释放更多的消息，许多公司主要用媒体来尽可能广泛地发布信息，旨在与关键公众建立并维系关系，甚至是操纵媒体以获取额外收益（才国伟、邵志浩和徐信忠，2015），却未真正地与用户进行互动。Benjamin 和 Dan（2016）使用 2005—2013 年的非营利 8－K 申报样本研究，观察到上市公司会通过媒体倾斜战略性地披露信息，尤其是非私营企业更倾向于战略性地发布信息，利用媒体对企业的过度炒作，引起利益相关者的关注，调节市场投资者的"选择偏好"。一旦消费者产生"偏好逆转"，那么在搜集信息和选择替代品时都会因成本的增加而支付更高的消费价格。因此，从企业运营角度而言，负面舆情会损害企业及其产品的声誉，这会导致消费者出于恐慌心理而减少购买其产品，导致销售收入大幅度下滑。媒体关注对于上市公司客户利益相关者的利益满足具有抑制作用。因此，基于声誉机制，媒体关注越多，消费者的利益减少越多。如图 6－1 所示。

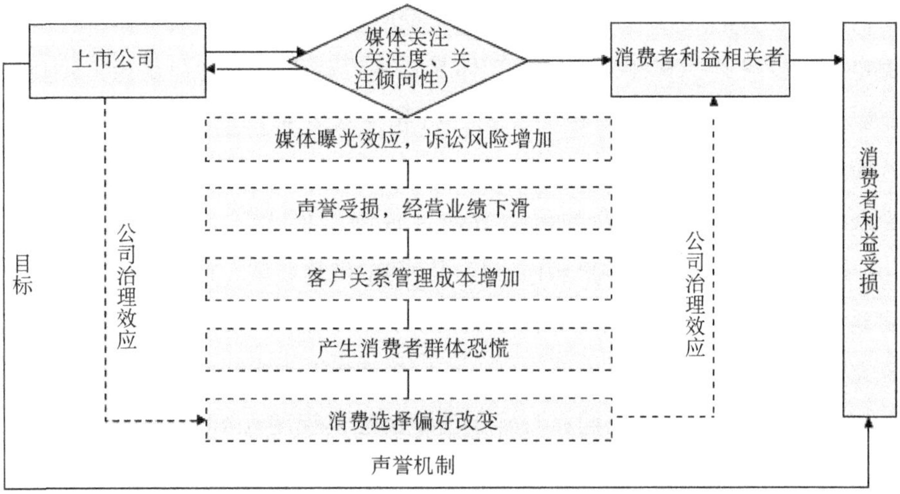

图 6－1　媒体关注与消费者利益研究假设提出逻辑框架

6.5　实证检验与结果分析

6.5.1　样本选取

本章所需的消费者利益财务数据（包括应收账款周转率、主营业务成本率和企业销售商品收到的现金占其经营现金流入的比例）来源于国泰安（CSMAR）数据库，诉讼风险数据主要来源于中国研究数据服务平台（Chinese Research Data Services），简称 CNRDS 数据库，媒体关注信息来源于慧科（WISENEWS）资讯系统，涵盖了主要综合性媒体和专业性财经类板块的多条财经新闻。公司治理及其他控制变量数据主要来源于万得（WIND）数据库。本章抽取的初始观测样本覆盖 2011—2017 年中国 A 股上市公司，因资产持有结构的特殊性等，剔除金融类、ST 类上市公司样本和缺失观测数据的公司样本后共有 7985 个观测值。

6.5.2　模型设定

6.5.2.1　媒体关注对上市公司诉讼风险的影响

本章旨在考察媒体关注的公司治理效应机制，即考虑全样本媒体关注对上市公司诉讼风险的影响，可进行实证检验假设。本章对总体样本回归，设定模型如式（6-2）：

$$Liti\_RISK_t = \alpha_0 + \alpha_1 Log(Media_{t-1}) + \alpha_2 Lnsize_t + \alpha_3 MO_t + \alpha_4 Lev_t + \alpha_5 TobinQ_t + \alpha_6 Listage_t + \alpha_7 Sales\_Gr_t + \alpha_8 Roa_t + \alpha_9 Cfo_t + \alpha_{10} Loss_t + \sum_{k-1}^{n} \alpha_{11} Year_k + \sum_{p-1}^{m} \alpha_{12} Industry_p + \varepsilon_t \tag{6-2}$$

其中，被解释变量 *Liti_RISK* 为诉讼风险数量（*PLcount*）和诉讼金额度（*PLamount*）的代理变量。解释变量 *Media* 为媒体报道数量（*Media_T*）、媒体关注倾向性（*Media_E*）、正面倾向性媒体关注（*P_Media*）和负面倾向性媒体关注（*N_Media*）的代理变量。为控制内生性问题，借鉴以往的研究，采用滞后自变量（*Media*）对因变量（*CSS_i*）进行回归。预期模型（6-2）中媒体关注（*Media*）对上市公司诉讼风险（*Liti_RISK*）的回归系数 α_1 显著为正。

6.5.2.2　模型设定

为进一步检验假设，本章发展了上市公司消费者利益评价指数（变量测量详见表 6-1，定义详见表 6-2）。消费者利益相关者利益（*CSS_i*）测度变量是被解释变量，媒体关注（*Media_T*）是解释变量。其中，*Media*

为媒体报道数量（*Media_T*）、倾向性媒体报道（*Media_E*）、正面报道倾向性（*P_Media*）和负面报道倾向（*N_Media*）的代理变量。在采用基本模型如式（6－3）检验中，加入了可能影响实证结果的公司特征、公司治理等相关变量，如年份（*Year*）和行业（*Industry*）。

$$CSS_{it} = \alpha_0 + \alpha_1 Log(Media_{t-1}) + \alpha_2 FStckhd_t + \alpha_3 MO_t + \alpha_4 LgStkhd_t + \alpha_5 Dual_t + \alpha_6 MStckhd_t + \alpha_7 Indpd_t + \alpha_8 MoniSize_t + \alpha_9 Age_t + \alpha_{10} Size_t + \alpha_{11} MTB_t + \alpha_{12} State_t + \alpha_{13} DevStage_t + \sum_{k-1}^{n} \alpha_{14} Year_k + \sum_{p-1}^{m} \alpha_{15} Industry_p + \varepsilon_t \quad (6-3)$$

借鉴以往的研究，本章对媒体变量进行了滞后一期的处理，控制内生性问题。预期模型（6－3）中媒体关注对公司消费者利益的回归系数 α_1 显著为负。

6.5.3 描述性统计

依据主要变量的均值、标准差和中位数等描述性统计结果。被解释变量 *CSS_i* 定义为应收账款周转率（*TRAR*）、企业销售商品收到的现金占其经营现金流入的比例（*XSS*）和主营业务成本率（*SALE*）的综合指数。*CSS_i* 的均值和标准差、最大值和最小值分别是 17.9、62.3、516 和 0.86。

解释变量 *Media_T* 定义为一家公司在某一则新闻中出现次数最多时的报道，*Media_T* 的均值和标准差分别为 2.400 和 1.532，最大值和最小值分别为 0 和 6.203，表明不同企业媒体关注差异不是很大。*Media_E* 是通过挖掘一家公司在某一篇报道中出现次数最多时的新闻报道文本，将每篇文本中的词汇按照正负语义进行等级分类之后得到的分析变量，*Media_E* 的均值和标准差分别为 1.966 和 4.788，最大值和最小值分别为 29.19 和 -6.026，较大的差异表明在实际情况中，基于新闻媒体报道的倾向性波动较大。在其他连续型控制变量中，*Size* 均值和标准差分别为 21.66 和 1.349，最小值为 18.95，最大值为 25.73，*MTB* 均值和标准差分别为 2.78 和 2.81，最小值为 0，最大值为 19.30，表明上市公司在公司资产负债率（*LEV*）、营业总收入（*SALES_GR*）、规模（*Size*）和市账比（*MTB*）方面差异较大外，*Cfo*、*Growth*、*Age*、*MO*、*Indpd*、*MoniSize*、*FStckhd* 和 *LgStkhd*

方面差异并不大，比较集中。本章全部变量的描述统计分析如表6-2所示。

在主要变量媒体关注（*Media_T*）与上市公司诉讼风险（*Liti_RISK*）和消费者利益（*CSS_i*）之间的相关系数矩阵中，对角线的左下方和右上方分别列示了皮尔森（Pearson）相关系数、斯皮尔曼（Spearman）相关系数。媒体关注（*Media_T*）和倾向性媒体关注（*Media_E*）与涉诉数量（*PLcount*）和涉诉金额（*PLamount*）均在1%水平上显著正相关，相关系数为0.129、0.153、0.024和0.018。初步判断，媒体关注越多，上市公司诉讼风险（*Liti_RISK*）越高。媒体关注（*Media_T*）与消费者利益（*CSS_i*）在1%水平上显著正相关，相关系数为-0.049，说明媒体关注越多，上市公司消费者利益受损越多，这很可能是因为诉讼风险的增加，产生客户信任危机，导致消费者群体恐慌和消费选择偏好的改变，使其满意度降低。综合其他各变量的相关系数均小于0.4，这表明变量之间并没有较强的共线性。

6.5.4 实证结果分析

6.5.4.1 媒体关注的声誉机制存在性检验

根据媒体关注与上市公司诉讼风险的多元回归结果分析。上市公司涉诉数量（*PLcount*）和涉诉金额（*PLamount*）作为被解释变量，在控制住公司当期*Lnsize*、*Lev*、*TobinQ*、*Listage*、*Sales_Gr*、*Roa*、*Cfo*和*Loss*后发现，媒体关注（*Media_T*）与上市公司涉诉数量（*PLcount*）和涉诉金额（*PLamount*）显著正相关，结果显示系数为0.021和0.226，分别在5%和10%的显著性水平上为正，表明媒体关注（*Media_T*）的数量越多，上市公司诉讼风险（*Liti_RISK*）越高。倾向性媒体关注，包括正面和负面的媒体关注越多，上市公司诉讼风险会越大。因此，媒体关注有利于降低上市公司的诉讼风险得以验证。

控制变量的回归结果比较符合模型设定。资产负债率（*Lev*）的回归系数为0.140，均在5%的显著性水平上为正，表明资产负债率对企业涉诉金额（*PLamount*）和涉诉数量（*PLcount*）有负面作用，控制了公司风险的可能影响。上市公司价值（*TobinQ*）和公司现金流动（*Cfo*）的回归系数为 -0.007 和 -0.357，均在1%的显著性水平上为负，表明企业投资机会和现金流对企业诉讼风险（*Liti_RISK*）有正面作用，控制了公司风险的可能影响。资产规模（*Lnsize*）的回归系数为0.073，均在1%的显著性水平上为负，表明企业规模越大，对企业诉讼风险越高，控制了规模经济的可能影响。与现有文献结果一致。

6.5.4.2 媒体关注保护消费者权益的实证结果

本章以上市公司消费者利益相关者综合指数（*CSS_i*）作为因变量，控制住其他影响因素得出回归结果。根据媒体关注对上市公司消费者利益影响的多元回归结果，发现媒体报道（*Media_T*）对上市公司消费者利益相关者利益（*CSS_i*）的影响在5%水平上显著负相关，检验结果支持了假设成立，即越多的媒体关注，越能抑制上市公司消费者的利益需求和期望，具有消极作用，与假设相符。

另外，进一步分析了媒体报道倾向性的经济后果效应，即对上市公司消费者利益的影响，分别就正面报道与负面报道进行了回归，发现媒体关注倾向性（*Media_E*、*P_Media* 和 *N_Media*）与消费者利益（*CSS_i*）不相关。这表明在控制了企业特征和其他公司治理特征后，媒体对上市公司的报道与关注，作为相对独立的第三方表面上看来和上市公司消费者利益相关者（*CSS_i*）之间相关性并不显著。

控制变量中，企业规模（*Size*）、公司年限（*Age*）和第一大股东持股（*FStckhd*）与消费者利益显著正相关，说明企业规模越大、成立时间越长、股权集中度越大，消费者利益就越增加。同时，高管持股比例（*MO*）、外部机构持股比例（*LgStkhd*）、外部董事比例（*Indpd*）和市账比（*MTB*）与消费者利益（*CSS_i*）显著负相关，说明股权越分散，消费者利益就越减少。

6.5.4.3 不同企业产权性质下媒体关注保护消费者权益的实证结果

为了增强结论的稳健性，本章根据产权性质将研究样本进行分组回归，实证检验结果如企业产权性质下媒体报道对消费者利益影响的多元回归结果所示。控制其他变量情况下，在国有企业中，“媒体关注”的回归系数为 -0.006，显著性水平为 10%，这与本章假设的回归结果基本上一致。在控制其他变量情况下，在非国有企业中，“媒体关注”的回归系数为 -0.004，媒体关注（*Media_T*）与上市公司消费者利益（*CSS_i*）间的关系并不显著。产生这种现象的原因可能在于，国有企业受到政府保护可能性较高，在被媒体曝光后熟视无睹，不会积极地矫正和改善与消费者利益相关者的关系而导致利益受损。回归结果说明，在不同产权性质的公司中，媒体关注（*Media_T*）对上市公司消费者利益（*CSS_i*）的影响是存在显著性差异的。

6.6　本章小结

围绕媒体关注与消费者利益关系展开讨论，主要研究内容包括三部分。

第一，理论分析与假设提出。首先，阐述了企业诉讼风险对企业的消极影响，说明了媒体关注下企业诉讼风险的产生过程，提出企业诉讼风险存在性的假设。其次，分析了诉讼风险对上市公司声誉的影响，搜集相关理论研究证据，论证了声誉损失对消费者期望、态度、决策、忠诚度和行为等的影响。最后，从议程设置理论角度出发，探析媒体对公司诉讼事项公告披露的过度关注和信息传播，最终给消费者选择偏好带来的影响，从而演绎出本章的研究假设，即媒体关注越多，上市公司消费者利益受损越多。

第二，研究设计。研究内容确定为以上市公司 A 股为观测样本，并筛选出符合条件的样本规模。参考已有研究，对主要因变量诉讼风险和消费者利益进行了界定和量化，诉讼风险数据主要来源于 CNRDS 数据库，并进行了简单的计算。构建了基于单变量多因素的消费者利益量化指数，包括应收账款周转率、企业销售商品收到的现金占其经营现金流入的比例与主营业务成本率。最终设定了本章有关媒体关注与消费者利益作用机制和经济结果的检验模型。

第三，实证结果分析。以我国 A 股上市公司样本数据，对主要解释变量、被解释变量和控制变量均值、标准差、最大值和最小值等进行了描述性统计分析，同时展示了斯皮尔曼和皮尔森相关系数检验结果。实证检验媒体关注的诉讼风险存在性和媒体关注的消费者利益损失的经济结果。根据 OLS 多元回归结果分析，两个假设均已经通过检验。因此，得出本章的研究结论，即媒体关注会增加上市公司诉讼风险的可能性，从而导致企业声誉受损，消费者风险和不确定性增加。总之，媒体的过度关注助推了消费者利益的受损程度。

第7章　数字媒体关注与政府利益保护

国内外很多学者都在关注媒体报道与投资者保护之间的关系，并得到了一致的结论。但是从利益相关者角度出发，媒体关注是否会对政府利益产生影响，影响程度和作用机理如何，都是未知的问题。本章首先将从观察企业税收激进行为的角度出发，理论分析并实证检验媒体报道的传统监督机制存在性，即提出媒体关注与企业税收激进行为的理论假设，通过实证检验媒体对上市公司的报道是否会对其偷税、漏税、逃税等行为起到监督约束作用。其次，提出媒体关注与政府利益相关者利益关系的理论假设，选择样本，筛选数据，构建政府利益相关者利益单变量多因素的综合测量指标，设定模型，通过描述性统计分析和 OLS 多元回归结果，实证检验媒体关注对政府利益相关者利益影响的经济后果。预期原假设能够通过检验，得出研究结论，为第 8 章进一步研究奠定基础，对保护政府利益具有一定的借鉴价值。

7.1　政府的定义与时代特征

7.1.1　政府的定义

政府（Government）是管理一个有组织的社区，通常是国家的一个系统或一群人[①]。"政府"一词最早源于希腊动词 κυβερνάω ［*kubernáo*］（意思是用船舵驾驶，柏拉图的国家之船证明了这一比喻意义）。《哥伦比亚百

① "Government". Oxford English Dictionary, Oxford University Press. November 2010.

科全书》中将政府①定义为“一种社会控制制度，在这种制度下，制定法律的权利和执行法律的权利属于社会中的特定群体”。虽然所有类型的组织都有政府，但“政府”一词通常更具体地指地球上大约200个独立的国家政府及其附属组织。在英语中，政府有时也作为治理的同义词。在社会主义市场经济体制下，我国政府主要发挥经济调节、公共服务、市场监管和社会管理四大职能。为推动行业及社会经济的发展，政府更多关注的是税收、就业、立法、真实报告、合法性和外部性等（Elsevier，1911）。

平台商业模式的兴起，是数字化时代的一个显著特点。平台的模式和治理迅速扩展到各个行业，甚至是政府，从而促使人类步入了“政府就是平台，公民就是用户”的时代。互联网络上以数据为主要内容的虚拟政府，是一种新型的政府运作方式，它以新一代信息技术为支持，以“业务数据化、数据业务化”为着力点，用数据驱动对政务信息化的管理架构、业务架构和组织架构的重新塑造，最终实现“用数据决策、数据服务、数据创新”的现代化治理模式。数字政府不仅是“互联网+政务”深入发展的产物，同时也是在大数据环境下，政府主动进行转型升级的必由之路，“以人为本”是核心目标，“共创”“共建”“共赢”的生态系统是实现路径。数字政府的概念可以被重新界定为：从技术上来说，是指通过数字化技术实现信息的高效分配；从组织上来说，是指通过数字化的架构实现对政府的赋能、协作和重构。发展中的数字政府展现出了与以往完全不同的重要特点，带来了政府作为一种组织的不断创新与转型，进而推动了国家治理的现代化革命。

7.1.2 政府的时代特征

7.1.2.1 核心目标：从政府职能转变向治理现代化升级

“政府职能的转变”是我国电子政务建设的根本出发点和立足点。《2006—2020年国家信息化发展战略》中将电子政务建设的主要目标与政府四大主要职能一一对应，即改善公共服务、加强社会管理、强化综合监

---

① 13Columbia Encyclopedia，6th edition. Columbia University Press. 2000.

管、完善宏观调控。通过建立一个服务型政府，提高管理与服务效能，就是推动政府工作的最好体现。长期以来，理论界一直认为电子政务利用网络化可以对传统的政府行为模式进行彻底的转变，给政府管理方式和工作方式带来变革，从而可以提升政府公共服务的质量。

新时代的“数字政府”建设，其核心目的是为国家治理现代化提供服务，政府机构决策的科学化、运转和服务的高效化都是治理能力提升的重要表现，政府职责体系的优化更是治理能力提升的重要保证。十九届四中全会把“建立健全运用互联网、大数据、人工智能等技术手段进行行政管理的制度规则，推进数字政府建设”作为落实“坚持和完善中国特色社会主义行政体制”，“优化政府职责体系”的重要着力点。国家大数据战略将大数据作为提升政府治理能力的重要手段，要求建立国家宏观调控数据体系，推动政府治理精准化，推进商事服务便捷化，加快民生服务普惠化。李克强同志在有关“放管服”的讲话中要求打造“不打烊”的“数字政府”。目前，要从体制上推进“放管服”“互联网 +”等方面进行系统的改革，“互联网 +”一改以往的“电子”“数字”“智慧”等理念，是中国政府、商界为应对当今及将来经济社会结构的剧烈变革而进行的一次理念革新。因此，“互联网 + 政务服务”“互联网 + 监管”等以改善民生环境与营商环境，提高履职能力为核心发展目标。各地政府在推动“互联网 + 政务服务”的同时，也创造出了“最多跑一次”“不见面办事”等词汇，这些词汇生动地总结出了各级政府坚持“以人民为本”，利用新技术来完善治理体系、提升治理能力的具体方式，为推动政府治理的变革作出了积极的贡献。

7.1.2.2　顶层设计：从流程范式向数据范式转变

如果非要用一个词来概括新时代“数字政府”的特点，那就是“大数据”。新时期数字政府建设在核心目标上发生了改变，相应地在顶层设计上，体现为从流程范式到数据范式的转变。这个转变不仅是对“运用大数据提升国家治理现代化水平”的落实，而且是数字政府内在发展演进的必然趋势。所谓流程范式是以流程为导向的顶层设计，主要通过流程来组织数据；数据范式是以数据为导向的顶层设计，主要是通过数据来组织流程。从流程范式到数据范式的转换，最重要的是思维模式的改变，在新的历史条件下，数据作为一种重要的经济因素，已经成为国家与政府治理的重要资源。其次是设计模式或者说系统组织模式的变化。如果在思维方式上依然是以管理者为核心，对于原有的业务流程来说，经过了多年的积累，一般都是管理者为了自己的便利，进行的持续设计和更新，那么在设计模式上，就很容易将实现传统的业务流程作为目标。如果该流程能够在多个部门之间共用，这样经理们就可以考虑怎样利用这些数据来达到彼此的一致性。

7.1.2.3 政策议题：从“用数据治理”向“对数据治理”扩展

大网络、大数据、大平台的建立，使得数字技术越来越多地融入经济和社会的运行之中，不管是在理论研究还是在公共决策中，人们对于政府治理与数字化融合的关注都在持续扩大，逐步形成了“用数据治理”和“对数据治理”两大政策议题。“用数据治理”是指将“数据”视为提高行政管理效率、增强经济社会治理能力的工具和方法。尽管传统电子政务是以流程导向为基础，但是绝大多数政务信息系统的直接功能都是通过获取、记录、处理和传递特定的数据以完成相应政务目标。随着流程范式向数据范式转变，以数据流动为导向来设计政务流程，“用数据治理”就更加明显，这一层次是从一个狭窄的角度来看待数字政府。

广义的数字政府还关注“对数据治理”的议题，即将“数据”视为一种与治理对象相关的所有政策议题。首先，体现在政府数据的管理，即跨部门数据的共享与交换、数据的开放与标准化，以及数据的安全。其次，政府对数据的治理在新时期超越了内部数据治理的范畴，对市场和社会中各类数据资源和“活动”的治理也被列入政策议程。一方面的议题是促进和推动大数据、人工智能、区块链等数据产业的发展；另一方面的议题则主要是为网络空间的正常运行提供某种秩序，比如对互联网内容、互联网平台的治理，对跨境数据流动、数据交易、数据安全、网络隐私的治理，对诸如金融科技等依托于互联网的新业态监管，以及对社会信用的治理等。在“线上”和“线下”经济的高度融合背景下，对外部数据的管理将日趋规范化。

7.1.2.4　业务架构：从分散化模式向平台化模式转变

数字政府治理架构向平台化模式发展，是从流程范式向数据范式的顶层设计转变的内在要求，也是解决传统电子政务建设中固有问题的应对方案。在传统的电子政务服务中，不管是在机构内部的业务管理系统，还是在外部的服务系统（比如政府网站）中，通常都是针对某一种业务应用进行开发，外部和内部系统分别建立了自己的硬件和软件，以一个相对独立的 IT 系统架构来展现出来。为了实现这一点，每个机构都需要建立自己的信息化管理部门，专门负责 IT 项目的管理、运营和维护工作。这样的模式导致机构内部的信息系统独立，每个机构都拥有并直接运营着许多业务系统，不但给机构带来大量的技术管理成本和系统升级费用，还会导致从提出需求到 IT 系统正式上线，需要很长的时间。因此无法对不断产生的新问题作出快速的反应。

政府正在通过体制和机制两方面的平台化尝试解决上述问题。首先，在体制层面设立政府大数据管理机构，通过机构的“平台化”，为制度性解决数据治理问题摸索经验。中央层面对电子政务的管理体系几经调整，除网络基础设施建设外，形成以中央网信办、国办和国家发改委为核心，垂管部门负责全国行业系统，非垂管部门负责本级电子政务建设的治理模式。从整体上来看，这种改革模式反映出了一种机构平台化的思想，它将原来分散在各种机构信息中心的 IT 治理架构集中到专门的综合管理机构来负责，实现资源集中、人员集中、技术集中、能力集中，从而形成合力，为其他部门提供统一的 IT 管理和服务。其次，在机制层面以技术为基础，以降低建设与运营的费用，提升服务与监督效能。从技术实现的方式来分析，地方数字政府的平台化模式主要有三种：一是利用政务微博、政务微信等市场化的新媒体平台来发布政务信息，二是政府网站推行集约化平台，三是“中台”型的数字政府。“中台”一词源于一个大型的电子商务平台的开发经验，在近几年逐渐被应用于数字政府，特别是在当地的“互联网+政务服务”，“中台”存在的首要目的就是提高系统的研发和运作的效率。

7.1.2.5 技术基础：从信息化向智能化升级

数字技术的实施工具不断进步是推动政府数字化转型的关键基础。如果说传统电子政务是建立在早期信息化基础上，那么新时期数字政府则直接面向智能化的数字环境。以个人计算机、办公自动化、管理信息系统、互联网为核心的技术体系逐渐成为电子政务业务系统的标准配置，其核心功能即将基于纸质和人力为媒介的传统信息处理模式转变为以信息机器和信息网络为媒介的新型信息处理模式，从而实现了三个方面的转变：一是行政办公的数字化，办公信息的采集、处理、传递都转移到信息机器和网络中完成；二是业务流程的标准化，流程按照指定的业务规则内嵌在软件系统中，代替了人工的直接操作；三是沟通渠道的网络化，促使政府机关内外的交流能够通过网络的方式来提升效率。

7.2 税收激进与政府利益相关者利益变量测量

7.2.1 税收激进变量的衡量

不同国家背景下的税收激进衡量方式有所不同。例如，Hanlon 和 Heitzman（2010）采用美国数据研究过程中，总结了 12 种税收激进的衡量方式。Desai 和 Dharmapala（2009）在相关研究中采用固定效应残差法计算出账面与实际税收差异（*DD_BTD*）。国内学者金鑫和雷光勇（2011）结合中国国情，确定了三种税收激进的衡量方式，即有效税率（*ETR*）、会计账面与实际税负差异（*BTD*）以及固定效应残差法计算的会计账面与实际税负差异（*DD_BTD*）。由于税收激进的程度可能会受企业的盈余管理和单纯避税行为的影响，*DD_BTD* 可以进一步剔除盈余管理对税收激进衡量产生的影响。曾姝和李青原（2016）使用实际所得税税率衡量企业税收激进，进一步探讨税收激进行为的外溢效应。

借鉴金鑫和雷光勇（2011）以及田高良、司毅和韩洁（2016）的研究，税收激进度是指按纳税所得额计算的实际税负与会计账面确认的企业应计税负之间的差异程度。如果两者差异程度越大，说明税收激进程度就越高，有效税率就越低，反之亦然。衡量企业的税收激进程度主要采用 *ETR*、*BTD* 及 *DD_BTD* 三个不同的变量，计算公式分别如式（7－1）、式（7－2）和式（7－3）。

$$ETR = \frac{(\text{所得税费用} - \text{递延所得税费用})}{\text{税前利润}} \tag{7-1}$$

其中，*ETR* 代表有效税率，如果 *ETR* 越小，则意味着企业避税行为越激进。

$$BTD = \frac{\text{税前利润} - \dfrac{\text{所得税费用} - \text{递延所得税费用}}{\text{年末所得税税率}}}{\text{上一年资产总额}} \tag{7-2}$$

其中，*BTD* 代表整体账面与实际税负的差异，如果差异越大，说明企业税收激进程度越高。

$$BTD_{i,t} = \alpha_1 \times TA_{i,t} + \mu_i + \varepsilon_{i,t} \tag{7-3}$$

$$DD\_BTD_{i,t} = \mu_i + \varepsilon_{i,t} \tag{7-4}$$

其中，式（7－3）中的 *TA* 表示总应计项目，是净利润与经营活动现金流量净额之差占上一年度总资产的比值，μ_i 和 $\varepsilon_{i,t}$ 分别表示公司的税负差异的固定特征和变动特征部分。如果 *DD_BTD* 越大，则意味着企业税收激进程度越高。

7.2.2　政府利益相关者利益的衡量

在公司治理评价体系构建过程中，上市公司利益相关者利益的量化衡量不断得到完善和发展。较早在标准普尔公司治理评价体系中，以股东利益最大化为主要目标（1998 年标准普尔公司治理评价体系）。国内学者在构建利益相关者评价指标体系中，逐渐开始重视其他利益相关者。例如，南开大学公司治理研究中心李维安和唐跃军（2005）在相关课题研究基础上，提出了利益相关者参与公司治理。

参考严复海和赵麟（2009）、Gantchev（2013）、张琦和刘克（2016）、Gordon（1997）等的研究，采用主成分分析方法构建政府利益相关者利益的评价指标，包括对资产税费率（TAR）、主营业务税金及附加率（OTR）和社会积累率（SAR）。其中，资产税负率（TAR）是指企业上缴全部税金占总资产的比值，该值越大，说明上缴政府税款越多，越有利于政府的财政收入。社会积累率（SAR）是企业上交的各项财政收入与企业社会贡献总额的比值，其中，上交国家的财政总额主要是指应交增值税、产品销售税金及附加和所得税等全部税金。企业对社会的贡献包括企业支付给员工的各种报酬、社会公益事业投入和承担的各项社会责任，该值越大，说明上交国家财政越多，政府财政收入就越多。主营业务税金及附加率（OTR）是指主营业务税金及附加占主营业务收入的比值。主营业务收入是企业税前利润中稳定的、可靠的和主要的收入来源，主营业务税金及附加主要核算企业日常主要经营活动应该负担的各项税金及教育费附加等，其占主营业务收入的比值越大，从根本上保证了企业承担税负的能力，也使得政府的税收有可持续的来源保障。政府利益相关者利益的衡量和计算如表7－1所示。

表7－1　　政府利益相关者利益多因素指标评价体系

指标分类	指标名称	符号	计算公式
政府利益相关者（GSS_i）	资产税费率（环保）	TAR	资产税费率＝全部税金/总资产
	主营业务税金及附加率	OTR	主营业务税金及附加率＝主营业务税金及附加/主营业务收入
	社会积累率	SAR	社会积累率＝上交国家财政总额/企业社会贡献总额

经过对数据标准化处理，以此解决数据可比性和标准化问题，采用相关矩阵分析、KMO及Bartlett球度检验方法，发现指标间相关程度较低，再对上市公司政府利益相关者利益（GSS_i）进行耦合分析，结果如式（7－5）所示。

$$GSS\_i = 0.3711 \times TAR + 0.3317 \times OTR + 0.2971 \times SAR \quad (7-5)$$

根据式（7－5）可以看出，资产税费率（TAR）对政府利益相关者利益的影响程度最大，系数为0.3711，而主营业务税金及附加率（OTR）和社会积累率（*SAR*）贡献程度依次降低，系数分别为 0.3317 和 0.2971。

7.2.3　媒体关注及其他控制变量

把媒体关注（*Media_t*）定义为一家公司在某一则新闻中出现次数最多时的报道，倾向性媒体关注（*Media_s*）是通过挖掘一家公司在某一篇报道中出现次数最多时的每篇新闻报道文本中的词汇，按照正负语义分为不同等级后的分析变量。媒体关注变量中有关媒体关注度（*Media_t*）、媒体关注倾向性（*Media_s*）以及正面（*Media_p*）、负面倾向性媒体关注（*Media_n*）衡量与媒体关注变量测量方法类似，本章不再对其赘述。本章所有的变量具体定义与描述详见表 7－2。

表 7－2　　　　本章用到的所有变量

变量名称	变量符号	变量定义
税收激进代理变量	*Tax_Agg*	代指 *ETR*，*BTD* 及 *DD_BTD* 三种税收激进衡量方式
当年实际有效利率	*ETR*	*ETR* =（所得税费用－递延所得税费用）/税前利润
会计账面与实际税负差异	*BTD*	*BTD* = 税前利润－（所得税费用－递延所得税费用）/年末所得税税率/上一年资产总额
固定效应残差法	*DD_BTD*	$DD\_BTD_{i,t} = \mu\_i + \varepsilon_{i,t}$；$\mu_i$ 表示公司的税负不随着时间变化的固定特征部分，$\varepsilon_{i,t}$ 表示公司税负差异的变动特征部分
实际税率的三年平均值	*LETR3*	按以上公式计算出的 *ETR* 的三年平均值
实际税率的五年平均值	*LETR5*	按以上公式计算出的 *ETR* 的五年平均值
政府利益相关者利益	*GSS_i*	计算过程详见表 7－1 和公式（7－1）
媒体关注度	*Media_t*	媒体报道数量的自然对数
媒体报道倾向性	*Media_s*	正负面报道差值占新闻报道总数的比值，大于 0 为正面报道倾向性，小于 0 为负面报道倾向性
前四大事务所	*BIG4*	根据中国注册会计师协会的每年排名，事务所排名前四为 1，否则为 0
资产负债率	*LEV*	负债总额/资产总额
境外收益	*FI*	境外收益占总资产的比值
无形资本密集度	*INTA*	无形资产净值与总资产的比值
存货密集度	*INVE*	存货净值与总资产的比值

续表

变量名称	变量符号	变量定义
总有形资产	*Ta*	固定资产/总资产
有形资本密集度	*PPE*	固定资产净值与总资产的比值
盈利能力	*Roa*	净利润与平均资产的比值
账面市值比	*MTBA*	市场价值/账面价值
投资收益	*EQINC*	投资收益与总资产的比值
分析师报告	*RepA*	分析师报告数量的自然对数
盈余质量	*ABSDA*	借鉴 Dechow 等采用修正的截面 Jones 模型，分行业、分年度计算可操纵性应计利润的绝对值
行业	*Industry*	某一行业取值 1，同时其他行业取值 0
公司规模	*Size*	期末总资产的自然对数
市账比	*MTB*	市账比 = （年末股票价格 × 流通股数量 + 每股净资产 × 非流通股数量）/账面股权价值
年度变量	*Year*	某一年份取值 1，同时其他年份取值 0
企业年限	*Age*	ln（1 + 从成立到当前财务年度的年份差）
企业性质	*State*	国有股取 1，非国有股取 0
高管持股比例	*MO*	年末公司全部高管持有的股票总数占总股本的比例
企业发展阶段	*DevStage*	分行业依变量打分，分值最高的约 1/3 为成长期，分值最低的约 1/3 为衰退期，其余为成熟期
董事会领导结构	*Dual*	若为两职合一取 1，否则取 0
外部董事比例	*Indpd*	外部董事（包括独立董事）占董事会成员的比例
监事会规模	*MoniSize*	监事会成员总人数占董事会成员比例
第一大股东持股比例	*FStckhd*	第一大股东持股占公司所有股权的比例
外部机构持股比例	*LgStkhd*	外部机构投资者股权占公司所有股权的比例
管理层持股	*MStckhd*	实施管理层持股计划的取值 1，否则取值 0

借鉴国内外研究，控制了影响税收激进程度的变量，如规模（*Size*）、资产负债率（*Lev*）、成长性（*MTBA*）、财务报告激进度（*AB_DA*）、盈利能力（*ROA*）、资本密集度（*PPE*，*INTA*，*INVE*）、投资收益（*EQINC*）、公司收入分布（FI）。借鉴金鑫和雷光勇（2011）、魏春燕（2014）的研

究，还控制了会计事务所规模（*BIG4*）变量对企业税收激进的影响，同时在模型中加入了年度（*Year*）和行业（*Industry*）常规控制变量。还控制了可能影响上市公司政府利益相关者利益的因素，如规模（*Size*）、公司上市年限（*Age*）、企业性质（*State*）、市长比（*MTB*）、企业发展阶段（*DevStage*）等公司特征及公司治理。

7.3　数字媒体关注对企业税收激进的影响

1983 年，我国政府首次实施的税收制度①是企业财务报告实践中的重要依据。1998 年以后，我国逐渐放宽了会计准则与税法核算的差异，为避税行为②的存在创造了外部环境。在所有权和经营权分离的委托代理关系中，风险中性的投资者更希望管理层能够利用避税改善公司的会计利润，实现股东财富最大化的目标。例如，利用薪酬③契约来激励财务总监更好地利用避税实现股东利益（Crocker 和 Slemrod，2005）。Goergen 和 Marc（2012）认为薪酬是一种不能有效防止错误或机会主义行为，很容易引发短视行为的激励机制。对管理层而言，管理层为了私人利益，在保持会计收入不变的情况下，以复杂的方式来构建公司（Desai 和 Dharmapala，2006），以便他们通过避税提高公司业绩，获得更多的“抽租”。管理层最终是否作出避税决策，还需要进行成本收益分析（Chen 等，2010）。

---

① 第一步“利改税”是指国家在 1979 年试点的基础上，决定实行“利改税”，并在实施步骤上分两步走，1983 年 1 月 1 日起实行“利改税”的第一步改革。改革的主要内容：对盈利的国营企业部分利润改为征收所得税。小型国营企业按八级超额累进税率征收所得税，税后企业自负盈亏，只对留利较多的企业征收一定的承包费。

② 避税与税收激进在文中为近义概念，税收激进程度越高说明管理层采用了更多的避税措施。

③ 薪酬基于绩效的薪酬旨在将工资的某些比例与个人绩效联系起来。它可以是现金或非现金支付形式，如股票和股票期权、退休金或其他福利。然而，这种激励机制在某种意义上是反应性的，因为它们不提供防止错误或机会主义行为的机制，并且可以引发短视行为。大股东的监督和/或银行和其他大债权人的监督：考虑到他们对公司的大量投资，这些利益相关者有动机，结合控制和权力的适当程度，对管理层进行监督。

7.3.1 数字媒体关注对税收激进收益的影响

在媒体关注下，税收激进机会主义行为会给管理层带来直接或间接的收益（田高良、司毅和韩洁，2016）。媒体关注会给管理层带来强大的市场压力，迫使管理层采取超额在职消费、过度投资、税收激进等机会主义行为，不仅可以提升短期盈余和会计利润，满足市场预期、渲染投资者情绪，还能获得股东的直接奖励（现金）或间接奖励（股权激励）（Dyck 和 Zingales，2002；Desai、Dyck 和 Zingales，2007；吴文锋、吴冲锋和芮萌，2009）。因此，税收激进可以显著地提高上市公司的税后利润，投资者可能会因此对市场持积极乐观的态度，给予股价溢价，公司价值的提升会间接提高管理层的薪酬水平。

7.3.2 数字媒体关注对税收激进成本的影响

避税行为不仅会给管理层带来收益，还会带来成本。Chen 和 Chu（2005）在委托代理模型下研究管理层税收激进行为时，发现所有权与经营权的分离，会使得管理层通过掩盖公司的负面消息、激进的财务报告行为、超额在职消费、关联方交易和低投资效率等方式实施避税行为，增加股东的非税收成本（非税收成本指站在股东的立场，管理层税收激进行为股东带来的成本，即损害股东利益的程度）为股东带来“效率损失”，限制了税收激进对公司价值的提升作用。Chen（2010）也认为管理层的避税收益会成为股东的非税收成本。税收激进为管理层的机会主义行为提供便利后，可能崩盘的股价会直接损害股东的利益（Kim、Li 和 Zhang，2016）。伍利娜和李蕙伶（2007）的研究也基本支持以上结论，他们发现税收激进程度越高，不仅公司盈余高估程度越严重，而且其持续性更低。究其原因，一是税收激进加剧了管理层与外部投资者之间的信息不对称程度，严重代理问题的产生直接降低了投资效率（刘行和叶康涛，2013）；二是管理层的避税行为会掩盖其利益侵占问题，导致未来股价崩盘（江轩宇，2013）。因此，管理层基于避税的“抽租”行为会带来较高的代理成本，只有采取切实有效的公司治理机制，才会增加公司的价值（严若森、钱晶晶和祁浩，2018）。

Slemrod（2004），Chen 和 Chu（2005），Crocker 和 Slemrod（2005）等研究了公司治理框架下的税收激进行为。媒体监督是公司外部治理的有效方式之一。媒体关注能够及时揭露管理层的税收激进机制、超额在职消费、转移公司资产等机会主义行为，上市公司的股价崩盘风险骤增，管理层的股权激励薪酬收入就会降低，管理层的税收激进成本相对增加。同时，税务监管等外部行政机构的关注与介入会因税务审计和惩罚增加企业的成本支出，进一步抑制了管理层的税收激进动机。因此，媒体关注会直接增加管理层的税收激进成本，不利于公司价值的提升（田高良、司毅和韩洁，2016；Desai、Dyck 和 Zingales，2007）。整体而言，当媒体关注下管理层税收激进带来的成本大于收益时，管理层就会减少其机会主义行为。总结上述理论分析的内容，发现媒体关注不仅能够对管理层的税收激进行为起到约束、监督的作用，还会通过影响税收激进机会主义行为的成本，从而降低行为动机和行为发生的概率。因此，在其他条件都一致的情况下，媒体关注越多，上市公司的税收激进程度越小。

7.4　媒体关注维护政府利益的公司外部治理效应

美国的“安然”“世通”以及我国的“银广夏”等案例，充分显示了媒体在揭露和传播公司舞弊、侵权等违规违法行为信息中的威力。那么，媒体在公司治理中到底发挥什么样的作用呢？越来越多的学者开始关注此问题。郑志刚（2007）认为媒体能够缓解委托代理冲突，是新兴资本市场中法律保护制度的替代制度安排。Bushee、Core 和 Guay（2010）等认为媒体是一种信息中介和一股重要的社会力量，在信息化浪潮推进的背景下，互联网媒体的崛起与媒体信息的广泛传播，为市场参与者及时提供了可用于决策的最新信息，有效缓解了信息不对称问题，降低了投资者获取信息的成本。媒体公司治理作用的发挥，主要是媒体出于自身的商业利益和社会声誉的考虑，积极主动地收集和处理上市公司的信息并传播，吸引社会公众的注意力。基于上述分析，媒体发挥公司治理作用的路径是什么呢？

Dyck 和 Zingales（2004）的研究认为，媒体对上市公司违法违规行为的报道会影响到职业经理人和管理层的形象和社会声誉，迫使其约束自己的行为，同时督促政府完善相关政策法规制度，加强对违法违规行为的监管，净化公平竞争的市场环境。

在国家财政体系中，当政府很难对每个人的收入能力和潜力进行观测，而收入水平成为征税依据时，就出现了高收入群体通过故意隐匿收入水平和来源的方式证明较低的收入能力，获得更多好处的现象（James、Brancalion 和 Giselda，1996；James，1980）。因此，信息的不对称严重制约了政府的最优税收行为，而作为公司治理方式之一的媒体监督功能的发挥，能够引导企业如实发布自己的信息。对于因媒体事件报道而引发的大量舆情实施积极有效的管理，可以保证政府税收计划的实现，从而维护政府的利益。田高良、司毅和韩洁（2016）的研究已经证实，媒体对上市公司的报道可以通过增大管理层基于税收激进的机会主义行为成本来抑制税收激进，在偷税、逃税和漏税行为方面起到了监督作用，保证其税收权益。

因此，若政府采取有效的行政干预和惩罚机制，不仅增大管理层基于税收激进的机会主义行为成本，降低违规动机，抑制税收激进，保证其税收权益，而且对国家税收征管都具有一定的理论和现实意义（田高良、司毅和韩洁，2016）。除此之外，媒体关注在保护财政安全方面也发挥着重要的作用。张琦、步丹璐和郁智（2016）认为媒体在提升政府预算公开效果中发挥了信息中介与声誉治理功能，王会金和马修林（2017）在后来的研究中还发现较高的媒体监督水平可以提高政府审计绩效。陈艳娇和张兰兰（2019）在研究媒体关注、政府审计与财政安全三者关系中，明确提出媒体关注能够有效保护地方政府的财政安全，政府审计发挥了重要的“免疫系统”功能。

简而言之，媒体关注发挥着重要的外部公司治理作用，与经济发达国家不同的是，我国的媒体关注发挥公司治理作用的主要路径是通过行政部门的介入，抑制税收激进行为，加强税收征管工作（江轩宇，2013）。因此，基于监督机制，媒体关注越多，越有利于上市公司政府利益相关者利益的增加。如图 7 - 1 所示。

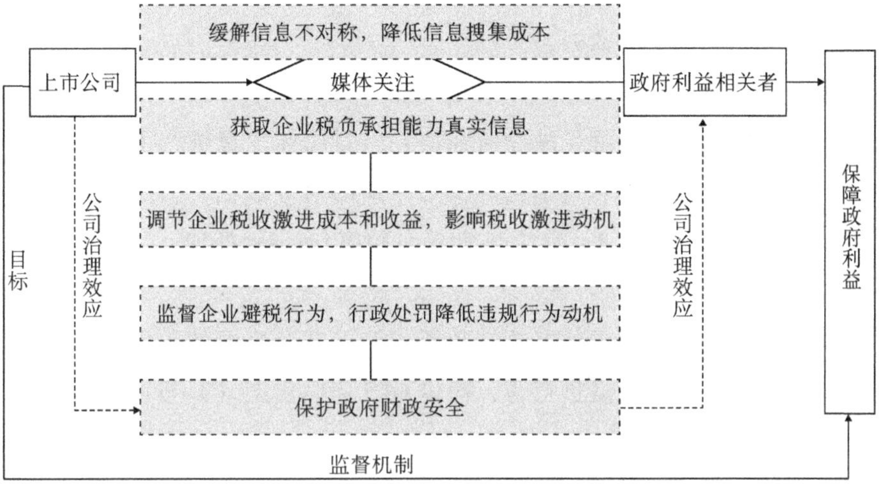

图 7 - 1　媒体关注与政府利益相关者作用机制

7.5　实证检验与结果分析

7.5.1　样本选取

以我国 A 股上市公司为观测样本，衡量政府利益相关者利益（资产税费率、主营业务税金及附加率和社会积累率指数）、公司治理（如外部董事比例、监事会规模、第一大股东持股比例、外部机构持股比例及管理层持股等指数等）和其他控制变量（如董事会领导结构、资产规模等）。公司特征类财务数据主要来源于万得（WIND）和国泰安（CSMAR）数据库，媒体关注相关数据依然来自慧科（WISENEWS）数据库财经板块新闻。按照现有文献的做法，经过以下具体筛选过程：

（1）剔除所有上市公司上市时间不足两年的样本；（2）金融行业商业模式的财务报表要求具有特殊性，为了增加可比性，剔除金融行业、ST、ST* 公司样本；（3）剔除变量中的缺失值；（4）借鉴吴联生（2009）的研究，如果公司税前利润小于0，则计算出的有效税率并不能客观地反映实际税负与经营业绩之间的关系。因此，剔除了税前利润小于0的样本，同时剔除经过计算有效税率大于1或小于0的异常值样本。最终，本章最终的样本为14385个年度数据。

由于新上市公司的媒体关注变量可能因为包含上市前的报道信息，为了控制可能的内生性影响，减少研究偏差，对媒体变量进行了滞后一期处理，同时部分变量的计算过程也涉及上一期的财务数据。为消除极端值的影响，本章对连续变量进行1%与99%分位Winsorize处理。

7.5.2 模型设定

首先，为考察媒体关注对政府利益相关者利益影响的作用机理，即媒体关注是否会抑制税收激进行为，构建OLS回归模型（7-6）进行检验。

$$Tax\_Agg_{i,t} = \alpha_0 + \alpha_1 Media_{i,t-1} + \alpha Controls_{i,t} + Year\&Industry\ Dummies + \varepsilon_{i,t} \tag{7-6}$$

其中，会计账面与实际税负差异（*ETR*）和固定效应残差法计算的*BTD*（*DD_BTD*）是被解释变量税收激进程度（*Tax_Agg*）的代理变量，*Media*是解释变量媒体关注度（*Media_t*）的代理变量。当管理层的避税成本大于收益时，*Media*与*Tax_Agg*的系数α_1显著为正，反之亦然。参考以往的相关研究，采用滞后一期的媒体关注变量，控制可能的内生性问题对实证检验结果的影响。

为了控制公司特征、行业和年份的影响，还加入了相应的控制变量，*Controls*为控制变量代理变量，包括前四大事务所（*BIG4*）、资产负债率（*LEV*）、境外收益（*FI*）、无形资本密集度（*INTA*）、存货密集度（*INVE*）、有形资本密集度（*PPE*）、盈利能力（*Roa*）、账面市值比（*MT-BA*）、投资收益（*EQINC*）、分析师报告（*RepA*）和盈余质量（*ABSDA*），ε为随机扰动项。

其次，为进一步分析媒体关注的公司治理效果，即媒体关注对政府利益相关者利益影响的经济结果，构建模型（7-7）进行检验。

$$GSS_{it} = \alpha_0 + \alpha_1 Log(Media_{t-1}) + \alpha_2 FStckhd_t + \alpha_3 MO_t + \alpha_4 LgStkhd_t +$$

$$\alpha_5 Dual_t + \alpha_6 MStckhd_t + \alpha_7 Indpd_t + \alpha_8 MoniSize_t + \alpha_9 Age_t + \alpha_{10} Size_t + \alpha_{11} MTB_t + \alpha_{12} State_t + \alpha_{13} DevStage_t + \sum_{k-1}^{n} \alpha_{14} Year_k + \sum_{p-1}^{m} \alpha_{15} Industry_p + \varepsilon_t \quad (7-7)$$

其中，*Media* 为媒体关注的代理变量，主要包括媒体关注度（*Media_t*）、媒体关注倾向性（*Media_s*）、正面的媒体关注倾向性（*Media_p*）和负面的媒体关注倾向性（*Media_n*）。另外，控制了可能影响政府利益相关者利益的其他变量，主要有公司规模（*Size*）、企业年限（*Age*）、年度变量（*Year*）、企业性质（*State*）、市账比（*MTB*）、企业发展阶段（*DevStage*）、高管持股比例（*MO*）、董事会领导结构（*Dual*）、外部董事比例（*Indpd*）和监事会规模（*MoniSize*）等。

7.5.3　描述性统计

根据全部变量的均值、标准差、分位数等描述性统计情况表，结果显示被解释变量 *ETR*、*LETR3*、*LETR5*、*DD_BTD* 和 *GSS_i* 的最大值和最小值都比较接近，并未显示出较大的差异。例如，*GSS_i* 均值为 0.134，中位数为 0.118，最小值和最大值分别为 0.0082 和 0.564。解释变量 *Media_t* 的均值和标准差分别为 2.400 和 1.532，最大值和最小值分别为 0 和 6.203，表明不同企业媒体关注差异不是很大。*Media_s* 的均值和标准差分别为 1.966 和 4.788，最大值和最小值分别为 29.19 和 -6.026，较大的差异表明在实际情况中，新闻媒体报道的倾向性（*Media_s*）波动较大。

在其他连续型控制变量中，除 *LEV* 均值和标准差分别为 0.380 和 0.000，最小值为 0.0100，最大值为 25.73。*Size* 均值和标准差分别为 21.66 和 1.349，最小值为 18.95，最大值为 9.840。*MTB* 均值和标准差分别为 2.78 和 2.81，最小值为 0，最大值为 19.30，表明上市公司在资产负债率（*Lev*）、资产规模（*Size*）和市账比（*MTB*）方面差异较大外，*INTA*、*INVE*、*EQINC*、*PPE*、*BIG4*、*RepA*、*FI* 和 *ABSDA* 等方面差异并不大，比较集中。

依据主要变量相关系数列示了主要变量的皮尔森（Pearson）和斯皮尔曼（Spearman）相关系数（其中对角线左下方是皮尔森相关系数，右上方是斯皮尔曼相关系数）表，可知媒体关注（*Media_t* 和 *Media_s*）与税收激进（*ETR*、*LETR*3、*LETR*5 和 *DD_BTD*）显著正相关（1%、5% 和 10% 水平上显著），一定程度上验证了假设，表明媒体关注对企业的税收激进行为具有一定的抑制作用。媒体关注（*Media_t* 和 *Media_s*）与政府利益相关者利益（*GSS_i*）、企业规模（*Size*）、监事会规模（*MStckhd*）和外部机构持股比例（*LgStkhd*）显著正相关（1% 水平上显著），初步判断假设成立，即一定程度上表明媒体关注活动能够产生一定的积极经济后果。主要变量的相关系数基本在 0.5 以下，表明严重的多重共线性在控制变量之间是不存在的。

7.5.4 实证结果分析

7.5.4.1 传统监督机制的存在性检验

根据数字媒体关注与税收激进表检验结果，验证了媒体关注是否发挥外部监督作用，抑制了企业税收激进行为，以当年实际有效利率（*ETR*）、实际税率的三年平均值（*LETR*3）和实际税率的五年平均值（*LETR*5）作为因变量的检验结果，结果显示媒体关注（*Media_t*）均与当年实际有效利率（*ETR*）、实际税率的三年平均值（*LETR*3）和实际税率的五年平均值（*LETR*5）显著正相关（前两者在 5% 水平上显著，第三者在 1% 水平上显著），表明媒体关注的增加对企业税收激进行为具有一定的抑制作用，支持了假设观点。

为了进一步检验媒体关注的外部监督作用，剔除由于盈余管理因素对税收激进衡量产生的影响，我们以会计账面与实际税负差异的固定效应残差值（*DD_BTD*）作为因变量，回归结果显示媒体关注与会计账面与实际税负差异的固定效应残差值（*DD_BTD*）显著负相关（在 5% 水平上显著），表明即使没有盈余管理的影响，媒体关注也能够真正地对企业税收激进行为产生约束作用。因此，上述实证检验结果为我国政府如何加强税收征管提供了相应的经验证据。

7.5.4.2 媒体关注维护政府利益的实证结果

即媒体关注（*Media*）对政府利益相关者利益（*GSS_i*）的影响是促进

作用还是抑制作用？根据媒体关注对政府利益影响的多元回归检验结果显示，媒体报道（*Media_t*）与上市公司政府利益相关者利益（*GSS_i*）显著正相关（在 5% 水平上显著），表明媒体关注（*Media_t*）越多，政府利益（*GSS_i*）越能得到保障，检验结果支持了假设媒体关注（*Media_t*）确实会产生积极的公司治理效应，能够促进政府利益（*GSS_i*）的满足。

为进一步分析不同属性的媒体关注对政府利益的影响，根据媒体关注倾向性（*Media_s*）、正面的媒体报道（*Media_p*）和负面的媒体报道（*Media_n*）对政府利益（*GSS_i*）的影响检验结果，其中，只有负面的媒体关注倾向性（*Media_n*）与政府利益相关者利益（*GSS_i*）显著负相关（在 1% 水平上显著），说明有关上市公司的负面报道越多，政府利益受损越多，这主要因为负面报道导致上市公司声誉受损，从而直接导致销售业绩下滑，税前会计利润减少，最终影响到政府的税收规模利益。控制变量中，企业规模（*Size*）、公司年限（*Age*）、高管持股比例（*MO*）、市账比（*MTB*）、外部机构持股比例（*LgStkhd*）和第一大股东持股（*FStckhd*）与政府利益（*GSS_i*）显著正相关，显著性水平为 1%，说明企业规模越大、成立时间越长、股权集中度越大，政府利益（*GSS_i*）就越会增加。

7.5.4.3　稳健性检验

为了增强结论的稳健性，本章根据产权性质将研究样本进行分组回归，不同企业产权性质下媒体报道对政府利益影响的多元回归结果，说明在控制其他变量情况下，在国有企业中，媒体关注（*Media_t*）的回归系数为 -0.006，显著性水平为 5%，负面的媒体关注倾向性（*Media_n*）的回归系数为 -0.012，显著性水平为 1%，这与本章假设的回归结果基本上一致。在控制其他变量情况下，在非国有企业中，媒体关注（*Media_t*）和正面的媒体关注（*Media_p*）的回归系数分别为 0.002 和 0.001，媒体关注（*Media_t*）、正面的媒体关注（*Media_p*）与上市公司政府利益（*GSS_i*）间的关系并不显著。媒体关注倾向性（*Media_s*）和负面的媒体关注倾向性（*Media_n*）均与政府利益（*GSS_i*）显著负相关，系数分别为 -0.001 和 -0.006，显著性水平分别为 5% 和 10%。可见，回归结果说明在不同产权性质的公司中，媒体关注（*Media_t*）对上市公司政府利益（*GSS_i*）的影响是存在显著性差异的。

相比国有企业，在非国有企业中，上市公司在媒体关注下，政府利益更敏感。这主要是因为政府发展地区经济、改善投资环境，需要大量的财政支出，税收则是构成财政收入的主要可靠来源。与民营企业相比，政府给予国有企业的税收优惠较少，实际税负较高（吴联生，2009）。如果媒体对其进行负面报道较多，就会影响到公司税前利润，也会影响到政府的税收利益。同样的企业所得税率对于发展受限的民营企业来讲，相对税负较高。因此，民营企业一方面通过谋求政治关系来获得税收优惠，取得竞争优势（刘笑霞和郭思远，2019；严若森、钱晶晶和祁浩，2018），另一方面基于较强的动机进行避税（Manzon 和 Plesko，2001），总体税负水平就会下降。因此，与国有企业相比较，民营企业面临更多的媒体报道，政府的税收利益损失较少。总之，基于不同实际控制人性质的公司的不同税负和避税动机，媒体关注与政府利益就会在不同实际控制人样本中存在差异。

7.6 本章小结

数字媒体关注是否可以通过引发行政介入发挥公司治理作用，从而抑制管理层的税收激进行为，维护政府的税收利益呢？本章围绕该问题展开讨论。

（1）在理论分析基础上，提出假设。我国税收制度改革为企业避税行为提供了存在的空间，基于所有权和经营权分离的委托代理关系中的代理冲突，投资者和管理层为实现自己的利益，有足够动机和理由实现税收激进。作为公司治理的有效外部监督方式，媒体关注影响到了税收激进的收益和成本，在税收激进的收益成本效益的理论比较分析基础上，提出本章媒体关注的作用机理假设，即媒体关注越多，税收激进程度增加越大。媒体关注通过对税收激进行为的监督和约束，降低了税收征管的难度，从而使政府的税收权益得到了保障。因此，提出第二个假设，基于监督机制，媒体关注越多，越有利于上市公司政府利益相关者利益的增加。

（2）设计研究方案，测量主要变量。本章依旧参考前几章样本选择过程筛选样本。例如，明确数据来源、确定样本规模，考虑数据缺失值、异端值和可比性问题等。对主要变量税收激进和政府利益相关者利益，参考学者衡量方法，给出本章的税收激进和政府利益变量定义和测量方法。设定基于媒体关注的税收激进作用机理和政府利益经济结果基本假设的两个模型，并简要说明模型中的主要变量。

（3）分析实证检验结果，总结研究结论。在提出假设和研究设计基础上，利用上市公司A股观测样本，对所有变量均值进行描述性统计分析和相关系数矩阵讨论。采用OLS多元回归方法，实证检验媒体关注与税收激进、媒体关注与政府利益相关者利益关系假设。实证检验结果报告显示，两个原假设均已经通过检验，获得了本章的研究结论，媒体关注可以通过引发行政介入，发挥公司治理的作用，从而抑制管理层的税收激进行为，维护政府的税收权益。本章进一步讨论分析了媒体关注对政府利益相关者利益影响在不同所有权性质上市公司中的不同表现，结果显示媒体关注（$Media\_t$）对不同性质上市公司政府利益（GSS_i）的影响是存在显著性差异的。相比国有企业，政府利益对非国有企业的媒体关注更敏感。

第三部分　策略篇

第8章　市场环境对数字媒体关注的公司外部治理效应的影响

经过第4—7章分析媒体关注对重要利益相关者（投资者、债权人、消费者和政府）利益影响的机制和经济后果，本章将进一步检验媒体关注对其他利益相关者（员工和供应商）利益影响的经济后果，比较分析媒体关注对不同利益相关者利益的差异性影响。除此之外，综合上文研究，建立利益相关者群体利益综合评价指数，系统性探究媒体关注是否有助于实现利益相关者群体福利最大化的公司治理目标。同时，将分析上市公司内部财务状况、外部经济发展程度和政府监督管理机制等环境因素，对媒体关注与利益相关者利益关系的调节作用。

8.1　供应商与员工的定义及时代特征

8.1.1　供应商定义与时代特征

8.1.1.1　供应商定义

供应商（Suppliers）是指向企业、竞争对手或消费者提供生产所需的原材料、设备、能源、劳务、商品和资金等的企业和个人。供应商的任何情况的变化都会影响到企业或消费者的价格、利益与长期合作。根据《零售商供应商公平交易管理办法》的规定，供应商也称为制造商、经销商或中间商，是直接向零售商提供商品或服务的法人组织或个体工商户。供应商的开发和管理影响采购部门的业绩，是采购系统的核心，供应商的开发包括供应市场竞争者的分析、筛选、评估、询价、报价、谈判和选择。具体合作流程包括取得联系、查看样品、提供产品要求、订立合同、下单、配送、结算和不良处理。供应商最关心的是能为客户提供较高质量的产品和服务、对其商品或服务的补偿、能有公平的商业机会，以及可能的持续贸易关系。

8.1.1.2　数智时代供应商特征

（1）损失规避与公平关切双重行为偏好。新一代信息技术的飞速发展，社会在进入数字化的基础上，“数智化”形成了更高的转型发展诉求，大数据、人工智能等技术的发展推动企业的数字化建设向数智融合方向转型。供应商是直接向零售商供应各种所需资源的企业和个体工商户，在现实的供应链运作中，供应商的情况对企业的营销活动产生一定程度的影响，往往表现出多重的行为偏好特征，如在规避风险时还要关注收益的公平性等。在回购和收益共享契约下，过低的损失规避度与过高的公平关切度会使得收益向供应商倾斜，造成零售商收益过低的现象，不利于双方契约的持续执行，无法实现供应链的有效运作。因此，具有较高损失规避度与较低公平关切度的供应商更容易与零售商达成合作模式，将收益实现合理分享。损失规避与公平关切偏好对供应商的决策产生影响，契约能够实现对供应链的协调，但是不同程度的损失规避和公平关切会影响双方的收益分配，要想实现双方利益合理分配还要考虑多种影响因素。供应商作为供应链的领导者，具有双重行为偏好的特征能够实现自身效用最大化，同时保证零售商获得预期收益，实现供应链的整体协调。由于人的行为存在复杂性和多样性的特点，供应商的多重行为偏好能够更加真实地展现成员的行为与认知特性，也便于对供应链运作过程进行管理。

（2）参与企业创新，建立创新型供应商。国内经济的快速发展推动企业的数字化转型，各种新兴的信息技术应用于不同的行业领域，致使产业变革的进程持续加快。在现代的市场环境下，企业要想长久地生存和发展，就必须在新技术、新产品、新材料等方面不断进行创造性研究，利用各种信息技术在提升自身实力的同时推动创新。企业在发展过程中倾向于促进与外部合作伙伴共同参与产品的创新，关系协作有助于创新能力的提升，供应商具备极大的创新价值，可以创造出全新的商业机会和业务模式，因此，企业创新能力的提升需要依靠与创新型供应商之间的有效协作。依据社会交换理论，社会交往中讲究报酬和代价，通过相互交换过程能够促使双方获益，创新型供应商是否与企业协作取决于企业对供应商的报酬和惩罚，从而选择给自身提供最大报酬的企业进行创新协作。对于创新型供应商来说，技术和知识资源是企业新产品开发的重要支撑，面对公众需求的增加、企业间激烈的竞争以及时代的快速发展，促使供应商必须对提供的原材料、设备、能源等产品进行创新，抢占市场先机，各种供应商的资源也逐渐发展成为企业竞争的核心依据。同时，创新型供应商具备知识管理能力和协作能力，知识管理的核心是要利用各种知识资源实现企业的目标，协作能力是企业希望供应商参与产品创新，在提供物资的情况下提供新的想法和资源。

8.1.2　数智时代员工定义与特征

8.1.2.1　员工的定义

员工（Employees）是指存在于劳动关系中的一方，员工劳动关系是建立在一份合同上的关系，其中一方可能是以营利为目的的一家公司、非营利组织、雇主、合作或其他实体，另一方是员工，向用人单位努力提供劳动力和专业知识的人或商业组织（Makin，2018），通常被招聘来履行工作的特定职责。Dakin 和 Armstrong（1989）认为在公司环境中，员工是指接受用人单位的管理，定期向公司提供服务以换取报酬的人，而不是作为独立业务的一部分提供这些服务的人。Robert（2010）指出劳动者工作是为了获得报酬，报酬形式可能是小时工资、计件工资或年薪，具体取决于员工从事的工作类型或工作所在的行业。某些领域或行业的员工可能会收到酬金、奖金或股票期权。例如，在销售工作和房地产工作中，可以向雇员支付佣金，佣金是他们所销售商品或服务价值的百分比。一些高管和员工可能会获得股票或股票期权的报酬。在某些领域和职业（如行政工作），如果员工达到某些目标，他们可能有资格获得奖金。员工除了获得报酬外还可以获得福利。员工福利是除员工的工资或薪金外，还提供给员工的各种非工资报酬，包括健康保险、住房、残疾保险或使用健身房、团体保险（健康、牙科、生活等）、残疾收入保障、退休福利、日托、学费报销、病假、休假（有薪和无薪）、社会保障、利润分享、教育经费以及其他特殊利益。在某些情况下，如在偏远或孤立地区工作的工人，福利可能包括膳食。从公司的角度来看，这是一种有助于使受偿个人的利益与公司业绩保持一致的额外收益的报酬方式。员工福利可以改善员工与用人单位之间的关系，降低员工流动率（Chattopadhyay，2016）。因此，员工更多关注的是薪酬、工作保障、福利、尊重、真实沟通、赞赏、承认、声誉和认可。

8.1.2.2　数智时代员工的特征

（1）突破常规，敢于创新。展望过去，创新思维贯穿整个时代的发展，中国航天领域中嫦娥五号完成世界首次月球轨道无人交会对接；袁隆平同志长期从事杂交水稻育种理论研究和制种技术实践，培育出杂交水稻。随着时代的发展和要求，推动着国家、企业及员工培养和提升创新能力，创新决定未来，唯有创新才能抢占先机，确保国家和企业的持续发展。现代社会条件下，各个行业竞争加剧，如何提升企业的创新能力成为增强企业核心竞争力的重要因素之一。新时代员工作为企业的主体，是企业提升创新水平的主要动力。因此，在数智时代，激发员工的创新能力是企业实现可持续发展的关键。员工创新行为是员工内在创造力的外在表现，是产生和实施新想法以提高绩效或解决工作相关问题的过程。“唯创新者进，唯创新者强，唯创新者胜”，新时代员工能够打破条条框框的限制，突破常规，敢于开拓创新，根据实际情况不断创造独特的想法。对于企业来说，新时代员工趋于年轻化发展，现在“80后”“90后”员工参加工作的比例日益扩大，“00后”的年轻人也进入职场工作，受教育和现代环境的影响，在实际工作中与其他代际的员工相比更具有鲜明个性和独特的价值观，作为有创意、有想法、有个性的一代成为新时代发展的“主力军”。

（2）教育程度高，接受能力强。中国已经成为世界教育人口最多的教育大国，构建了规模较大的现代化教育体系，社会主义教育体系和教育制度更加成熟。与旧时代相比，新时代员工从小有良好的学习环境和条件，在九年义务教育制度背景下享有接受义务教育的权利，经历了正规性、系统性的学习。对于新时代员工的教育来说，除了学习基础的课本知识和专业知识以外，也注重对其他方面知识和技能的培养，更加注重个人的全面发展，比较容易学习新知识和新信息。加之人们思想观念随时代的改变，家长更是把子女的教育视为头等大事，因此，新时代员工的教育程度逐渐升高。现代社会上各个行业的学历门槛提高，本科生逐渐成为入职企业的最低标准，尤其在一线、二线城市中，想获得更广阔的平台和眼界，就要不断提升自己的学历，新的职场竞争是学历、能力两方面的双重竞争。随着知识更新速度的加快以及社会竞争压力的增加，新时代员工认识到学习的重要性，迫使员工的学习能力和接受能力逐渐有所提升。其中，接受能力在于经历了各种变革，面对各种各样的宏观政策的改变，外界环境的改变通常意味着要接受新的事物，智能手机的更新换代，各种社交媒体平台的出现为用户休闲娱乐、获取信息提供便利。市场环境的变化促使企业员工具备较强的接受能力，职场上讲究择优而用，新时代员工极强的好奇心，更愿意去尝试新的事物。

（3）生活工作压力大，抗压能力较弱。面对现代社会复杂的竞争，新时代员工随着年龄的增长在各方面都感受到了压力，在青少年的成长阶段，只需要关注学习，但步入社会后，就会发现理想和现实之间的差距，承担着生活、工作、个人性格等多方面的压力。在工作任务的繁重、人际交往的维持、买房买车的压力及个人超前的消费欲望等影响下，新生代员工面临着较大的经济压力，心理健康容易受到影响，无法正确地面对挫折和失败。所谓新时代员工在社会上遇到的压力和困难主要是指在学校历练过，偶遇一些工作或生活中的挫折便感觉前途暗淡，心理明显不成熟，抗压能力较弱。虽然不能排除家庭、学校及社会培养缺失，但是员工自身的性格缺陷也是重要原因，如团队合作意识不强、不善人际交往等。

（4）具有较强的自我意识，注重自我价值的实现。自我意识是人对自己身心状态及对自己同客观世界关系的意识，它的发展过程是个体不断社会化和个性特征形成的过程。在家庭和社会两大环境的影响下，新生代员工的自我意识比较强，部分员工作为独生子女，在各方面的影响下不善于妥协，注重个性独立自主，面对日常事务的处理显得欠缺考虑，容易忽视团队之间的合作。在自我意识的主导下，新时代员工习惯从自我角度思考问题，但是企业竞争已经不是个体户时代中个人之间的竞争，唯有通过合作才能达到共赢，较强的自我意识容易影响个体自我价值的实现。马斯洛在《动机与人格》一书中提出人的需求分为生理、安全、爱与归属、尊重以及自我实现五个发展层次，外部生活环境会影响需求的实现，当人们满足基本需求之后，就会去满足实现自我价值的更高层次的需求。新时代员工在选择就业期间非常重视企业是否能够提供职业发展的机会，希望自己得到更好的发展和待遇。同时新时代员工也看重企业是否有发展的前景以及自己是否有很大的晋升空间，在职场上渴望自己有所成就，强烈期望得到领导、社会的认可，不断克服各种难关、挑战极限、充实自我，努力激发自己的潜能，以更宽广的视野去看待和实现自我价值。

8.2 媒体关注与其他利益相关者间的关系

8.2.1 模型与变量

为进一步比较分析媒体关注的公司治理效果，即媒体关注对其他利益相关者利益影响的经济后果，本章构建如式（8－1）模型：

$$OSS_{it} = \alpha_0 + \alpha_1 Log(Media_{t-1}) + \alpha_2 FStckhd_t + \alpha_3 MO_t + \alpha_4 LgStkhd_t + \alpha_5 Dual_t + \alpha_6 MStckhd_t + \alpha_7 Indpd_t + \alpha_8 MoniSize_t + \alpha_9 Age_t + \alpha_{10} Size_t + \alpha_{11} MTB_t + \alpha_{12} State_t + \alpha_{13} DevStage_t + \sum_{k-1}^{n} \alpha_{14} Year_k + \sum_{p-1}^{m} \alpha_{15} Industry_p + \varepsilon_t \quad (8-1)$$

其中，被解释变量 OSS_{it} 为员工利益相关者利益（ESS_i）和供应商利益相关者利益（SSS_i）的代理变量。参考严复海和赵麟（2009）、Gantchev（2013）、张琦和刘克（2016）、Gordon（1997）等的研究，员工利益相关者的利益（*ESS_i*）衡量采用管理层平均薪酬增长率（*GLS*）、员工获利水平（*EI*）和员工实际收到工资占企业销售商品收到现金的比例（*YCS*）三个指标的综合指数。员工获利水平衡量了员工的绝对收入水平，实际工资现金比（*YCS*）和管理层平均薪酬增长率（*GLS*）两个指标主要考虑到员工收益的可持续性。管理层薪酬增长率越高，既表明员工具有获得较高收入的业务能力，且这种能力得到了公司的认可，又反映企业经营状态良好，具备支付员工增长性薪酬的能力。因此，选择管理层薪酬增长率（*GLS*）主要从动态方面测量员工收益的增长幅度和速度。

衡量供应商利益相关者利益（*SSS_i*）采用应付账款周转率（*TRAP*）和企业购买商品支出现金占经营现金流出的比例（*GMS*）两个指标的综合指数。其中，应付账款周转率（*TRAP*）反映了企业应付账款的流动程度，该比率值越大，说明供应商谈判实力增强，要求能够快速回款，公司占用供应商货款将会降低。因此，供应商能够较早收到回款。企业购买商品支出的现金占其经营现金流出的比例（*GMS*）越大，说明供应商能够及时收到货款，回款速度快。员工和供应商利益相关者利益的衡量和计算过程详见表 8－1，如式（8－2）和式（8－3）所示。

表 8－1　　本章利益相关者利益变量多因素指标评价体系

指标分类	指标名称	符号	计算公式
员工利益相关者（*ESS_i*）	管理层平均薪酬增长率	*GLS*	管理层平均薪酬增长率＝本年管理层平均薪酬增长额/上年管理层平均薪酬
	员工实际收到工资占企业销售商品收到现金的比例	*YCS*	企业支付员工工资的现金支出/企业销售商品、提供劳务收到现金
	员工获利水平	*EI*	支付给员工的薪酬总额/主营业务收入总额
供应商利益相关者（*SSS_i*）	应付账款周转率	*TRAP*	应付账款周转率＝主营业成本净额/平均应付账款余额
	企业购买商品支出的现金占其经营现金流出的比例	*GMS*	企业购买商品、接受劳务支出的现金/企业经营现金流出

$$ESS\_i = 0.5929 \times GLS + 0.3333 \times YCS + 0.0738 \times EI \quad (8-2)$$

$$SSS\_i = 0.5007 \times TRAR + 0.4993 \times GMS \quad (8-3)$$

根据式（8-2）和式（8-3）可以看出，*GLS* 所代表的管理层平均薪酬增长率对于改善上市公司员工利益相关者关系管理的影响是积极的，其系数为 0.5929。以 *YCS* 和 *EI* 为代表的员工收入比及员工获利水平对于衡量上市公司员工利益相关者利益的贡献程度依次降低。以 *TRAP* 为代表的应付账款周转率，对企业供应商利益相关者利益的贡献程度为 0.5007，以企业购买商品支出的现金占其经营现金流出的比例为代表的 *GMS* 影响程度降低，系数为 0.4993。

解释变量 *Media* 为媒体关注的代理变量，主要包括媒体关注度（*Media_t*）、媒体关注倾向性（*Media_s*）、正面的媒体关注倾向性（*Media_p*）和负面的媒体关注倾向性（*Media_n*）。另外，可能影响利益相关者利益的其他控制变量不变，主要有公司规模（*Size*）、企业年限（*Age*）、年度变量（*Year*）、企业性质（*State*）、市账比（*MTB*）、企业发展阶段（*DevStage*）、高管持股比例（*MStckhd*）、董事会领导结构（*LgStkhd*）、外部董事比例（*Indpd*）和监事会规模（*MoniSize*）等。同样，为了缓解内生性问题，本章对媒体关注（*Media_t*）变量采用滞后一期的处理。

8.2.2 媒体关注对其他利益相关者利益的影响

基于委托代理关系的存在，上市公司的雇员主要由两部分构成，一部分是管理者，另一部分是基层员工。沈艺峰、肖珉和林涛（2009）的研究中指出，只有 17.63% 的上市公司经理层是通过劳动力市场竞争方式产生的，特别在经济转型阶段，国有企业的聘任机制还不够完善，董事会很难通过公开竞争的方式和公开合理的程序等独立地选择经理层，“金色降落伞”使得管理层拥有一定的行政特权和高水平的在职消费（陈冬华、陈信元和万华林，2009）。即使产生如关联交易或财务报表的模糊会计判断等违规行为，经理层的利益也不会因微乎其微的行政介入（行政处罚方式主要有被劝导、谴责、罚款、撤销职务、降低或取消行政级别等）而受损。这种情况下，基于声誉机制的媒体关注的公司治理作用是非常有限的（李培功和沈艺峰，2010）。针对通过市场招聘与用人单位签订劳动合同的员工，根据我国《劳动法》和《劳动合同法》[①] 的规定，劳动者在履行劳动义务时享有获得劳动报酬的权利，对于用人单位而言，支付给劳动者劳动报酬是履行义务的体现。一旦企业陷入财务困境，面临破产风险，员工都可以通过解除劳动合同后寻找到新的工作，重新获得报酬保障基本生活需求。因此，可以推断出媒体关注对员工利益的影响不大的结论。本章采用量化的方法也证实了该观点。根据媒体关注对其他利益相关者利益影响的实证检验结果显示，无论是媒体关注度，还是倾向性媒体关注，与员工利益相关者利益和供应商利益相关者利益之间的关系均不显著。

8.2.3　实证结果比较分析与讨论

2001 年，诺贝尔经济学奖获得者 George A. Akerlof 重点分析了信息不对称问题，认为在资源有限情况下，以媒体为载体的信息流动改善了经济当事人之间的资源配置状况，而使市场得到发展。这种调节与配置作用主要表现在利益相关者群体之间利益的此消彼长。这是因为媒体关注是把“双刃剑”，通过对不同利益相关者产生正面、中性或负面经济效果的作用途径（李常青和熊艳，2012），改变上市公司利益相关者之间原有的利益均衡。

为分析媒体报道信息的资源配置效应，即对上市公司利益相关者群体内部原有利益均衡的影响和改变，第 4—7 章分别探讨了媒体关注对投资者、债权人、消费者、政府和其他利益相关者利益影响的经济后果，就主要利益相关者变量进行了回归。综合整理诸多章节的研究内容和实证检验回归结果，发现媒体关注（$Media\_t$）与投资者利益（ISS_i）显著正相关（至少 1% 水平上显著），媒体关注（$Media\_t$）与债权人（BSS_i）和政府利益（GSS_i）显著正相关（至少 5% 水平上显著）、媒体关注（$Media\_t$）与消费者利益（CSS_i）显著负相关（至少 5% 水平上显著）。虽然，媒体

---

① https：//baike. baidu. com/item/中华人民共和国劳动法/207140? fr = aladdin；https：//baike. baidu. com/item/中华人民共和国劳动合同法/911。

关注（$Media\_t$）与员工利益（ESS_i）和供应商利益（SSS_i）均正相关，但是并不显著。其中，正面倾向性媒体报道（$Media\_p$）对投资者利益（ISS_i）的影响显著正相关（至少5%水平上显著），负面倾向性媒体报道（$Media\_n$）对投资者利益（ISS_i）的影响显著负相关（至少1%水平上显著）。

以上实证检验结果说明，作为重要的公司治理外部监督机制，首先是媒体关注对企业利益相关者利益确实起到了协调作用，对投资者利益的影响最显著，其次是政府、消费者和债权人的利益。其中，媒体关注对于消费者利益会产生消极作用，即媒体关注越多，消费者权益受损越多。同时，媒体关注对次要利益相关者，即员工和供应商利益相关者的利益影响并不显著。这表明在控制了企业特征和其他公司治理特征后，媒体对上市公司的报道与关注，作为相对独立的第三方表面上看来和上市公司利益相关者之间毫无关系，但实际上引起了利益相关者群体内部利益分配的巨大改变和极大差异。该研究结论从定量分析的角度，充分说明了媒体具有传播信息、引导舆论、监督社会现象、协调社会关系和传承社会文化等功能，也为公司治理实践可以看作是试图协调利益相关者利益（Tricker和A-drian，2009；Goergen和Marc，2012）的理论观点提供了有力的经验证据。

8.3 内部环境对媒体关注与利益相关者的调节作用

8.3.1 财务困境对媒体关注度与利益相关者关系的影响

媒体关注下声誉机制的发挥与上市公司的财务健康状况密切相关。当上市公司处于健康发展阶段时，上市公司管理层出于维护自身声誉和减少未来融资约束的考虑，严格约束自身违法、违规行为。但是，当公司面临严重的危机事件时，声誉机制所发挥的作用是非常有限的。例如，Darrat、Gray和Park（2014）研究发现，上市公司历经金融危机后，一旦财务陷入困境，其中小投资者的利益更容易受到公司内部成员的侵害。为观察内部环境，即企业财务状况对媒体关注与利益相关者关系的影响，本章参考刘星和彭程（2009）的研究，采用企业破产风险模型（Z_score）作为企业财务状况的代理变量，实证检验企业财务状况对媒体关注与利益相关者的调节效应。根据 $Media\_t$ 与企业财务状况成为交互项（$Media\_t \times Z\_score$）后的回归结果，在加入交互项 $Media\_t \times Z\_score$ 后，发现正面的媒体报道（$Media\_t$）与供应商（SSS_i）和政府利益相关者（GSS_i）保护回归后其交互项系数为负，分别在 5% 和 1% 水平上显著负相关。以下实证结果证实，企业财务状况（Z_score）对媒体关注供应商（SSS_i）和政府利益相关者（GSS_i）之间的关系具有明显的抑制作用。

8.3.2　财务困境对媒体关注倾向性与利益相关者利益关系的影响

依据倾向性媒体关注（$Media\_s$）与企业破产风险（Z_score）成为交互项（$Media\_s \times Z\_score$）后的回归结果。在加入交互项 $Media\_s \times Z\_score$ 后，发现媒体报道倾向性（$Media\_s$）与政府利益相关者（GSS_i）回归后其交互项系数为正，在 1% 水平上显著。以上结果证实，企业破产可能性较小，会强化倾向性媒体报道对政府利益相关者的激励作用。

8.4　外部环境对媒体关注与利益相关者的调节作用

8.4.1　市场经济环境对两者关系的影响

8.4.1.1　地区市场化程度对媒体关注与利益相关者保护的影响

加入樊纲等编制的地区市场化进程指数 Index（该指数与 2009 年保持一致）来描述地区之间的差异（樊纲、王小鲁和马光荣，2011）。在检验了媒体关注对公司利益相关者影响基础上，本章利用模型（8－4）进一步考察地区市场化进程对媒体关注效应的影响。

$$SInt_t = \beta_0 + \beta_1 Log(Media_{t-1}) + \beta_2 (Media \times Index)_t + \beta_3 FStckhd_t + \beta_4 MO_t + \beta_5 LgStkhd_t + \beta_6 Dual_t + \beta_7 MStckhd_t + \beta_8 Indpd_t + \beta_9 MoniSize_t + \beta_{10} Age_t + \beta_{11} Size_t + \beta_{12} MTB_t + \beta_{13} State_t + \beta_{14} DevStage_t + \sum_{k-1}^{n} \beta_{15} Year_k + \sum_{p-1}^{m} \beta_{16} Industry_p + \varepsilon_t \tag{8-4}$$

其中，因变量 *SInt* 为 *ISS*、*BSS*、*ESS*、*CSS*、*SSS*、*GSS* 和 *SInt_i* 的代理变量，自变量 *Media* 为 *Media_s*、*Media_p* 和 *Media_n* 的代理变量，*Index* 为上市公司所在地区 2011—2017 年市场化程度指数的均值，其他控制变量不变。

表 8-2 描述了 *Media_t* 与地区市场化程度（*Index*）成为交互项（*Media_t* × *Index*）后的回归结果。在加入交互项 *Media_t* × *Index* 后，如第（1）—（7）列所示，发现除了在与政府利益相关者利益变量回归后其交互项系数为负 -0.002，在 1% 水平上显著外，与其他利益相关者利益回归后其交互项系数均为正，在 1% 水平上显著。以上结果证实，地区市场化水平较高，会增强媒体关注对上市公司利益相关者利益的促进作用，但是对政府和客户利益相关者利益具有抑制作用。可见即使在经济发展水平不同的地区，媒体关注并不会保障或改进所有利益相关者的利益，而是通过差异化的影响再次分配资源，改变原有利益均衡状态。

表 8-2　　地区市场化程度对媒体关注效应的影响

变量	(1) *ISS_i*	(2) *BSS_i*	(3) *CSS_i*	(4) *GSS_i*	(5) *ESS_i*	(6) *SSS_i*	(7) *SInt_i*
Media_t	0.011*** (3.297)	0.005** (2.076)	-0.005** (-2.051)	0.002* (1.918)	0.001 (0.26)	0.002 (1.401)	0.004*** (2.868)
Media_t × *Index*	0.003*** (3.137)	0.002*** (3.417)	0.004*** (5.589)	-0.002*** (-5.895)	0.001 (0.159)	0.001 (1.184)	0.001*** (3.037)
控制变量	控制	控制	控制	控制	控制	控制	控制
年度/行业	控制	控制	控制	控制	控制	控制	控制
N	7985	7985	7985	7985	7985	7985	7985
adj. R^2	0.146	0.107	0.212	0.405	0.271	0.057	0.082

注：（1）表中括号内报告的是双侧 t 检验值；（2）*、**、*** 分别表示回归系数在 10%、5%、1% 水平上显著；（3）对连续性变量按 1% 进行了 Winsorize 缩尾处理；（4）本表回归已按 Whited 进行了异方差修正。

8.4.1.2　地区市场化程度对媒体报道倾向性与股东利益关系的影响

图 8-1 反映了中国各地区市场化进程指数与相关变量均值描述，可以得出市场化进程和经济发展水平较低的西北、东北地区，媒体报道倾向性程度反而较强，说明这些地区企业的发展更需要新闻媒体的积极报道和宣传，吸引投资者的关注。

图 8-1　中国各地区市场化进程指数与媒体关注均值描述

参考朱红军和李贺（2015），曹越、胡新玉和刘文溪等（2016）等学者的最新有关地区市场化水平和媒体关系的研究，作者进一步加强了对地区市场化水平相关结果的理论的解释，即市场化发展程度较高的地区，发达的广告市场、竞争激烈的文化行业和运作高效率的当地政府等直接决定了媒体发展的良好环境，不仅在宏观层面推动了媒体融合，拓宽了媒体报道信息传播的渠道和宽度，而且在微观层面有利于媒体报道倾向性和内容的多元化发展，从而有利于投资者获得更多股票收益而改进股东利益。因此，股东利益和新闻媒体报道倾向性的关系，不仅受上市公司某些特征，如规模、产权性质、公司治理等因素的影响，还会受到地区市场化环境差异的影响。

在检验了倾向性媒体报道（*Media_s*）对上市公司股东利益（*Media_s*）影响基础上，本章利用模型（8-4）进一步考察地区市场化进程对媒体中介效应的影响。表 8-3 描述了 *Media_p* 和 *Media_n* 与地区市场化程度（*In-*

dex）成为交互项（*Media_s*×*Index*）后的回归结果。在加入交互项 *Media_s*×*Index* 后，如第（1）列所示，发现正面的媒体报道（*Media_p*）与股东的利益（*ISS_i*）回归后其交互项系数为正。如第（2）列所示，负面的媒体报道（*Media_n*）与股东利益（*ISS_i*）交互项系数为负，均在5%水平上显著。以上结果证实，地区市场化水平较高会强化正面的媒体关注对上市公司股东利益的激励作用，但是对负面的媒体报道与股东利益的关系会起到抑制作用。总之，较高的市场化水平在一定程度上也决定了媒体的发展水平和竞争程度。虽然，较高的市场化水平提高了有关上市公司负面消息的“曝光”率。但是，在市场化进程较低的地区，媒体负面报道对高管薪酬乱象的监督作用更加显著，在一定程度上保障了股东的收益水平，此结论与 David 和 Eugen（2012）的研究观点吻合。

表 8-3　　　　地区市场化程度对媒体中介效应的影响

变量	(1) *Media_p*	(2) *Media_n*
Media_s	0.017** (2.494)	0.064** (2.402)
Media_s×*Index*	0.013*** (2.945)	-0.008*** (-2.713)
控制变量	控制	控制
年度/行业	控制	控制
N	4650	1200
adj. R^2	0.141	0.158

注：(1) 表中括号内报告的是双侧 t 检验值；(2) *、**、*** 分别表示回归系数在 10%、5%、1% 水平上显著；(3) 对连续性变量按 1% 进行了 Winsorize 缩尾处理；(4) 本表回归已按 Whited 进行了异方差修正。

8.4.1.3 控制地区环境差异的影响

上市公司媒体报道和关注的数量，不仅受到如公司规模、产权性质、发展阶段、公司治理等特征的影响，还可能会受到地区环境差异和宏观经济发展水平的影响。首先，本章采用樊纲、王小鲁和马光荣（2011）编制的地区市场化进程指数（*Index*）来描述地区之间的差异，用各地区 GDP 均值衡量宏观经济发展水平（*Mgdp*）。图 8－2 反映了 *Index*、*Mgdp* 与相关变量均值描述，可以看出市场化进程和宏观经济发展水平较低的西北和东北地区，媒体关注程度较接近，同时各地区上市公司利益相关者利益基本上保持一致，并未有明显的差异。

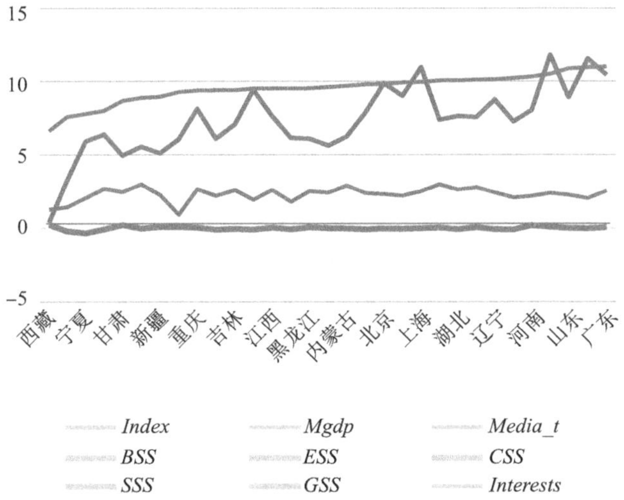

图 8－2　Mgdp 与相关变量均值描述

其次，进一步检验媒体关注和利益相关者之间的关系，在图 8－1 和图 8－2 的基础上，本章先后控制上市公司所在省份市场化指数（*Index*）和宏观经济发展水平（*Mgdp*）来描述地区之间的差异。由表 8－4 中 PanelA 和第（1）—（7）列可以看出，除了以 *BSS_i* 为因变量的回归中 *Media_t* 的回归系数的显著性降至 10% 以下，其他结果保持一致，其他实证结果与主检验结论保持一致。同时，表 8－4 中 PanelB 控制了地区宏观经济 *Mgdp* 的影响，如第（1）—（7）列所示，加入地区市场化进程指数 *Index* 的结论一致。总之，我们考虑其他影响因素后，仍能发现媒体关注影响上市公司利益相关者利益结果的经验证据。

表 8-4　　　控制地区环境差异（GDP）的影响

变量	(1) ISS_i	(2) BSS_i	(3) CSS_i	(4) GSS_i	(5) ESS_i	(6) SSS_i	(7) SInt_i
PanelA：加入地区市场化进程指数							
Media_t	0.011***	0.005**	0.001	-0.005**	0.002	0.002**	0.004***
	(3.182)	(1.964)	(0.244)	(-2.245)	(1.352)	(2.137)	(2.754)
Index	0.009***	0.006***	0.001	0.010***	0.002*	-0.005***	0.004***
	(3.526)	(2.95)	(1.16)	(5.557)	(1.667)	(-6.632)	(3.501)
PanelB：控制地区 GDP 的影响							
Media_t	0.010***	0.005**	-0.005**	0.002**	0.001	0.002	0.004***
	(3.168)	(1.969)	(-2.286)	(2.123)	(0.291)	(1.376)	(2.742)
lgdp	0.034***	0.015***	0.041***	-0.012***	-0.005*	0.001	0.015***
	(4.666)	(2.743)	(8.068)	(-6.100)	(-1.766)	(0.26)	(4.535)

注：(1) 表中括号内报告的是双侧 t 检验值；(2) *、**、*** 分别表示回归系数在 10%、5%、1% 水平上显著；(3) 对连续性变量按 1% 进行了 Winsorize 缩尾处理；(4) 本表回归已按 Whited 进行了异方差修正。

8.4.2 政府监督管理对两者关系的影响

根据《上市公司证券发行管理办法（增发、定向增发）》《上海证券交易所债券上市规则》和《上市公司重大资产重组管理办法》相关规定，因上市公司违规事件而遭到行政处罚对上市公司再融资、重大资产重组及实际控制人变更的影响都有不同程度的影响，但是最终保护了部分相关利益者的利益。不少上市公司会因为各种事件受到证监会的处罚和违规纠正而倍感压力，改变其治理决策和行为，进而改善了与利益相关者之间的关系。例如，金宇车城董事、董事会秘书罗雄飞在董事长胡先林的指使下，安排金宇车城员工唐均分别于 2015 年 4 月 24 日、5 月 4 日和 5 月 17 日，编造“金宇车城股权之争引发重大资产重组”“剑南春借壳金宇车城可能已经谈妥”等虚假信息并发布在东方财富网，次日股票价格因此受到影响而大幅波动。深圳证券交易所针对金宇车城的违规行为，对相关当事人给予处分并向社会公布。究竟是这种政府的干预即外部监督制度发挥了违规处罚效应，还是社会媒体监督起到保护利益相关者利益的作用？

为了有效区分，考虑到违规处罚的滞后效应，本章将公司在前一年中是否收到政府违规处罚（*Punishc*）作为控制变量，保持其他变量不变，由表 8-5 实证结果可以看出，媒体关注与利益相关者利益之间有相关关系，如第（1）—（3）列所示，媒体关注（*Media_t*）、倾向性媒体关注（*Media_s*）和正面的媒体报道倾向（*Media_p*）均与投资者利益（*ISS_i*）之间显著正相关。如第（5）、（7）、（9）和（10）列所示，说明媒体关注（*Media_t*）与债权人利益（*BSS_i*）、消费者利益（*CSS_i*）、政府利益（*GSS_i*）和利益相关者群体利益（*SInt_i*）均显著相关。回归结果仍然支持了理论假设，结论具有稳健性。

表 8-5　　控制违规处罚效应

变量	(1) ISS_i	(2) ISS_i	(3) ISS_i	(4) ISS_i	(5) BSS_i	(6) ESS_i	(7) CSS_i	(8) SSS_i	(9) GSS_i	(10) SInt_i
Media_t	0.009*** (2.787)				0.006* (1.705)	0.002 (1.551)	-0.005** (-2.216)	0.002 (1.269)	0.002* (1.937)	0.004* (1.809)
Media_s		0.004*** (3.524)								
Media_p			0.003*** (2.497)							
Media_n				-0.006 (-0.757)						
Punishc	0.012 (0.604)	0.011 (0.584)	0.037 (1.404)	-0.065 (-0.666)	-0.030 (-1.454)	-0.000 (-0.065)	0.033** (2.433)	-0.004 (-0.628)	0.009 (1.645)	-0.009 (-0.648)
控制变量	控制	控制	控制	控制	控制	控制	控制	控制	控制	控制
年度/行业	控制	控制	控制	控制	控制	控制	控制	控制	控制	控制
N	7985	7985	4650	1200	7985	7985	7985	7985	7985	7985
adj. R^2	0.153	0.136	0.14	0.154	0.133	0.519	0.214	0.056	0.402	0.140

注：（1）表中括号内报告的是双侧 t 检验值；（2）*、**、*** 分别表示回归系数在 10%、5%、1% 水平上显著；（3）对连续性变量按 1% 进行了 Winsorize 缩尾处理；（4）本表回归已按 Whited 进行了异方差修正。

8.5 本章小结

本章进一步分析了媒体关注与上市公司其他次要利益相关者利益之间的关系。分别衡量了员工利益相关者利益与供应商利益相关者利益两个变量，多元回归结果显示媒体关注对员工利益和供应商利益的影响并不显著。综合第 4 章、第 5 章和第 6 章的研究结论，对比分析与讨论了媒体关注对上市公司不同利益相关者的差异化影响：对投资者利益、政府利益、债权人利益和消费者利益的影响显著程度依次降低，对消费者的影响是消极的。因此，从实证结果可以看出，媒体关注作为上市公司重要的外部监督机制，确实起到了协调与配置利益相关者之间的有限资源的作用。

根据本章第 8.1 节研究结论可知，媒体关注会增加部分利益相关者的利益，而个别利益相关者的利益会受损。整体而言，媒体关注应该是有利于提升利益相关者群体福利的。在此基础上经过理论分析，提出媒体关注与利益相关者群体利益之间的研究假设，采用主成分分析方法建立综合评价指标、设定模型，最后对多元回归结果进行分析。研究结果显示，媒体关注越多，利益相关者群体福利就会增加，即原假设通过了检验。

本章第 8.3 节和第 8.4 节分析了上市公司内部、外部环境对媒体关注与利益相关者之间关系的调节作用。首先，采用 z_score 模型衡量企业财务状况，用来描述企业内部环境，实证检验结果发现企业财务状况对媒体关注与利益相关者利益之间的关系产生了抑制作用。其次，采用地区市场化程度指数和地方经济发展水平衡量上市公司的外部经济发展环境，经过交互项处理，实证结果显示较好的地区经济发展环境同样对媒体关注与利益相关者之间关系具有激励作用。最后，本章采用行政处罚变量衡量上市公司外部政府监督管理环境，检验了行政处罚对媒体关注与利益相关者利益之间的调节效应。

总之，本章不仅对媒体关注下投资者利益保护的研究具有补充作用，还系统、完整地分析了媒体关注对不同利益相关者利益影响的作用途径和经济结果。同时为了实现本章研究内容的推进作用，从微观和宏观视角出发，深入分析了上市公司内、外部环境对两者关系的影响，为第 9 章的研究结论和展望部分内容奠定理论与实证基础。

第9章　数字媒体关注与企业利益相关者利益最大化目标

结合第4章至第8章实证检验结果分析与讨论的内容，本章拟对上述有关数字媒体关注对企业利益相关者利益的影响及机制主要研究结论进行总结。在此基础上，进一步分析数智时代媒体监督下资本市场的反应和上市公司的反应，以及数字媒体关注对利益相关者利益的调节与配置作用、内外部环境对其外部治理效应的影响，重点论述数字媒体关注与企业利益相关者群体福利最大化间的关系。希望能够为从中获取上市公司、媒体行业和公共监督管理部门治理媒体的具有针对性的政策启示。

9.1　数智时代媒体监督下资本市场的反应

上市公司进行高强度的网络舆情管理（包括面对网络舆情事件时主动通过媒体发声、公司管理层参加财经媒体举办的颁奖交流活动、主动与财经记者沟通、设置舆情危机公关预案等主动管理媒体舆情行为）可以缓解信息不对称程度从而提升股票流动性，并且这种提升作用在信息环境较差、“可见度”不高的公司样本中更显著。进一步研究表明，当公司出现坏消息或面临负面媒体舆论情绪时，积极的网络舆情管理行为更有助于改善股票流动性。同时，网络舆情管理提升了公司股价特质性波动、降低了股价同步性，为主动媒体管理能缓解信息不对称提供了额外证据。在稳健性检验中，使用PSM法、两阶段最小二乘法和网络舆情管理替代性解释回归对原假设进行重新检验，主要结果依然稳健。因此，高强度的网络舆情管理有助于提升股票流动性。

网络舆情危机会造成当年度股价崩盘，且来自自媒体的转载会增大股价崩盘的幅度，网络舆情重视和应对程度良好的公司在面对舆情危机时的股价崩盘幅度更低。上市公司对网络舆情的重视及投入能够向资本市场传递公司特质信息，提高资本市场的信息效率，进而降低未来股价崩盘风险和股价同步性。因此，公司进行高强度网络舆情管理能降低投资者信息搜集成本和偏差，进一步缓解信息不对称，从而产生与信息披露类似的积极资本市场效应。结论表明，上市公司加强网络舆情应对并非满足监管要求和投资者诉求的面子工程，而是一项切实有效的求是工作，结论对完善资本市场信息传播管理制度，提高资本市场信息效率具有一定的参考价值。

媒体关注主要通过市场压力发挥外部监督作用。市场压力机制强调资本市场的公司治理作用，媒体关注在资本市场上发挥重要影响，因此影响到了管理者的行为。通过对盈余管理的考察，研究结论支持市场压力假设。在大量的媒体关注下，公司会实施更多的基于应计项目的盈余管理以达到资本市场的预期，且在分析师较多、机构投资者持股比例较大的情况下，进行应计项目盈余管理的活动更多。但是，基于真实活动的盈余管理更少，媒体关注使管理者减少了这种危害性更大的短视行为，在分析师较多、机构投资者持股比例较大的情况下，真实活动盈余管理的减少程度更大。媒体关注减少了管理者的短视行为，使得他们的决策行为更多地依赖于资本市场信息。投资—股价敏感度的提高，表明媒体关注使得股价信息在管理者的投资决策行为中，扮演着更加重要的角色。管理者的投资决策不仅仅需要公司的基本信息，还需要公司的股价相关信息。媒体关注使管理者更加重视资本市场，更加重视股价信息，表明了市场压力的存在性以及对管理者行为的影响。

9.2　数智时代媒体监督下上市公司的反应

媒体关注给上市公司管理层带来市场压力。具体来说，媒体关注提高了股票价格中的公司层面信息含量，使股价中包含了更多公司的私有信息。一方面体现了媒体关注提高了对投资者的保护，另一方面从信息数量方面给管理者带来市场压力。媒体关注降低了股价对信息的延迟程度，一方面体现了媒体关注提高了资本市场的信息传递效率；另一方面从信息传递速度方面给管理者带来市场压力。并且这种压力，在信息环境较差、法律制度等较差的地区更为显著，表明了媒体关注作为一种外部治理力量，能够弥补制度环境的不足。

有效的外部监督机制制约管理者过度使用期权激励的短视行为。期权风险激励可以有效提升管理者的风险偏好，提高其税收激进程度，同时媒体关注因为加速信息传递，暴露上市公司问题等功能，可以有效发挥外部监督作用，抑制税收激进行为。更进一步，媒体情绪的不同对其发挥外部监督作用的结果也有很大的影响，在极端的舆论环境下（极端正面或极端负面的媒体情绪），媒体关注的外部监督作用会愈加增强，使得管理者的税收激进程度得到有效抑制。进一步研究表明，正是由于期权风险收益不对称的特性导致了这一提升风险偏好的作用，因此限制性股票激励并不具有这一效果。在采用其他衡量期权激励的变量后，这一作用依旧稳健。研究拓展了期权激励研究领域，将媒体关注研究推进到媒体情绪层面，有着重要的理论和实际意义。

媒体关注对实现上市公司利益相关者利益最大化产生积极作用。媒体作为社会监督力量，在上市公司利益相关者关系管理和公司治理方面除了具有监督保护作用外，还具有调节利益相关者之间利益分配，化解公共危机的优势。媒体关注对采用多因素多变量耦合分析下的上市公司利益相关者的整体利益存在正向影响，证实了提出的基于财务数据的利益相关者利益综合评价指标的有效性；媒体关注对上市公司利益相关者之间的利益分配和调节作用较明显，如对股东、债权人和政府利益相关者利益的促进作用，而对客户利益相关者利益具有明显的抑制作用，这一现象应该引起上市公司的重视，同时验证了上市公司对利益相关者利益保护程度的量度方法的有效性和自适应性；在上市公司产权性质方面，我们发现媒体关注的数量对国有企业的利益相关者会产生的显著的差异性影响，尤其是对政府利益相关者利益的调节；地区市场化程度对媒体关注与上市公司利益相关者之间的关系具有明显的促进作用。本研究加深了媒体的公司治理效应及作用机理的认知，对上市公司治理决策的制定、利益相关者利益的保护和公司价值的实现都具有一定的导向作用。

9.3 数字媒体关注对利益相关者利益的调节与配置作用

在调节利益相关者利益方面，基于信息资源配理论，根据第8.1.3节比较分析与讨论实证结果，说明媒体关注对上市公司利益相关者之间的利益分配和调节作用较明显，例如对投资者、债权人和政府主要利益相关者的利益具有明显的促进作用，而对消费者利益相关者利益具有明显的抑制作用，这一现象应该引起上市公司的足够重视。因此，媒体对上市公司的关注，作为相对独立的第三方表面上看来和上市公司利益相关者之间毫无关系，但是实际上引起利益相关者群体内部利益调节的巨大改变和极大差异。

9.3.1 媒体关注对投资者利益的影响

投资者是上市公司的最重要的利益相关者。投资者利益最大化也是公司治理的首要目标和责任。经过第4章的研究，发现媒体关注对上市公司投资者利益的影响系数最显著，说明媒体关注与投资者的利益具有高度相关性。高强度的新闻报道倾向性有助于媒体信息中介效应的发挥，从而改善投资者与上市公司之间的关系。媒体激励作用在积极的、正面的倾向性媒体报道样本中更明显。上市公司与投资者关系的改善，得益于媒体报道的媒体信息中介效应的发挥，充分论证了媒体关注具有积极的公司治理效应。媒体信息中介效应的发挥主要体现在媒体关注在资本市场中缓解信息不对称的作用，媒体关注可以有效提高财务报表的透明度和财务报表的可读性，从而减少投资者因获取低质量的信息造成的过度投资或投资不足，最终提高投资者的投资效率。

9.3.2 媒体关注对债权人利益的影响

债权人是上市公司获取稳定资金的重要来源。上市公司的偿债能力是债权人利益能否得到保障的重要条件。经过第5章的研究，观察到媒体关注对上市公司债权人利益相关者利益的影响在5%水平上显著正相关，说明媒体关注越多，上市公司债权人的利益越有保障。究其原因有三点：第一，媒体关注使更多债权人能够接近真相，容易获得上市公司的真实经营现状信息，作出正确决策。第二，媒体报道对财务状况较好的公司会产生积极影响，对财务状况较差的公司会产生消极影响。整体而言，媒体关注是有助于抑制企业破产风险的。第三，即使企业濒临破产，《破产法》中明确规定了债务偿还顺序，使得债权人利益容易得到保障。

9.3.3 媒体关注对消费者利益的影响

消费者是上市公司最重要的外部利益相关者。消费者不仅是公司经营业绩的主要创造者，还是公司品牌和影响力的评价者。经过第6章的研究，得知无论是媒体对上市公司客观公正报道还是倾向负面报道，都会产生不同程度的影响。例如，媒体关注容易给上市公司带来更多的诉讼风险。诉讼风险的增加对企业非常不利，不仅容易遭受政府监督管理部门的行政处罚，而且容易引起具有高度黏性消费者的群体恐慌，作出错误的决策和选择，因消费偏好的改变而遭受损失。因此，基于媒体关注的声誉机制，本书发现媒体关注对消费者利益会产生负面的消极影响，即媒体关注越多，消费者利益受损越多。

9.3.4 媒体关注对政府利益的影响

企业所得税收入是国家和地方财政收入的主要来源。政府通过财政支出为上市公司的发展提供了良好与稳定的制度环境。经过第7章的研究，认为媒体关注对上市公司政府利益相关者利益具有显著的积极影响，即媒体关注越多，政府利益越容易得到满足。这主要是因为媒体关注的传统外部监督功能的发挥。媒体对上市公司的报道，分别影响到管理层避税行为的成本与收益，最终通过增加管理层的成本而降低其税收激进的动机，有效地约束了管理层的税收激进行为，减少政府在税收征管中遇到的困难。

9.3.5　媒体关注对其他利益相关者利益的影响

员工利益相关者特别关注自己的劳动报酬所得。根据《劳动法》和《劳动合同法》的规定，用人单位必须按照劳动者付出的劳动给予相应的劳动报酬，并按月、季度或年度支付，这是上市公司在劳动关系中应该履行的基本义务，相反是劳动者应该享有的基本权利。受劳动力市场上劳动力供给和需求的影响，现阶段，我国劳动力供给大于劳动力需求。对企业而言，非核心员工的替代性很强，员工利益更多会受人力资本投资、劳动力市场等系统性因素影响。因此，无论媒体对上市公司的报道是正面的还是负面的，都不会对员工的利益产生显著影响。处在供应链上游的供应商，因市场的激烈竞争，供应商具有替代性较高，黏性较高和稳定性较高的特点，企业往往采取低成本的战略来稳固已有市场，扩大市场份额。因此，媒体关注对供应商的利益影响并不显著。

9.4　异质环境下数字媒体关注与利益相关者的关系

9.4.1　不同产权性质下媒体关注对利益相关者利益的影响

媒体关注对于利益相关者的影响在不同实际控制人上市公司中表现不同。具体表现在，相比非国有企业，媒体关注对国有企业的利益相关者会产生显著的差异性影响，尤其是对政府的利益调节作用较明显，而对消费者利益相关者利益的影响会产生抑制作用。产生这种现象的原因可能在于，相比非国有企业，国有企业在被媒体曝光后，能够受到更多的政府保护，抗风险能力较强。同时，由于国有企业的特殊性，更愿意积极矫正和改善与利益相关者之间的关系，从而维护良好的公共形象。

9.4.2　不同市场化程度下媒体关注对利益相关者利益的影响

媒体报道对上市公司相关者利益的影响，不仅受到公司规模、产权性质、发展阶段、公司治理等特征的影响，还可能受到地区环境差异和宏观经济发展水平的影响。我们把上市公司样本分为高市场化程度和低市场化程度两组分别检验，如第 8.4.1 章节研究结果显示，地区市场化水平较高，对媒体关注与政府利益和消费者利益之间关系具有抑制作用，但是会强化正面的媒体关注对上市公司投资者利益的激励作用，对负面的媒体报道与投资者利益的关系会起到抑制作用。可见即使在经济发展水平不同的地区，媒体关注并不会改善所有的利益相关者利益，而是通过差异化的影响再次分配资源，改变原有利益均衡状态。整体而言，地区市场化程度对媒体关注与上市公司利益相关者之间的关系具有明显的促进作用。

9.5 数字媒体关注与利益相关者群体利益的关系

9.5.1 数字媒体关注下利益相关者保护

9.5.1.1 公司治理与公司责任的范围

投资者投资企业希望分享该企业的收益，获得回报。公司治理的目的就是设计能够保证投资者的收益和筹资方的偿债能力的有效契约或激励机制，吸引外部投资者（Shleifer 和 Vishny，1997）。有关公司治理的问题可以一直追溯到西方经济学界 Adam（1776）对该问题的关注。后来 Berle 和 Means（1930）第一次明确提出所有权与控制权的分离，要求股东与经理人之间建立委托代理关系，并且大多数的经济学家和法学家相信，实现股东利益最大化是传统公司治理的终极目标。近 20 年来，类似美国安然事件等大规模金融危机的爆发和诸多公司财务丑闻的曝光，大家逐渐意识到企业单纯追求股东利益最大化将会带来负的外部效应。公司的责任范围不应仅仅局限于保护股东的利益，还应该有利于公司利益相关者群体福利的最大化，让利益相关者的利益得到保障或满意（Gordon，1997），并将这种外部效应内部化（姚伟、黄卓和郭磊，2003），这才是企业努力的真正目标。

因此，公司治理行为和结构的选择至关重要，重点需要建立一整套再次配置资源的制度，处理投资者、债权人、管理人与员工等不同利益相关者之间的利益关系，解决控制权配置和行使、董事会监督和评价以及激励机制的设计和实施等问题（钱颖一，1995）。良好的公司治理结构，不仅能够利用安排制度间的互补性降低代理成本，而且能保护利益相关者群体的利益，免受公司管理层和大股东的侵害（郑红亮，2005）。

9.5.1.2 媒体关注与利益相关者群体福利最大化

近些年，很多学者就媒体关注对资本市场、投资人决策和行为的影响、公司治理效应和作用机制进行了大量的研究。不少学者承袭前人研究对企业媒体操纵现象，从媒体关联角度进行科学的解释。通过对信息传播和信息沟通过程的了解，发现无论是被媒体关注，还是积极主动的媒体关联策略，媒体受众者即信息接收者才是媒体信息传播网络中的关键节点。后来 Jonathan、Douglas 和 Sarah 等（2016）等研究为此提供了证据，他们认为媒体关注会对部分公司利益相关者产生巨大的积极的市场影响。

首先，行为金融学界的有限关注理论认为，经济当事人因信息收集和处理的时间、精力、资源和成本等限制，即便是公开信息，也无法全面获得（Hirshleifer 和 Teoh，2003），作出最优决策。但是在第 35 次我国互联网发展现状调查结果中，发现已经有 5.19 亿的规模用户在关注网络新闻，借助于网络平台的新闻获取率高达 80%（中国互联网络信息中心，2015）。这一数据说明在经济全球化、信息现代化和技术革新的背景下，新媒体的出现拓宽、提高了信息的传播渠道与流动速度，减少了信息传播的阻力，降低了利益相关者获取信息的成本。其次，媒体引导投资者更多地关注媒体报道频数较多的上市公司也直接影响着经济当事人的收益（于忠泊、田高良和齐保垒等，2011）。例如，媒体关注影响了投资者的股票收益（Lily 和 Joel，2009）。后来 Jonathan、Douglas 和 Sarah 等（2016）的媒体关注会产生巨大的积极的市场影响研究为此提供了更有力的证据。最后，利益相关者更有能力，也更容易通过社会媒体渠道提高他们的满意度（李君艳、田高良和司毅，2017）。根据前文实证检验结果，发现媒体关注会增加多数利益相关者利益，只对个别利益相关者利益产生负面影响，即媒体关注有利于利益相关者群体福利最大化的公司治理目标的实现。

企业与其利益相关者之间的关系随着社会媒体的出现和使用而发生变化。因此，董事会成员帮助公司更好的利用社交媒体维护自身形象，提高公司的经营效率，防止滥用社交媒体，提升社交媒体对利益相关者的影响力（Garcia，2013；Chaher 和 Spellman，2012）。上市公司从“被”媒体关注到积极的网络舆情管理行为选择，是实施战略管理的具体体现，特别是在重要的公司事件中，企业通过释放更多的消息，调节投资者、债权人、消费者和政府利益相关者的利益，最终实现利益相关者群体福利最大化的公司治理目标（李君艳、田高良和司毅，2018）。经过以上相关理论分析，假设其他条件都一致情况下，媒体关注越多，越有利于利益相关者群体利益的增加；其他条件都一致情况下，倾向性媒体关注越多，越有利于利益相关者群体利益的增加；其他条件都一致情况下，正面的媒体关注越多，越有利于利益相关者群体利益的增加；其他条件都一致情况下，负面的媒体关注越多，越不利于利益相关者群体利益的增加。

无论是国有企业还是非国有企业，政府介入机制的作用都会引发巨大的压力（李培功和徐淑美，2013），张萍、葛玉洁和曹洋等（2015）研究发现，作为国有企业的高级管理层员工往往由政府组织任命，当媒体曝光后可能会得到更多的政治庇护。因此，其利益往往不会受到多大影响并有保障。另外，根据 Benjamin 和 Dan（2016）的研究发现，大型非私营企业更倾向于通过媒体捆绑策略性的定期披露信息，从而导致媒体报道的数量增加而扩大其影响覆盖面，获得额外收益。由于民营企业经理人市场机制不成熟导致缺乏稳定性，媒体关注的声誉机制失去作用。显而易见，上市公司产权性质的不同，利益相关者的利益可能会对媒体关注存在不同的反应。因此，在其他条件都一致的情况下，媒体报道对于利益相关者利益影响在不同实际控制人上市公司表现不同。

9.5.2 模型设定

在比较分析媒体关注对不同利益相关者利益影响的作用机理和经济结果后，本章进一步综合分析媒体关注的公司治理效果，即媒体关注对利益相关者群体福利最大化影响的经济结果，本章构建模型如式（9－1）所示：

$$SInt\_i_t = \alpha_0 + \alpha_1 Log(Media_{t-1}) + \alpha_2 FStckhd_t + \alpha_3 MO_t + \alpha_4 LgStkhd_t +$$

$$\alpha_5 Dual_t + \alpha_6 MStckhd_t + \alpha_7 Indpd_t + \alpha_8 MoniSize_t + \alpha_9 Age_t + \alpha_{10} Size_t + \alpha_{11} MTB_t + \alpha_{12} State_t + \alpha_{13} DevStage_t + \sum_{k-1}^{n} \alpha_{14} Year_k + \sum_{p-1}^{m} \alpha_{15} Industry_p + \varepsilon_t \quad (9-1)$$

其中，被解释变量 $SInt\_i$ 为利益相关者群体利益的代理变量。借鉴严复海和赵麟（2009）、Gantchev（2013）、张琦和刘克（2016）和 Gordon（1997）等的研究，本章结合 4.2.2 变量测量内容和方法，运用 SAS9.4 软件对上市公司的股东、债权人、员工、客户、供应商及政府利益相关者利益的数据进行耦合分析和综合评价。首先，对指标相关矩阵进行分析，发现指标间相关程度较低，再对数据做 KMO 和 Bartlett 球度检验，结果显示适合进行耦合分析。根据方差贡献度排序，可得到耦合分析模型，即利益相关者综合评价公式（9-2）：

$$SInt\_i = 0.2334 \times ISS\_i + 0.1847 \times BSS\_i + 0.1686 \times ESS\_i + 0.1480 \times CSS\_i + 0.1423 \times SSS\_i + 0.1231 \times GSS\_i \quad (9-2)$$

根据公式（9-2）可以看出，ISS_i 所代表的股东利益相关者收益的增加对于改善上市公司利益相关者关系管理的影响是积极的，其系数为 0.2334。以上市公司偿债能力和员工薪酬的增加为代表的债权利益相关者（BSS_i）和员工利益相关者（ESS_i）对于上市公司利益相关者关系（$SInt\_i$）管理改善的影响程度依次降低。而客户（CSS_i）和供应商利益（SSS_i）的满足对于企业利益相关者内部的均衡具有同等效应，系数为 0.14。

政府对企业利益相关者关系的改善的影响程度为 0.1231，主要因为其作为外部利益相关者，对企业影响能力是有限的。解释变量 *Media* 为媒体关注的代理变量，主要包括媒体关注度（$Media\_t$）、媒体关注倾向性（$Media\_s$）、正面的媒体关注倾向性（$Media\_p$）和负面的媒体关注倾向性（$Media\_n$）。另外，其他控制变量不变，本章对媒体关注（$Media\_t$）变量采用滞后一期的处理，来缓解内生性问题。

9.5.3 实证结果分析

以上市公司利益相关者综合指数（$SInt\_i$）作为因变量，在控制其他影响因素基础上，依据多元回归结果，发现媒体报道（$Media\_t$）对上市公司整体利益相关者利益（$SInt\_i$）的影响在1%水平上显著正相关，检验结果支持了越多的媒体关注，越能满足上市公司利益相关者的利益需求和期望，具有积极作用的观点。进一步研究发现媒体报道倾向性（$Media\_s$）和正面的媒体关注倾向性（$Media\_p$）与上市公司整体利益相关者利益（$SInt\_i$）显著正相关（在5%水平上显著正相关），系数均是0.001，同样支持了本章假设，即倾向性媒体关注（$Media\_s$）和正面的媒体关注（$Media\_p$）均对实现利益相关者群体福利最大化（$SInt\_i$）目标具有积极作用。负面的媒体关注（$Media\_n$）与利益相关者群体（$SInt\_i$）不相关，即负面的媒体关注对利益相关者影响不大。

在考察不同企业产权性质下，媒体关注（$Media$）对于上市公司利益相关者（$SInt\_i$）影响的差异性结果中显示，在控制其他变量情况下，相比较非国有企业，有关国有控股上市公司的媒体关注（$Media\_t$）越多，越有利于利益相关者群体福利（$SInt\_i$）最大化。可以看出负面的媒体关注（$Media\_n$）与上市公司利益相关者综合指数（$SInt\_i$）相关性相对较弱，系数为-0.01（在10%水平上显著）。产生这种现象的原因可能在于，国有企业受到政府保护可能性较高，在被媒体曝光后无所畏惧，不会积极地矫正和改善与利益相关者的关系而忽视其利益者的利益。

在非国有企业中，媒体关注（$Media\_t$）、倾向性媒体关注（$Media\_s$）和正面的媒体关注（$Media\_p$）均与上市公司利益相关者（$SInt\_i$）之间关系，显著正相关（分别在10%和5%水平上显著），此结果与全样本实证结果基本一致。综上所述，可得出研究结论即媒体关注对于利益相关者影响在不同实际控制人上市公司中表现不同。

9.6 本章小结

综合第8.2章节的研究内容可得出研究结论，即获得了即媒体关注对采用多因素多变量耦合分析下的上市公司利益相关者的整体利益存在积极的正向影响。证实了提出的基于财务数据的利益相关者利益综合评价指标的有效性。同时验证了上市公司对利益相关者利益保护程度的量度方法的有效性和自适应性，即有关上市公司的媒体报道越多，越有利于实现利益相关者群体福利最大化的目标。因此，可以得出结论，作为公司治理的外部监督机制，媒体关注有助于改善上市公司与利益相关者之间的关系。

多角度探讨媒体发挥公司治理作用的三种机制。关于媒体发挥公司治理作用的途径也存在着众多的争论，本项目的研究针对三种作用途径逐一进行辨析，分析三种机制的原理、局限性和适用性，弥补这一领域的空白。从投资者保护以及信息交易者的角度探讨媒体关注的公司治理效应，探究媒体关注对资本市场有效性、资本市场信息环境的影响。为更加全面地了解媒体关注的公司治理效应提供支持。采用文本挖掘和分析技术结合计量分析的研究范式。媒体报道的研究是一个新兴领域，在不同的制度环境、不同的约束条件下，媒体的功能可能不同。模型推导的一个优点是可以模拟设定各种条件，通过施加不同的约束，考察媒体功能的不同。该研究范式突破了以往采用案例研究媒体报道作用的局限。

研究主要贡献有五个方面：（1）全面梳理媒体关注学术文献，展望未来研究机会；（2）发现媒体关注和资本市场效率之间的关系，为媒体报道的资本市场效应提供了证据；（3）确定了在我国制度背景下媒体发挥监督功能的市场压力机制，媒体报道给公司管理层带来额外的市场压力，进而缓解公司代理问题，提高投资者保护强度；（4）发现媒体报道对管理层盈余管理、税收规避等机会主义行为的抑制作用，为媒体报道的公司治理功能提供了证据；（5）发现上市公司的主动媒体管理行为有助于改善公司信息环境，增加公司透明度和利益相关者福利。

第10章　数字媒体关注下公司外部治理的挑战与变革

数智时代媒体监督下资本市场和上市公司会呈现出不同程度反应，从而适度调整或重新配置企业利益相关者间的收益，根据上述主要研究结论，分别从实践与理论两个方面，阐述数智媒体时代公司外部治理实践面临的挑战，例如，社会转型期线下矛盾线上反映、缺乏对新媒体的重视、舆情监测和管理投入不足等，论述发挥媒体关注的公司外部治理效应在理论创新方面存在的问题与变革，由此提出媒体关注的公司外部治理效应的研究趋势。为解决数智时代企业利益相关者保护面临的实践挑战，从理论研究视角阐述企业应对数字媒体关注与公司治理危机的思考。

10.1　数字媒体约束下公司治理面临的实践挑战

虽然，近几年我国基于大数据的信息技术和网络科技发展突飞猛进，但是，令人遗憾的是，市场各类主体对于网络舆情的认知和管理能力远远落后于实践的发展水平。上市公司没有建立完善的舆情管理体系、无法有效应对网络舆情。本课题组团队成员联合深圳证券交易所早在2014年进行了一项调查，结果显示虽然有高达26.19%的公司在一年内发生过舆情危机，但是在应对舆情管理投入方面严重不足，41.89%的受访公司媒体管理部门的年度支出（不包含人力成本）在10万元以下，21.74%的公司没有任何舆情管理人员，34.57%的公司既没有公关应对制度也没有危机公关预案。更为让人担忧的是，部分中介机构不仅没有尽职尽责帮助上市公司管理网络舆情，反而出现了利用舆情勒索上市公司的恶性事件。例如，2014年9月爆发的专业财经媒体21世纪网勾结部分公关公司的恶性事件。导致上述种种乱象的原因，除了法律法规的不完善之外，对舆情管理的认知不够深入、管理能力低下也是主要因素之一。有鉴于此，《国务院关于进一步促进资本市场健康发展的若干意见》（2014）明确提出，要规范资本市场信息传播秩序，综合运用法律、行政、行业自律等方式，完善资本市场信息传播管理制度，确保信息发布公开公正、准确透明。因此，数字媒体外界约束下公司治理面临的实践挑战主要包括：

首先，社会转型期线下矛盾线上反映，对主流思想舆论信息形成挑战。当前，我国经济体制和社会结构处在深刻变革中，利益集团间的利益格局也发生了相应的调整和变动，不同利益群体通过不同方式向社会表达均衡利益的诉求，包括党员和组织在权力（行政审批权、资源配置权、行政执法权及人事任免（推荐）权等）行使中的各种贪污腐败行为的揭发、举报，并想方设法扩大影响。随着中国民主法治进程的不断推进，公众参与传播的意愿逐步增强、能力逐步提高，独立获取资讯、作出判断的意愿更强。国际数据公司调查报告显示，早在2012年全球数字信息总量就已达到1.2ZB（十万亿亿字节），且每年以60%的总量增长，预计2020年将达到35ZB。数字信息大爆炸的时代已经到来，将是一个从信息稀缺到信息过剩、从信息单一到信息繁杂、从信息饥渴到信息选择、从信息盲从到信息自主的过程。虽然，内容丰富的信息存量可以满足人们日益增加的精神文化生活的需求，但是，也容易带来信息过剩、信息污染和信息真空等问题，特别是新兴媒体高开放、大流量、快速度、易互动等特点，使社会思潮的传播、衍生、扩散、变异成倍增长，对主流思想舆论形成冲击。

其次，缺乏对新媒体的重视，与受众者互动性较低。就重要性而言，市场监督机构仍然以传统媒体（主要包括报刊、户外、通信、广播和电视等）作为信息披露和媒体监督的重要工具。公司的官方网站和各大权威报刊（包括人民日报、新华网、财经网等）使用频率较高，而对论坛、股吧、微博、微信等新型社交媒体的重视程度非常低。只有部分高市值、媒体管理投入高的上市公司已经逐渐认识到新媒体的重要性。无论是面对传统媒体，还是在新媒体快速发展阶段，上市公司在官方网站平台上与群众互动性较低，未及时回复反馈信息现象比较常见。于忠泊（2011）[①] 联合深圳证券交易所等展开了一项调查，调查结果显示，在出现舆情危机后的应对策略上，大多数公司选择主动正面回应报道或质疑，保持监测，但不主动应对的上市公司也不在少数。部分公司会选择在网络媒体上主动发声，进行引导，而借助第三方力量进行私下处理的相对较少。从调研结果来看，大多数公司仍然站在与媒体较为对立的立场，在日常甚至是危机发生后不愿与记者和受众者进行深度沟通来化解误解。

再次，舆情监测和管理投入不足，群体事件应急处置机制不健全。调查数据统计结果显示，1325 家受访上市公司中，媒体管理除了资金投入不足之外，采取舆情管理措施的公司也面临人手不足的问题，具体体现在 64.60% 的受调研公司有 1 名或 2 名专职媒体关系管理人员。21.74% 的受访公司无专职媒体关系管理人员。11.47% 的受访公司有 3—5 名专职媒体关系管理人员，另外有 2.19% 的受访公司有 5 名以上专职媒体关系管理人员。由此可见，大部分受调研公司仅有一两名员工负责媒体管理，人力投入严重不足。我国市场监督检查部门对于新媒体管理工作的投入，普遍集中在媒体管理部门的人员工资支出、法定信息公布、媒体合作支出、购买媒体监测工具或聘请媒体监测公司等方面，在网络反腐舆情监测和管理方面，仍然存在投入不足、媒体事件应急处置机制不健全等问题。

最后，数字媒体管理和监测工作机制不健全，系统性和持续性不足。近几年，我国大数据信息技术和网络科技发展突飞猛进，但是市场各类公司对于网络舆情的认知和管理能力远远落后于实际发展水平。上市公司没有建立完善的舆情管理体系、无法有效应对网络舆情。尽管在媒体工作机制和危机应对方面，相关部门已经掌握基本的应对技巧，比如定期进行媒

① 天津证监局，深圳证券交易所．上市公司网舆情应对研究——基于资本市场监管［R］．2014，内部资料．

体监测，建立危机公关工作机制，引入新闻发言人制度等。但在，全面普及的程度和相关工作技巧的深度方面有待进一步提高。随着关注度的日益增加，以及监管机构对舆情管理要求越来越高，上市公司同样已经意识到媒体管理工作的必要性，并已开始配备一定的人员进行针对性的舆情管理工作。我们从上市公司在舆情管理部门设立、部门职能、人员配备、工作制度等方面进行了深度调研，发现在舆情管理部门的设立和具体工作仍停留在传统媒体管理工作体系之上，无法满足日趋复杂的新媒体网上舆情管理需求，尤其是舆论持续性的跟进监测和应急机制有待完善。

10.2　数字媒体时代公司外部治理的理论创新与变革

10.2.1　数智媒体时代公司外部治理的理论创新

通过了解大数据背景下“互联网+新媒体”公司治理实践的本质、特征、现状以及面临的实践挑战，阐明新媒体信息的传播机制，系统分析在市场压力机制、传统声誉监督机制和行政介入机制的作用下，媒体关注将会对不同的利益相关者利益产生什么样的经济后果。在此基础上提出网络新媒体环境下，公司媒体治理的政策建议，努力为构建更加公平、开放、有序的新媒体网络监督环境提供更多的参考依据。然而数智时代公司治理的研究创新面临以下几个问题：

（1）现有研究主要集中于上市公司“被”媒体关注后的资本市场效应、公司治理效应和作用机制，少有文献聚焦媒体关注的公司治理外部效应，即媒体关注对不同利益相关者利益的影响路径与经济后果，尤其是媒体报道倾向性对上市公司财务状况和股东利益的差异性影响。本书全面分析了网络新媒体外界约束影响上市公司利益相关者关系管理的内外部机制，进一步完善媒体监督的理论；系统性地构建了网络媒体关注影响公司利益相关者关系管理的分析框架。研究结论在一定程度上补充了这类文献，媒体报道数量、倾向性新闻媒体报道对上市公司不同利益相关者利益产生的影响。研究发现，新闻媒体互动不仅缓解了信息不对称性与信息发送和接收的阻力，而且降低了利益相关者搜寻信息的成本。

（2）研究思路以媒体关注后的上市公司“被”治理为主，例如，媒体报道数量的增加促使公司改正了糟糕的公司治理决策、积极采取措施提高董事会效率、降低期权的使用等。然而以微博、微信、Facebook 等为代表网络新媒体的出现和基于约束环境的变化，发现上市公司利用媒体进行公司治理从“被动”到“主动”的转变并不是一个单纯循环的过程，而是基于媒体、上市公司和利益相关者内在依赖的具有累积效应的因果循环。本书在上市公司“媒体关联”初步探索文献基础上进一步进行深入研究，为媒体与公司治理的研究提供了新的视角，为上市公司媒体治理和公共关系管理的必要性提供理论依据。除此之外，本书从不同利益相关者的角度出发，探讨媒体关注公司治理的经济后果，从而挖掘媒体报道、公司治理和利益相关者保护之间的关系与作用机制。

（3）在数据获取方面，大多数的研究都采用搜索引擎获取较为粗糙的数据。在变量构造方面，仅仅以新闻数量的多少度量媒体的关注程度。本书优化现有研究方法，引入先进的新闻媒体报道的测度方法，采用挖掘技术，从多个维度对媒体关注及媒体关注的情感度进行了测度，构建多种变量和模型。因此，在研究方法上具有较大的创新。除此之外，现有文献虽然对媒体关注与投资者收益关系进行了研究，主要体现在媒体关注对投资者证券市场认知、购买股票行为和投资权益等单因素的影响，但并未就投资者及其他利益相关者的利益作出具体的界定和综合评价，本书提出了基于财务数据的投资者及其他利益相关者综合利益评价指标，实现了上市公司在不同情况下对利益相关者利益的保护程度的量度。

（4）在理论分析、实证检验和结果分析的基础上，得出的研究结论加深了媒体的公司治理效应及作用机理的认知，对上市公司治理决策的制定、财务困境的缓解，利益相关者利益的保护和公司价值的提升都具有一定的指导作用。分别针对上市公司的风险管理问题、利益相关者保护问题、公共监督管理部门的公共危机管理问题、广大受众者的信息获取问题和媒体行业的自律问题，围绕媒体事件的潜伏、媒体事件爆发和媒体事件处理的发展理期，指出风险预测、风险评估、风险承担和风险应对的原则，提出切实可行的具体措施。建立企业应对网络媒体外界约束的响应机制及管理方法，为企业利用网络媒体监督提高利益相关者关系管理水平提供指南。在搞清制度环境、监管策略与网络及新媒体关系的基础上，提出监督管理部门引导和监督管理媒体监督的政策建议，供监管部门借鉴参考。

10.2.2　数字媒体时代公司外部治理的变革

综上所述，虽然本书得出了媒体关注通过协调不同利益相关者的利益，最终有利于上市公司利益相关者群体利益的实证结果，达到了预期的研究目标，获得了一些重要的研究结论，并提出相关政策性建议，加深了对媒体的公司外部治理效应和关联动机的认知，有助于上市公司价值的实现，保护利益相关者的利益，从而改善其与主要利益相关者的关系。但是受一些主观因素和客观因素的限制与影响，还存在诸多不足之处需要进一步变革。

（1）需要充分考虑媒体的性质。在媒体发展多元化的背景下选择了 24 种媒体，这些媒体传播信息的受众者分布范围较广，对社会网络媒体生态环境的建设有着巨大的影响。同时媒体不同的独立性和所有权属性不仅会影响信息的真实性，而且对不同利益相关者利益保护的反应程度也不同。除此之外，基于不同利益相关者视角，不同性质的媒体产生公司治理的外部效应的作用机理也不同。

（2）有效识别市场中的信息噪声。随着互联网和大数据时代的到来，传统媒体与新媒体融合的同时，网络新媒体爆发式的增长，使得媒体行业竞争越来越激烈。网络平台和社交媒体等监督管理制度还不够规范，法律制度相对比较滞后。因此，网络信息生态环境较浑浊，信息噪声不仅数量大，而且作用机制比较复杂，不少企业会主动进行“媒体关联”。根据议程设置理论，很可能通过公关方式进行利益交换，有意释放市场参与者比较关注的信息，投其所好，吸引眼球，甚至是通过非正常手段，利用市场潜规则，以操纵媒体的方式获得收益，进一步加大了识别信息噪声的难度。

（3）深入分析媒体关注与不同利益相关者之间的作用机理。回顾已有文献，大量研究集中在媒体关注对中小股东利益保护的关注，却忽视了媒体关注与债权人、供应商、消费者和政府等其他利益相关者的研究。虽然考察了媒体关注与主要利益相关者的关系，但是就两者之间的互动机制和作用机理还需要进一步深入分析。例如，从信用机制视角出发，分析媒体关注与供应商之间的关系。从品牌建设视角出发，分析媒体关注与消费者之间的关系。基于我国财政税收机制，分析媒体关注与政府利益相关者之间的关系。

（4）深度挖掘媒体关注和利益相关者的测度方法。有关已有研究对媒体关注的测量方法较为简单，仅仅从媒体关注的数量和媒体关注的情感度两个方面进行分析，而有关情感度的分析只停留在正面、中性和负面的媒体报道，缺乏更多维度的测量，例如，新闻乐观性程度、前瞻性和真实性程度等。另外，总结学者的研究，建立上市公司利益相关者利益的综合评价指标，未能建立一套公认的评价准则，该测量指标需要进一步科学验证，不断补充和完善。

10.3 数字媒体关注的公司外部治理效应研究趋势

国内外学者对媒体关注、公司治理与利益相关者之间的相互关系、作用机制等方面展开了较多研究工作，但是以微博、微信、Facebook 等为代表新社交媒体的出现，信息在社会关系网络中传递的过程更加复杂，市场参与主体利用媒体进行社会治理从“被动”到“主动”的转变不再是一个单向循环过程，而是基于约束环境变化下的媒体、市场参与主体和利益相关者内在依赖的具有累积效应的循环。基于媒体关注的公司治理效应，不少学者发现市场参与主体通过“利益输送”策略性地运用其信息以博取利益（William，2001），即通过媒体关联谋求媒体倾斜进行反向公司治理（饶育蕾、谢倩倩和王建新，2016），媒体治理的角色在机制上存在“监督”与“合谋”两种可能。随着新环境的变化，传统科学研究的不足和新媒体、媒体监督相关研究领域、视角及方法等，发展趋势具体表现在三个方面：

(1) 研究视角和方法呈现“颠覆”传统科学规律之势。网络媒体的相关研究除了涉及领域较为广泛之外，其研究视角和方法也与传统经济学和管理学有较大差异，所表现出的特征大有“颠覆”传统学科规律之势。在网络环境下，内部人和外部人之间信息传播的典型特征是“双向互动”，企业内部决策人的信息优势地位不再那么绝对，在博弈之前双方就进行了信息的互换，起到监督和反馈的作用，股价信息含量对企业内部决策人的行为具有显著影响（Barro，1990；Morck、Vishny 和 Shleifer，1990；Blanchard、Summers 和 Rhee，1993；Baker、Wurgler 和 Stein，2003），这一点可以部分佐证“双向互动”信息传递对博弈模式的影响。相反，现代公司金融理论认为，市场参与人内部决策人具有绝对的信息优势地位，外部人根据内部人发出的“信号”进行决策，信息处于一种“单线”传播的模式，双方的博弈模式也是一种“单线”的多回合博弈。值得注意的是，虽然媒体以及网络舆情的研究领域较为宽泛，但是目前尚未形成较为统一的分析框架，即使仅仅针对某一较小的领域，也存在诸多争论，尤其是利用群智能优化更好的释放媒体、网络监督的正能量，实现上市公司基于网络环境下提高利益相关者关系的管理的效率。例如关于新媒体报道为什么会对公司治理产生影响这一较小领域，就有行政干预、声誉机制、市场压力等各种解释，并且分析的逻辑和出发点也差异显著。

(2) 研究成果具有明显的归纳性质。媒体与网络信息的传递，影响并改变着参与主体决策、公司治理机制、公司运营机制、外部监管机制、公司绩效业绩表现、投资者保护、资本市场特征等，研究借鉴行为科学、信息科学等领域研究方法，大多以经济学或管理学为基础，通过资产价格的信息含量、资产收益特征、金融资产的定价模型和投资者的交易行为来分析信息的广度、深度、信息的传递效率、信息的传递模式有限理性、媒体的有偏倾向、说服理论、投资者情绪变化等，研究成果具有明显的归纳性质。即使研究对相关经济现象给出了具有创新性的理论解释，这些理论模型的适用性也不足以完整描绘媒体及媒体监督对企业关系管理、决策的影响机理。

(3) 研究内容趋向新媒体、公司治理与利益相关者关系的认知。对于媒体报道对利益相关者的影响，自从1982年强生“泰诺”事件发生后，Thomas (1997) 提出的“焦点事件理论”认为，“突然发生的、不可预知的事件”会受到媒体的采访而引起广泛关注，通过影响重要的利益相关者的期望和利益，来达到改变市场参与者行为的目的。其中，媒体与中小股东利益保护的关系备受关注。例如，李常青和熊艳 (2012) 指出媒体在一定程度上可以作为保护投资者的补充机制。孔东民、刘莎莎和应千伟 (2013) 认为媒体关注在保护中小股东利益方面在各个层面上都体现了显著的监督治理功能。因此，现有研究逐渐开始关注新媒体对其他上市公司利益相关者的影响，尤其是对客户、供应商和政府利益相关者差异化影响，以及对利益相关者群体福利最大化的影响。

10.4 数字媒体关注与公司危机治理的理论思考

根据上文对媒体的外部监督功能、媒体关注的公司治理机制和媒体关联的公司治理策略等相关研究内容的回顾，评析现有研究的不足之处，发现尚未有研究从利益相关者角度出发，探索媒体关注的公司外部治理效应的经济后果及作用途径。总结国内的研究领域和基于新的研究视角和研究方法的未来研究新趋势，从而获得的研究启发，弥补现有研究空白，即在公司治理框架下，基于多变量多因素耦合分析方法，探讨媒体关注对上市公司不同利益相关者利益带来的影响和作用机制。应对数字媒体关注与公司治理危机理论思考的出发点基于对已有研究的认识，传统企业理论认为企业主要是由企业唯一所有者股东[①]出资形成的。因此，通过财务上的合理经营为股东创造更多的财富，实现投资者利益最大化。从20世纪90年

① 股东是企业的所有者，享有企业的经营管理权、利润分红权等．利益相关者包括企业债权人、员工、当地政府、股东、供应商、顾客等．见 Donaldson 和 Preston. 公司相关利益者理论：概念、证据和应用［J］. 管理学会评论，1995（20）：65－67.

代开始，该理论受到了利益相关者理论[①]的挑战，美国在修改后的公司法（United States Corporate Law）[②] 中明确指出股东只是利益相关者中的一部分，公司治理不应该只为股东（Shareholder）服务，而是为更多的利益相关者（Stakeholder）服务（Donaldson、Thomas 和 Preston 等，1995）。有关媒体报道对上市公司利益相关者的影响观点的提出，主要依据 Thomas（1997）以及 Jonathan、Douglas 和 Sarah（2016）的研究。他们认为媒体关注会产生巨大的、积极的市场影响，当然包括市场的主要组成部分公司利益相关者。诺贝尔经济学奖获得者 Akerlof 和 George（2001）在对信息不对称问题的分析中，特别提出了信息的流动可以改善资源配置而使市场得到发展的观点。将在此观点的基础上深入展开研究，以期能够拓展与丰富现有的研究成果。获得具体的应对数字媒体关注与公司治理危机的理论思考启示主要包括（见图 10－1）：

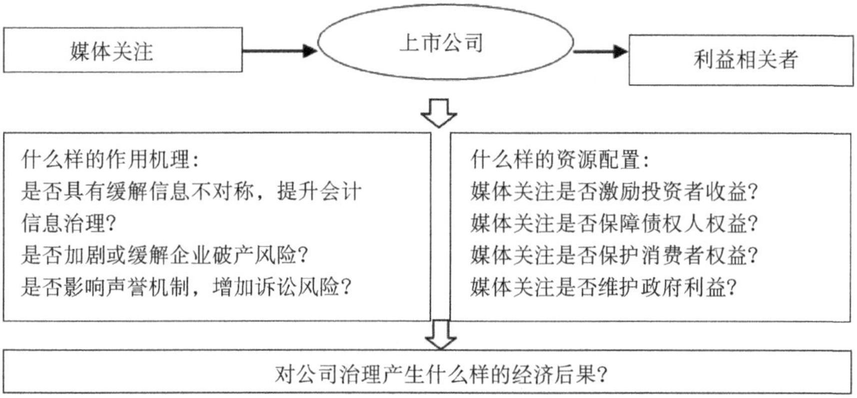

图 10－1　数字媒体关注的公司外部治理效应思考

① Phillips，Robert. Stakeholder Theory and Organizational Ethics［M］. 2003：66.

② John Armour，Henry Hansmann，Reinier Kraakman，Mariana Pargendler "What is Corporate Law?" in The Anato my of Corporate Law：A Comparative and Functional Approach（Eds Reinier Kraakman，John Armour，Paul Davies，Luca Enriques，Henry Hansmann，Gerard Hertig，Klaus Hopt，Hideki Kanda，Mariana Pargendler，Wolf－Georg R inge，and Edward Rock，Oxford University Press 2017）1. 1. States in 1991. See C Hansen，'Other Constituency Statutes：A Search for Perspective'（1991）46（4）The Business Lawyer 1355，Appendix A for a list of laws. The Connecticut General Statute Ann. P33－756 goes further than most in requiring directors take account of stakeholders.

（1）应该足够重视媒体关注对利益相关者影响的问题。互联网信息技术迅速发展的当下，爆发式增长的媒体对上市公司的报道，一部分公司因媒体的大量报道，从而引起了投资者或更多利益相关者的关注，而另一部分公司因各种丑闻事件导致消费者索赔、投资者撤资、监督部门的惩罚及诉讼风险的增加，长期深陷财务绩效困境，甚至是不得不作出停止运营（关闭）决策。因此，以此为出发点，试图探讨媒体报道上市公司带来的“蝴蝶效应”和“放大效应”，我们要对媒体关注与上市公司利益相关者之间互动机制问题给予更多的关注。另外，在中国大数据和互联网治理的背景下，面临着与国外完全不同的约束条件，探讨不同类型的媒体关注对上市公司利益相关者利益影响的异质性和作用机制，十分必要而又异常迫切。该问题的研究有利于企业、公共部门充分发挥媒体监督功能，达到提高公司治理和政府治理效率的目的。

（2）应该深入探讨媒体关注和利益相关者之间的互动机制。为了深入研究媒体关注的公司治理效应，一定要探讨媒体对上市公司相关事件报道后，通过什么样的机制影响利益相关者的利益。例如，媒体报道对于上市公司破产风险是否会起到推波助澜的作用，从而影响到相关利益者的收益？媒体报道信息传播是否会缓解信息不对称，提高财务报表可读性，从而改善投资者的收益？媒体报道是否会约束上市公司税收激进行为，从而保障政府利益相关者所得税征收？因此，检验媒体关注影响利益相关者利益的不同机制的存在性就非常重要。

（3）应该建立多因素多变量的耦合利益相关者群体利益的衡量指标。如何顺利展开实证检验，获得较高质量的研究结论，必须构建合理的利益相关者群体利益保护的综合指标体系，对于该指标的构建，很多学者还未达成一致。参照已有学者的相关研究，试图努力构建基于多变量多因素的耦合分析的综合衡量指标体系，包括投资者利益、债权人利益、员工利益、客户利益和供应商利益。

（4）应该有效检验媒体关注与利益相关者利益之间的关系。回顾媒体关注的相关文献，有关媒体关注与利益相关者之间系统性地、综合比较研究不多。结合网络媒体发展的生态环境，确定研究问题后，在相关理论基础上，定性分析两者之间的相互联系和互动机制。除此之外，还需要通过构建模型、搜集数据和发展测量变量，采用 OLS 回归方法进行实证性的有效检验。定量的研究方法的使用会使该研究结论更加合理和科学。

10.5　本章小结

近几年我国基于大数据的信息技术和网络科技发展突飞猛进，但是，市场各类主体对于网络舆情的认知和管理能力远远落后于实践的发展水平。在数字媒体关注下，上市公司外部治理实践面临很多挑战，例如没有建立完善的舆情管理体系、无法有效应对网络舆情，社会转型期线下矛盾线上反映，对主流思想舆论信息形成挑战。缺乏对新媒体的重视，与受众者互动性较低。舆情监测和管理投入不足，群体事件应急处置机制不健全。媒体管理和监测工作机制不健全，系统性和持续性不足。虽然，数智时代上市公司外部治理创研究具有一定的创新，但仍然存在研究内容等方面的不足。上市公司利用媒体进行公司治理从“被动”到“主动”的转变并不是一个单纯循环的过程，大多数的研究忽视了媒体关注的公司治理外部效应即媒体关注对不同利益相关者利益的影响路径与经济后果的研究，采用搜索引擎获取较为粗糙的数据。因此，数智时代上市公司外部治理变革需要充分考虑媒体的性质、有效识别市场中的信息噪声、深入分析媒体关注与不同利益相关者之间的作用机理、深度挖掘媒体关注和利益相关者的测度方法。随着创新与变革，有关方面的研究在视角和方法、研究成果、研究内容方面呈现出新的趋势。同时，如何应对数字媒体关注与公司治理危机值得深入思考，在理论层面，学者们应该足够重视媒体关注对利益相关者影响的问题，深入探讨媒体关注和利益相关者之间的互动机制，建立多因素多变量的耦合利益相关者群体利益的衡量指标，有效检验媒体关注与利益相关者利益之间的关系。

第11章　数字媒体关注的公司外部治理效应策略

在我国推动数字经济转型和媒体深度融合的制度背景下，探讨数字媒体关注发挥公司治理效用的途径，验证媒体关注市场压力的存在性、来源以及经济后果，归纳数字媒体与公司外部治理的创新点，阐明上市公司外部治理的变革与实践中面临的挑战，基于应对数字媒体关注与公司治理危机的理论思考，提出数字媒体关注背景下，上市公司和政府监管部门应对治理危机的策略与政策建议，从而展望上市公司外部治理与利益相关者保护的未来研究方向。

11.1　企业应对公司治理危机的策略

本书利用文本挖掘的数据，发现了上市公司网络舆情管理行为具有积极的资本市场后果。在证券市场改革的大背景下，研究结论为市场监管者建立“以信息披露为中心”的监管体系提供了实证参考，同时对上市公司媒体和市值管理实践都具有一定的实际意义。经过前期研究获得上述主要研究结论，说明媒体作为公司治理的重要外部监督力量，在公司治理过程中发挥着缓解信息不对称的作用，有利于减少上市公司与利益相关者的信息传播阻力、调节利益相关者之间的利益、改善两者之间的关系和化解公共危机的优势。对于新闻媒体组织而言，应当严格遵守客观公正的职业规范和道德，避免倾向性报道发展为诱导性报道，在实现以积极有效的方式传递信息的同时减少信息接收和发送的内外阻力，扮演好信息中介的角色。基于传统监督机制、声誉机制和市场压力机制的作用机理分析，结合国内现实，针对网络媒体外界约束环境下公司治理面临的挑战提出如下建议：

（1）充分利用正面的媒体报道。媒体对上市公司的积极报道能够保证会计信息的传播，有利于保护投资者和利益相关者群体的利益。因此，上市公司应该在公司治理过程中，高度关注和重视正面倾向性的媒体报道，充分发挥媒体的外部监督效应。上市公司充分利用正面、积极的媒体报道方式较多，如策划媒体事件、加强广告宣传等，以进一步树立公司的口碑。当然，公司也不能忘乎所以，需要清醒全面地分析诸多正面信息，及时掌握客户对于公司品牌、产品、服务及客户关系等方面的好评及相关的建议，提炼出公司的品牌价值，为下一步的营销活动作准备。由于积极的网络舆情管理可以提升公司股票的流动性，尤其当公司信息环境较差或面临舆情危机时效用最为明显。因此，网络舆情管理应当成为公司市值管理和投资者关系管理实践的重要环节，其作为一种与投资者有效沟通的关键市场竞争能力，应上升到公司战略的高度。充沛的流动性对股价的稳定至关重要，公司微观层面的管理对宏观证券市场安全稳定重要意义也得以凸显。

（2）应该正确处理与媒体的关系。重视媒体在公司治理和改善公共关系方面的作用，尤其要审视媒体对部分利益相关者利益的抑制作用，可能会导致关系的紧张和利益冲突。当然，在市场化程度较低的地区，作为政府部门在考虑进行市场干预和公共危机管理时，应该更多关注和分析媒体在发挥监督效应时所扮演的角色和作用机制，提高政府治理效率。在市场化程度较高的地区，因负面倾向性报道会对股东利益的抑制作用，可能导致关系紧张和利益冲突，应该正确处理其与媒体的关系，充分利用和发挥倾向性报道在公司治理和公共关系管理方面的作用。慎重对待中性的媒体报道，它是上市公司进行市场调研的重要途径。对于一家公司而言，中性的媒体报道虽然不需要面对解决危机的困扰，但也绝非一件多么值得庆幸的事情，如何在进一步避免负面关注的同时，提高公司的产品和服务质量，深化客户理念，增强客户对公司的信用度，扩大公司的知名度，应该是上市公司亟须考虑的问题。因为一家举步不前的上市公司注定要被日新月异的资本市场所淘汰。

（3）提高倾向性媒体报道的重视程度。在传统声誉监督机制、市场压力机制与行政介入机制的作用下，媒体报道数量和情感度都会不同程度对上市公司利益相关者的利益产生影响。在对上市公司媒体关注理论深刻认知的基础上，根据以媒体为载体的文本信息数据的挖掘、搜集、筛选和过滤及统计分析后，发现有关上市公司的媒体事件报道主要有正面、中性和负面三大种类，建议加强重视负面的媒体报道。根据实证检验结果，发现负面的媒体报道会使政府利益受损，从而破坏公司与政府良好的政企关系。在市场化程度较高的地区，负面倾向性的媒体报道会抑制投资者的收益，可能会导致公司与投资者关系过度紧张，利益冲突加剧。因此，与正面的媒体报道相比较，上市公司应该更加关注和高度重视负面的媒体报道，做到趋利避害，维护良好的公共关系。

在媒体报道形成之初，如果上市公司没有及时面对和重视，未建立很好的媒体报道管理机制，一旦被广泛关注并大量传播与转载，很容易使公司陷入负面舆论的风口浪尖，最终形成网络舆论危机，将对于公司的品牌形象有着很大的负面影响。因此，负面的媒体报道是上市公司媒体报道管理的重点，应该引起高度重视。

（4）完善应对媒体危机事件的动态处理机制。互联网的不断发展，资本市场信息环境将越来越复杂，通过实证检验分析，发现媒体关注通过增加会计信息透明度、提升会计信息质量、抑制过度投资和提升投资效率的方式，保护投资者的利益，也会通过作用于公司的破产风险、诉讼风险和税收激进等途径影响债权人、消费者和政府的利益。我们有理由相信大众对其认知度定会不断提升。围绕媒体事件的发展周期，系统、持续性的上市公司媒体报道应对思路如下：

在媒体危机事件爆发前，防患未然。上市公司要学会未雨绸缪，才能从容应对网络媒体事件。首先，统一管理层对于媒体报道管理必要性的认知，并因地制宜地进行公司媒体报道应对管理体系策划；其次，建立完善的危机管理体系，包括但不限于建立以最高决策者为核心的危机管理小组、制定危机公关预案、进行危机模拟演练、建立核心媒体圈等；再次，提升媒体公关培训质量，高级管理人员要进行网络媒体的应对高阶培训，相关部门也要进行媒体报道管理的应对培训；最后，做好媒体报道的监测，以保证第一时间发现并作出应对。

在媒体危机事件爆发时，响应处理。对于传统媒体的响应，应该坚持应对黄金 24 小时原则，即必须在 24 小时内作出响应。对于网络新媒体，可能要缩短到黄金 1 小时，而对于社交化媒体，这个时间可能仅有短短的 10 分钟。因此，在应对媒体报道时，上市公司必须根据 5s 原则作出系统性反馈，这 5s 原则包括承担责任原则（Shouldering the matter）、真诚沟通原则（Sincerity）、速度第一原则（Speed）、系统运行原则（System）和权威证实原则（Standard）。

在媒体危机事件爆发后，评估修复。面对每一次媒体报道应对经验，无论成功与否，都将对以后的应对措施产生深远影响。因此，上市公司必须要在事后对舆情系统、应变计划、危机决策、危机处理的全过程进行评估和总结，并据此不断完善资深的媒体事件应对系统，使公司的媒体报道应对系统更加成熟。除此之外，企业还应该加强自律和风险交流等反馈制度的建设（刘昭阁、李向阳和李垣，2018），及时通过微博、微信、股吧论坛等发布媒体危机事件的处理结果，给予市场正确的回应，减少错误猜测的蔓延，提高与广大信息接收者的互动性。

11.2　政府监管机构应对公司治理危机的策略

媒体信息快速的传播和转载，不仅加大了识别传闻、误报或不实信息的难度，而且加大了确认报道源头，进行风险沟通的难度。不过，伴随着国家网络监管机制的不断完善，已经陆续出现因制造和传虚假信息的违法行为而受到制裁的案例，这将对塑造和谐、真实的媒体报道环境有积极影响。在监管机构层面，证监会和交易所在强化上市公司监管、引导上市公司重视中小投资者权益保护的同时，正在尝试给上市公司更自主的信息披露、更合理的媒体舆情监管、更严格的上市公司造假和媒体不实报道的追究和处罚力度。针对上述问题，政府部门加强监督管理具体建议如下：

（1）探索构建适合中国国情的舆论监测服务模式

与境外较为宽松、分散的媒体环境不同，中国的监管机构网站和权威传统媒体等部门往往成为反腐信息来源的核心。因此，境外市场参与者需要花费大力气进行信息推广工作（通过知名财经媒体或者终端，将信息推送给广大受众者），在我国反而比较少见。除此之外，境外交易所的公司化改制，给了他们更多的空间和动机为上市公司提供媒体信息监测服务，这也是与我国存在明显差异之处。基于以上两点，监管部门应该探索并构建适合我国国情的媒体信息监测服务。例如，是否应该构建统一的信息披露和查询平台、交易所等部门提供监测服务属于营利性还是公益性，如何持续开展下去等。运用更先进的媒体信息监测工具，加强微博、微信、股吧论坛等社交媒体的监测，并及时、全面地反馈监测信息。在监测到公司未披露的重大资本运作、重要财务数据、重大合同、重大传闻等可能有损利益相关者利益的传闻和媒体报道，第一时间与上市公司沟通，倾听其解释说明，并监督公司快速给予重大传闻和媒体报道的官方公开说明，给予市场正确的回应，减少错误猜测的蔓延。建议重新审视现有监管规则，加强对公司使用公司网站、官方微博以及其他沟通平台情况的调查研究，适时考虑将投资者接受度较高的新媒体渠道同时作为信息传播平台的可行性。

（2）探索构建官方多元化的信息公布与监管渠道

近年来，我国市场上也出现了很多信息欺诈的事件。因此，新媒体的有偏报道问题是监管中不可回避的问题。借鉴 SEC[①] 的经验，监管部门应

① 美国证券交易委员会（U. S. Securities and Exchange Commission）1934 年根据证券交易法令而成立，是直属美国联邦的独立准司法机构，负责美国的证券监督和管理工作，是美国证券行业的最高机构。证券交易委员会的总部在华盛顿特区，拥有 5 名经总统提名并由国会通过的委员、5 个职能部门和 23 个办事处，大约有 4600 名员工分布在华盛顿和全国各地的 11 个地区办事处。美国证券交易委员会（SEC）具有准立法权、准司法权、独立执法权。

当关注新媒体所带来的“碎片化阅读”海量信息等对传统信息公布渠道的冲击，重视信息披露监管规则在新媒体的适用与调整。建议重新审视现有监管规则，加强证券监督管理部门使用官方网站、官方微博及其他沟通平台情况的调查研究，适时考虑将公众接受度较高的新媒体渠道同时作为公布信息平台的可行性。随着网络技术的快速发展，新媒体形式会出现快速发展变化，相关检查监察制度在确保公平公正的同时，应具有一定的灵活性。当然，多元化的信息披露平台为上市公司披露信息提供了方便，但是也会带来很多新问题，如信息过剩、信息失真或信息欺诈等。因此，上市公司需要充分利用多元化信息平台，合理、客观、公正和及时披露信息，同时证券监督管理部门也要拓展监管渠道，加强信息披露质量管理，如建立官方认证审核制、年检制度等。

（3）完善法律体系，采用适当的监管方式

政府要制定相关的媒体监督管理法规，完善法律体系，通过法律支持，严格规范新媒体融合过程中的各个环节，主要包括官方微博等社交媒体的注册资格、注册流程、信息披露、信息反馈与回复、信息监测等。同时要建立舆情危机事件的预警、应对和反馈机制，其中建立网络舆情筛选和排查机制至关重要，尤其要积极主动搜集、排查网民通过微博、论坛或微信等社交媒体发表有关信息，掌握来龙去脉，查清真相并及时公布，正确引导舆论。总之，在市场和司法力量的推动下，监管机构的行政介入需要及时且有力，实现行政监察与社会监督的良性互动。

网络媒体信息的传播和转载终归能追溯到某种源头，监管机构的行政介入应该在市场和司法力量之后。在重大网络媒体事件发生后，监管机构不主动发表观点，但是可以加大私下对上市公司和保荐机构的追踪力度，监督其快速对媒体事件给予回应。若上市公司应对不当而对投资者造成重大损失的，但上市公司要谨慎和正确使用该权利，上市公司不经过深思熟虑草率地对媒体危机的处理和故意隐瞒、虚假引导等将给予更大的处罚力度。加大对虚假发布对上市公司股价、生产经营等可能造成重大影响报道的媒体和个人追究责任和处罚力度，并支持上市公司维护自身正确权利，协助上市公司发布事实性说明，使上市公司真正有底气对不实报道和故意损害上市公司的行为给予反击，在事后给予上市公司教育和处罚。

（4）市场监管机构充分利用媒体监督，实现政府干预职能

由于网络舆情管理具有缓解信息不对称程度、优化资本市场信息环境的积极作用，市场监管者应当鼓励和引导上市公司进行主动的网络舆情管理。在证券市场改革的大背景下，建立以“信息披露为中心”的监管体系固然是改革的重心，但本研究提出了一个相对更深入的观点：信息的充分披露不等于投资者对信息的充分接收——即使市场监管机构创造了良好的上市公司信息披露体制环境，依然需要积极疏通资本市场各项信息渠道，减少投资者的信息搜集成本与偏差进而缓解市场的信息不对称问题。监管部门应加强对网络舆情的管控，控制虚假片面舆情的传播对上市公司造成的负面影响，给予上市公司舆情应对方面的指导和培训。应进一步鼓励上市公司形成和发展以治理层和管理层共同负责的舆情管理机制建设，通过网络舆情同广大投资者进行交流，进一步提高资本市场的信息效率，以维护资本市场的稳定、健康发展。在互联网和新媒体技术迅速发展的时代，市场环境日益复杂，政府部门在进行市场干预、公共危机管理和实现政府监督职能时，可以采用媒体监督这种非行政手段进行介入，关注和分析媒体互动的中介效应，尤其是倾向性的媒体报道，对于因上市公司“媒体操纵”可能会导致信息过剩甚至是“信息危机”的现象要格外关注。

11.3 数字媒体关注下企业利益相关者保护研究展望

媒体作为公司治理的外部主要监督力量，学术界和实务界越来越关注其作用路径与经济后果，在一定程度上深化了关于媒体关注与公司治理的研究，实证检验了中国制度背景下的市场压力假设，对媒体关注所带来的各种市场压力也进行了实证分析，丰富了外部公司治理的研究文献。媒体是一个新兴的治理力量，尤其在新兴资本市场，媒体成为弥补制度环境不足的重要外部力量，越来越受到学术界和实务界的关注。展望媒体关注的

研究方向，至少有以下几点值得关注：

第一，媒体关注通过资本市场发挥公司治理作用，那么在媒体关注度较高的公司中，市场对于公司的资本支出、现金流会有什么样的反应呢?由于代理问题的存在，在公司治理水平较差，投资保护水平较低的公司中，资本市场对资本支出和现金流的认知程度存在偏误，股票收益对资本支出和现金流的敏感性会更差。资本性支出和现金流是关乎企业未来价值的重要因素，媒体关注是否在资本市场上对这两个方面产生影响，是一个值得深入探讨的问题。

第二，媒体关注对资本市场的直接效应需要进一步地分析。媒体的信息传播、信息制造功能，一方面，使得信息的到达更加流畅和均匀，降低了股票价格暴跌暴涨的可能性；另一方面，媒体对信息的放大作用，也加剧了潜在的波动性风险。媒体关注增加了股价中的信息含量，提高了信息的传递效率，但是并没有验证媒体对股价波动性的影响，这也可能是管理者面临的潜在压力之一。尤其在我国目前制度背景下，需要通过实证分析，验证媒体对资本市场波动性、流动性等各个方面的影响。

第三，媒体的情绪需要进一步深入分析。行为金融的研究表明，投资者情绪会影响到股票价格的收益，尤其是在新兴资本市场上，由于“羊群效应”的存在，投资者情绪尤为重要。大众媒体的劝说功能是影响投资者情绪的重要因素之一，媒体的情绪影响着资本市场，给管理者带来了压力。部分学者的研究仅仅从财务报告质量方面，对新闻的情感倾向进行了分类，在未来的研究中，需要从更多的角度关注媒体情绪对管理者造成的压力。

第四，媒体信息对市场参与者投资行为的影响需要探讨。如上文分析，媒体关注不仅仅能改变市场上信息的分布状况，还能影响到市场情绪。因此，无论从信息经济学抑或行为金融学的角度来说，媒体关注都会影响到市场参与者的投资行为。面对媒体带来的压力和劝说，市场参与者可能会表现出投资过度、投资不足以及群体非理性等众多问题，需要后续深入地研究。

第五，媒体的所有权性质、企业的所有权性质等因素需要纳入到分析框架中，更深刻地揭示媒体的外部监督功能，以及在不同环境下的差异。同时，由于网络技术的发展，由平面媒体向数字化媒体的转变是发展趋势，后续研究中需要更加关注网络媒体对资本市场的影响。

综上所述，虽然丰富了有关媒体关注与公司治理方面的内容，结论是有用的，奠定了媒体的公司治理机制和治理策略的分析基础。但还存在诸多不足之处。首先，随着互联网和大数据时代的到来，产业结构的调整，上市公司转型和监督机制的规范，更多数字媒体的利益相关者关系管理和公司治理效应是否具有可持续性，是否发挥越来越重要的作用，需要进行追踪调查。其次，基于多变量多因素的耦合分析评价上市公司利益相关者利益的方法还需进一步改进和完善，希望形成一套公认的评价准则。再次，互联网络和信息技术的不断革新发展，媒体种类日益繁多，可考虑进一步深入探讨不同性质的媒体报道和不同种类的媒介对利益相关者影响的异质性。并没有对媒体关注与政府、客户等利益相关者之间的互动机制作深入的分析，这也是作者下一步将要研究的问题。最后，作者将在媒体关注效应分析的基础上，继续探讨上市公司采取积极主动的舆情管理策略的必要性和可行性问题。

11.4 本章小结

基于中国越来越复杂的资本市场信息环境和特定的制度背景，数字媒体作为公司治理的重要外部监督力量，通过增加会计信息透明度、提升会计信息质量、抑制过度投资和提升投资效率的方式，保护投资者的利益，也会通过作用于公司的破产风险、诉讼风险和税收激进等途径影响债权人、消费者和政府的利益。媒体关注在公司治理过程中发挥着缓解信息不对称的作用，有利于减少上市公司与利益相关者的信息传播阻力、调节利益相关者之间的利益、改善两者之间的关系和化解公共危机的优势。因此，上市公司应该在公司治理过程中，高度关注和重视正面倾向性的媒体报道，充分发挥媒体的外部监督效应。首先，充分利用正面、积极的媒体报道方式较多，如策划媒体事件、加强广告宣传等，以进一步树立公司的口碑。负面的媒体报道是上市公司媒体报道管理的重点，应该引起高度重视，做到趋利避害，维护良好的公共关系。上市公司应该完善应对媒体危机事件的动态处理机制，正确处理与媒体的关系，重视媒体在公司治理和改善公共关系方面的作用，尤其要审视媒体对部分利益相关者利益的抑制作用，可能会导致关系的紧张和利益冲突。

媒体信息快速的传播和转载，不仅加大了识别传闻、误报或不实信息的难度，而且加大了确认报道源头，进行风险沟通的难度。证监会和交易所在强化上市公司监管、引导上市公司重视中小投资者权益保护的同时，正在尝试给上市公司更自主的信息披露、更合理的媒体舆情监管、更严格的上市公司造假和媒体不实报道的追究和处罚力度。除此之外，政府监督管理部门还应探索构建适合中国国情的舆论监测服务模式，构建官方多元化的信息公布与监管渠道，完善法律体系，采用适当的监管方式，充分利用媒体监督，实现政府干预职能。

参考文献

[1] Akerlof, George A. , Behavioral Macroeconomics and Macroeconomic Behavior [R]. Nobel Prize in Economics documents, 2001.4, Nobel Prize Committee.

[2] Alexandra S. , Bennett L. W. , Social media and the organization of collective action: using Twitter to explore the ecologies of two climate change protests [J]. The Communication Review, No.14 (2011), 197-215.

[3] Allan, Stuart, News culture (3rd ed.) [M]. McGraw-Hill/Open University Press, 2010.

[4] Allen F. , Qian J. , Qian MJ. , Law, finance, and economic growth in China [J]. Journal of Financial Economics, Vol.77, No.1 (2005), 57-116.

[5] Altheide D. L. , Media logic and social power [J]. Empedocles European Journal for the Philosophy of Communication, Vol.3, No.2 (2011), 119-136.

[6] Altman E. I. , The Anatomy of the High-Yield Bond Market [J]. Financial Analysts Journal, Vol.43, No.4 (1987), 12-25.

[7] Arrow K. J. , Uncertainty and the Welfare Economics of Medical Care [J]. Journal of Health Politics Policy & Law, Vol.26, No.5 (2001), 941-973.

[8] Baker M. , Stein J. C. , Wurgler J. , When Does the Market Matter? Stock Prices and the Investment of Equity-Dependent Firms [J]. Quarterly Journal of Economics, Vol.118, No.3 (2003), 969-1005.

[9] Barber B. M. , Lee Y. T. , Liu Y. J. , et al. , Just How Much Do Individual Investors Lose by Trading? [J]. Review of Financial Studies, Vol. 22, No. 2 (2009), 609 - 632.

[10] Barber, Brad, Terry O. , All that glitters: The effect of attention and news on the buying behavior of individual and institutional investors [J]. Review of Financial Studies, No. 21 (2008), 785 - 818.

[11] Barro R. J. , The Stock Market and Investment [J]. Review of Financial Studies, Vol. 3, No. 1 (1990), 115 - 131.

[12] Baumeister R. F. , Masicampo E. J. , Dewall C. N. , Prosocial benefits of feeling free: disbelief in free will increases aggression and reduces helpfulness [J]. Pers Soc Psychol Bull, Vol. 35, No. 2 (2009), 260 - 268.

[13] Benjamin S. , Dan S. , Are managers strategic in reporting non - earnings news? Evidence on timing and news bundling [J]. Review of Accounting Studies, Vol. 21, No. 4, 1203 - 1244.

[14] Bens DA. , Nagar V. , Wong MHF, Real investment implications of employee stock option exercises [J]. Journal of Accounting Research, Vol. 40, No. 2, 359 - 393.

[15] Berle A. A. , Means G. C. , Corporations and the Public Investor [J]. American Economic Review, Vol. 20, No. 1 (1930), 54 - 71.

[16] Bernheim B. D. , Whinston M. D. , Common Agency [J]. Econometrica, Vol. 54, No. 4 (1986), 923 - 942.

[17] Beyer A. , Cohen D. A. , Lys T. Z. , Walther B. R. , The financial reporting environment: review of the recent literature [J]. Journal of Accounting and Economics, Vol. 50, No. 2 (2010), 296 - 343.

[18] Bhagat S. , Black B. S. , The Non - Correlation between Board Independence and Long - Term Firm Performance [J]. Social Science Electronic Publishing, Vol. 27, No. 2 (1998), 231 - 273.

[19] Bhattacharya U. , Daouk H. , Welker M. , The world price of earnings

opacity [J]. The Accounting Review, Vol. 78, No. 3 (2003), 641 - 678.

[20] Birkland T. A., Focusing Events, Mobilization, and Agenda Setting [J]. Journal of Public Policy, Vol. 18, No. 1 (1998), 53 - 74.

[21] Blanchard O., Rhee C., Summers L., The Stock Market, Profit, and Investment [J]. Rcer Working Papers, Vol. 108, No. 1 (1993), 115 - 136.

[22] Boris Bartikowski, Gianfranco Walsh, Investigating mediators between corporate reputation and customer citizenship behaviors [J]. Journal of Business Research, No. 1 (2009).

[23] Burgers J. H., Bosch F. A. J. V. D., Volberda H. W., Why New Business Development Projects Fail: Coping with the Differences of Technological versus Market Knowledge [J]. Long Range Planning, Vol. 41, No. 1 (2008), 55 - 73.

[24] Bushee BJ., Core JE., Guay W., et al., The Role of the Business Press as an Information Intermediary [J]. Journal of Accounting Research, Vol. 48, No. 1 (2010), 1 - 19.

[25] Bushman R., Piotroski J., Smith A. J., What determines corporate transparency [J]. Journal of Accounting Research, Vol. 42, No. 2 (2004), 207 - 252.

[26] Cadbury S. A., Corporate governance [J]. Blackwell Publishing Ltd, Vol. 1, No. 1 (1993), 5 - 10.

[27] Cadbury S. A., Thoughts on Corporate Governance [J]. Corporate Governance An International Review, Vol. 1, No. 1 (2010), 5 - 10.

[28] Cao Y., Ajjan H., Hong P., Using social media applications for educational outcomes in college teaching: A structural equation analysis [J]. British Journal of Educational Technology, Vol. 44, No. 4 (2013), 581 - 593.

[29] Carroll A. B., The pyramid of corporate social responsibility: Toward the moral management of organizational stakeholders [J]. Business Horizons, Vol. 34, No. 4 (1991), 39 - 48.

[30] Chaher S., Spellman J. D., Corporate Governance and Social Media: A Brave New World for BoardDirectors [J]. World Bank Other Operational Studies, 2012.

[31] Chattopadhyay P., Marx's Notebooks of 1844 - 1847. Marx's Associated Mode of Production. 2016.

[32] Chen C. W., Pantzalis C., Park J. C., Press coverage and stock price deviation from fundamental value [J]. Journal of Financial Research, Vol. 36, No. 2 (2013), 175 - 214.

[33] Chen K. P., Chu C. C., Internal control versus external manipulation: A model of corporate income tax evasion [J]. RAND Journal of Economics, Vol. 36, No. 1 (2005), 151 - 164.

[34] Chen S., Chen X., Cheng Q., Shevlin T., Are family firms more tax aggressive than non - family firms? [J]. Journal of Financial Economics, Vol. 95, No. 1 (2010), 41 - 61.

[35] Christozov D., Chukova S., Mateev P., On Two Types Of Warranties: Warranty Of Malfunctioning And Warranty Of MisinforminG [J]. Asia - Pacific Journal of Operational Research, Vol. 26, No. 3 (2009), 399 - 420.

[36] Core JE., Guay W., Larcker DF., The power of the pen and executive compensation [J]. Journal of Financial Economics, Vol. 88, No. 1 (2008), 1 - 25.

[37] Coviello R., Russo F., Modeling financial assets without semimartingales [J]. Mathematics, 2006.

[38] Crocker K. J., Slemrod J., Corporate tax evasion with agency costs [J]. Journal of Public Economics, Vol. 89, No. 9 (2005), 1593 - 1610.

[39] Dakin S., Armstrong J. S., Predicting job performance: A comparison of expert opinion and research findings [J]. International Journal of Forecasting, Vol. 5, No. 2 (1989), 187 - 194.

[40] Darrat A. F., Gray S., Park J. C., et al., Corporate Governance

and Bankruptcy Risk [J]. Social Science Electronic Publishing, Vol. 31, No. 2 (2014), 163 -202.

[41] David H. S., Eugene F. S., Managerial control of business press coverage [J]. Social Science Electronic Publishing, No. 10 (2012), 1 -33.

[42] Dellavigna S., Pollet J. M., Investor Inattention and Friday Earnings Announcements [J]. Journal of Finance, Vol. 64, No. 2 (2009), 709 -749.

[43] Deming W. E., Out of the Crisis [J]. Mit Press Books, Vol. 1, No. 5 (2000), 347 -348.

[44] Desai M. A., Dharmapala D., Corporate tax avoidance and high - powered incentives [J]. Journal of Financial Economics, Vol. 79, No. 1 (2006), 145 - 179.

[45] Desai M. A., Dyck A., Zingales L., Theft and taxes [J]. Journal of Financial Economics, Vol. 84, No. 3 (2007), 591 -623.

[46] Desai MA., Dharmapala D., Earnings management, corporate tax shelters, and book - tax alignment [J]. National Tax Journal, Vol. 62, No. 1 (2009), 169 - 186.

[47] Diamond, W. D., Campbell, L., The Framing of Sales Promotions: Effects on Reference Price Change [J]. Advances in Consumer Research, No. 16 (1989), 241 -247.

[48] Ding D. K., Mcinish T. H., Wongchoti U., Behavioral explanations of trading volume and short - horizon price patterns: An investigation of seven Asia - Pacific markets [J]. Pacific - Basin Finance Journal, Vol. 16, No. 3 (2008), 183 -203.

[49] Donaldson, Thomas, Preston, Lee E., The Stakeholder Theory of the Corporation: Concepts, Evidence, and Implications [J]. Academy of Management Review, Vol. 20, No. 1 (1995), 65 -91.

[50] Dootson P., Beatson A., Drennan J., Financial institutions using social media - do consumers perceive value? [J]. International Journal of Bank

Marketing, Vol. 34, No. 1, (2016), 9 -36.

[51] Douma S., Schreuder H., Economic Approaches to Organization [J]. Financial Times Prent Int, Vol. 26, No. 45 (2008), 214 -215.

[52] Durnev A., Morck R., Yeung B., et al., Does Greater Firm - Specific Return Variation Mean More or Less Informed Stock Pricing? [J]. Journal of Accounting Research, Vol. 41, No. 5 (2003), 797 -836.

[53] Dyck A., Volchkova N., Zingales L., The corporate governance role of the media: Evidence from Russia [J]. Journal of Finance, Vol. 63, No. 3 (2008), 1093 -1135.

[54] Dyck A., Zingales L., Private benefits of control: An international comparison [J]. Journal of Finance, Vol. 59, No. 2 (2004), 537 -600.

[55] Dyck A., Zingales L., The right to tell: the role of media in economic development, Washington D. C.: The World Bank, 2002, 348.

[56] Dyck, A., Zingales. The Media and Asset Prices [R]. Working Paper, Harvard Business School, 2003.

[57] Eisenhardt, K. M., Agency Theory: An Assessment and Review [J]. Academy of Management Review, Vol. 14, No. 1 (1989), 57 -74.

[58] El Ghoul S., Guedhami O., Kwok C. C. Y., Mishra D R., Does corporate social responsibility affect the cost of capital? [J]. Journal of Banking and Finance, Vol. 35, No. 9 (2011), 2388 -2406.

[59] Elizabes Demers, Clara Vega, Soft Information in Earnings Announcements: News or Noise? [J]. in 2010 Meeting, Society for Economic Dynamics,80, 2010.

[60] Engelberg J. E., Parsons C. A., The Causal Impact of Media in Financial Markets [J]. Journal of Finance, Vol. 66, No. 1 (2011), 67 -97.

[61] Engels F. Ludwig Feuerbach and the End of Classical German Philosophy (text files at Colorado). 1976.

[62] Fang, L., and J., Peress Media Coverage and the Cross - section of

Stock Returns [J]. Journal of Finance, Vol. 64, No. 5 (2009), 2023 -2052.

[63] Ferreira M. A. , Laux P. A. , Corporate Governance, Idiosyncratic Risk, and Information Flow [J]. Journal of Finance, Vol. 62, No. 2 (2007), 951 -989.

[64] Freeman R. E. , Reed D. L. , Stockholders and Stakeholders: A New Perspective on Corporate Governance [J]. California Management Review, Vol. 25, No. 3 (1983), 88 -106.

[65] Fullerton D. , Wolfram C. , Introduction and Summary to "The Design and Implementation of U. S. Climate Policy [J]. Nber Working Papers, Vol. 88, No. 2 (2012), 275 -283.

[66] G. Akerlof. The Market for "Lemons": Quality Uncertainty and the Market Mechanism [J]. Quarterly Journal of Economics, Vol. 84, No. 3 (1970), 488 -500.

[67] Gailmard S. , Discretion Rather than Rules: Choice of Instruments to Control Bureaucratic Policy Making [J]. Political Analysis, Vol. 17, No. 1 (2009), 25 -44.

[68] Gantchev N. , The costs of shareholder activism: evidence from a sequential decision model [J]. Journal of Financial Economics, Vol. 107, No. 1 (2013), 610 -631.

[69] Garcia D. , Sentiment during recessions [J]. The Journal of Finance, Vol. 68, No. 3 (2013), 1267 -1300.

[70] Garmaise M. J. , Natividad G. , Information, the Cost of Credit, and Operational Efficiency: An Empirical Study of Microfinance [J]. Review of Financial Studies, Vol. 23, No. 6 (2010), 2560 -2590.

[71] Garrone P. , Grilli L. , Rousseau X. , Management Discretion and Political Interference in Municipal Enterprises. Evidence from Italian Utilities [J]. Local Government Studies, Vol. 39, No. 4 (2013), 514 -540.

[72] Gentzkow M. , Shapiro J. M. , Media Bias and Reputation [J].

Journal of Political Economy, Vol. 114, No. 2 (2006), 280 -316.

[73] Gillan SL., Recent Developments in Corporate Governance: An Overview [J]. Journal of Corporate Finance, Vol. 12, No. 3 (2006), 381 -402.

[74] Glaeser E. L., Shleifer A., A Reason for Quantity Regulation [J]. American Economic Review, Vol. 91, No. 2 (2001), 431 -435.

[75] Glaeser E. . L., Shleifer A., SSRN - The Rise of the Regulatory State by Edward Glaeser, Andrei Shleifer [R]. NBER Working Papers, 2001.

[76] Goergen M., Brewster C., Wood G., et al., Varieties of Capitalism and Investments in Human Capital [J]. Social Science Electronic Publishing, No. 51 (2012), 501 -527.

[77] Goergen, Marc. International Corporate Governance. Prentice Hall, 2012.

[78] Gordon E., Greenley, Gordon R., Foxall., Multiple Stakeholder Orientation in UK Companies and the Implications for Company Performance [J]. Journal of Management Studies, Vol. 34, No. 2 (1997), 259 -284.

[79] Green M., Place, Sustainability and Literacy in Environmental Education: Frameworks for Teaching and Learning [J]. Review of International Geographical Education Online, Vol. 2, No. 3 (2014), 326 -346.

[80] Grossman S. J., Stiglitz J. E., On the Impossibility of Informationally Efficient Markets [J]. American Economic Review, Vol. 70, No. 3 (1980), 393.

[81] Gunny K. A., The Relation Between Earnings Management Using Real Activities Manipulation and Future Performance: Evidence from Meeting Earnings Benchmarks [J]. Contemporary Accounting Research, Vol. 27, No. 3 (2010), 855 -888.

[82] Habbershon T. G., Pistrui J., Enterprising Families Domain: Family - Influenced Ownership Groups in Pursuit of Transgenerational Wealth [J].

Family Business Review, Vol. 15, No. 3 (2010), 223 -237.

[83] Hanlon M., Heitzman S., A review of tax research [J]. Journal of Accounting and Economics, Vol. 50, No, 2 (2010), 127 -178.

[84] Havakhor T., Soror A. A., Sabherwal R., Diffusion of knowledge in social media networks: effects of reputation mechanisms and distribution of knowledge roles [J]. Information Systems Journal, Vol. 28, No. 1 (2018).

[85] Hildebrandt B., Stracke C., Jacovi M., Support Systems for Quality in E-Learning [J]. Third Eden Research Workshop, (2006), 151 -158.

[86] Hirshleifer D., Teoh S. H., Limited Attention, Information Disclosure, and Financial Reporting [J]. Journal of Accounting and Economics, Vol. 36, No. 1 -3 (2003), 337 -386.

[87] Hörner J., Signalling and Screening [J]. The New Palgrave Dictionary of Economics, No. 2 (2008).

[88] Ingram P., Lifschitz A., Kinship in the Shadow of the Corporation: The Interbuilder Network in Clyde River Shipbuilding, 1711—1990 [J]. American Sociological Review, Vol. 71, No. 2 (2006), 334 -352.

[89] Elsevier, International Encyclopedia of the Social & Behavioral Sciences, 2001.

[90] Jackson M. O., Morelli M., Strategic Militarization, Deterrence and Wars [J]. Social Science Electronic Publishing, Vol. 4, No. 4 (2007), 279 -313.

[91] James A., Brancalion P. H. S., Giselda D. et al., What Role Should Government Regulation Play in Ecological Restoration? Ongoing Debate in São Paulo State, Brazil, La famille nombreuse dans l'histoire et de nos jours, 1996.

[92] James B. W., The will to believe, and other essays in popular philosophy [J]. Ethics, Vol. 8, No. 2 (1980), 255 -262.

[93] Jeffery S., Abarbanell, Brian J., Bushee, Raedy J. S., Institu-

tional Investor Preferences and Price Pressure: The Case of Corporate Spin-Offs [J]. Journal of Business, Vol. 76, No. 2 (2003), 233 -261.

[94] Jensen M. C. , Toward a Theory of the Press, Economics Social Institutions, 1979.

[95] Joe J. R. , Louis H. , Robinson D. , Managers? and Investors? Responses to media exposure of board ineffectiveness [J]. Journal of Financial and Quantitative Analysis, Vol. 44, No. 3 (2009), 579 -605.

[96] Joe JR. , Why press coverage of a client influences the audit opinion [J]. Journal of Accounting Research, Vol. 41, No. 1 (2003), 109 -133.

[97] Joli Kathryn Holmes, Monitoring with the Media: Social Media as a Corporate Governance [J]. Mechanism 4, 15, 2017 Honors Theses - All, (1884).

[98] Jonathan L. , Rogers, Douglas J. , Skinner, Sarah L. , C. , Zechman, Multiple Stakeholder Orientation in UK Companies and the Implications for Company Performance [J]. Review of Accounting Studies, Vol. 21, No. 3 (2016), 711 -739.

[99] Kahn K. B. , Reizenstein R. C. , Rentz J. O. , Sales - distribution interfunctional climate and relationship effectiveness [J]. Journal of Business Research, Vol. 57, No. 10 (2004), 1085 -1091.

[100] Keisers M. , Niehüser L. , Stadler G. , Digitized media: effects on economy and society [J]. Wirtschaftsinformatik, (2003), 581 -600.

[101] Kelley L. P. , A comparison of life threat and betrayal as risk factors for posttraumatic stress disorder [J]. Dissertations & Theses - Gradworks, 2009.

[102] Khalil F. , Martimort D. , Parigi B. , Monitoring a common agent: Implications for financial contracting [J]. Journal of Economic Theory, Vol. 135, No. 1 (2007), 35 -67.

[103] Kim J. B. , Li Y. , Zhang L. , Corporate tax avoidance and stock price crash risk: Firm - level analysis [J]. Journal of Financial Economics, Vol. 100, No. 3 (2011), 639 -662.

[104] Kim JB., Zhang H., YU Z., Can a Commercialized State - owned Media Improve Stock Price Informativeness? Evidence from China [R]. Working Paper, City University of Hong Kong, 2011.

[105] Kim JB., Zhang H., Yu Z., Can Media Exposure Improve Stock Price Efficiency in China and Why? [J]. China Journal of Accounting Research, Vol. 9, No. 2 (2016), 83 - 114.

[106] Kim O., Verrecchia R. E., The Relation among Disclosure, Returns, and Trading Volume Information [J]. Social Science Electronic Publishing, Vol. 76, No. 4 (2001), 633 - 654.

[107] Kimbrough M. D., The Effect of Conference Calls on Analyst and Market Underreaction to Earnings Announcements [J]. Accounting Review, Vol. 80, No. 1 (2005), 189 - 219.

[108] Kothari SP., Li X., Short JE., The Effect of Disclosures by Management, Analysts, and Business Press on Cost of Capital, Return Volatility, and Analyst Forecasts: A Study Using Content Analysis [J]. Accounting Review, Vol. 84, No. 5 (2009), 1639 - 1670.

[109] Kreps D., Wilson R., Reputation and imperfect information [J]. Journal of Economic Theory, No. 27 (1982), 253 - 279.

[110] Kuhnenn, C. M., A. Niessen., Public Opinionand Executive Compensation [J]. Management Science, Vol. 58, No. 7 (2012), 1249 - 1272.

[111] Kumar V., Bak O., Guo R., et al., An empirical analysis of supply and manufacturing risk and business performance: a Chinese manufacturing supply chain perspective [J]. Supply Chain Management, Vol. 23, No. 5 (2018), 461 - 479.

[112] Lee, Janet, Shailer, Greg. The Effect of Board - Related Reforms on Investors Confidence [J]. Australian Accounting Review, Vol. 18, No. 45 (2008), 123 - 134.

[113] Lennox C. S., Park C. W., The informativeness of earnings and

management\ 's issuance of earnings forecasts [J]. Journal of Accounting & Economics, Vol. 42, No. 3 (2006), 0 - 458.

[114] Li J., Myers S. C., R 2 around the world: New theory and new tests [J]. Journal of Financial Economics, Vol. 79, No. 2 (2006), 257 - 292.

[115] Lichtenberg J., Maclean D., Is Good News No News? [J]. Geneva Papers on Risk & Insurance Issues & Practice, Vol. 17, No. 64 (1992), 362 - 365.

[116] Lili Dai, Jerry T., Parwada, Bohui Zhang. The governance effect of the media's news dissemination role: evidence from insider trading [J]. Journal of Accounting Research, Vol. 53, No. 2 (2015), 331 - 366.

[117] Lily Fang, Joel. Media Coverage and the Cross - section of Stock [J]. The Journal of Finance, Vol. 64, No. 5 (2009), 2023 - 2050.

[118] Lin T. C. W., Reasonable Investor (s) [J]. Boston University Law Review, Vol. 95, No. 2 (2015), 461 - 518.

[119] Madnick S. E., Wang R. Y., Yang W. L., et al., Overview and Framework for Data and Information Quality Research [J]. Journal of Data & Information Quality, Vol. 1, No. 1 (2009), 1 - 22.

[120] Madnick S., Jalali M. S., Siegel M., et al., Measuring Stakeholders' Perceptions of Cybersecurity for Renewable Energy Systems [J]. 2016.

[121] Makin T., Real-World economic policy: insights from leading australian economists [J]. Economic Record, Vol. 94, No. 304 (2018), 107 - 109.

[122] Manzon G. B., Plesko G. A., Relation between financial and tax reporting measures of income [J]. The Tax Law Review, Vol. 55, No. 1 (2001), 175 - 214.

[123] Margan R. M., Hunt S. D., The commitment - trust theory of relationship marketing [J]. Journal of Marketing, Vol. 58, No. 3 (1994), 20 - 40.

[124] Marwala T, Hurwitz E. Artificial Intelligence and Economic Theo-

ries [R]. Working Paper, 2017.

[125] Matthew G, Jesse M. Shapiro, What drives media slant? Evidence from U. S. daily newspapers [J]. Econometrica, Vol. 78, No. 1 (2010), 35 -71.

[126] Mccombs M. E., Shaw D. L., The agenda - setting function of mass media [J]. Public Opinion Quarterly, Vol. 36, No. 2 (1972), 176 -187.

[127] Merton, A Simple Model of Capital Market Equilibrium with Incomplete Information [J]. Journal of Finance, Vol. 7, No. 42 (1987), 483 -510.

[128] Miller, G. S., The press as a watchdog for accounting fraud [J]. Journal of Accounting Research, Vol. 44, No. 5 (2006), 1001 -1033.

[129] Morck R, Shleifer A, Vishny R W, et al., The Stock Market and Investment: Is the Market a Sideshow? [J]. Brookings Papers on Economic Activity, Vol. 1990, No. 2 (1990), 157 -215.

[130] Mullainathan S, Shleifer A., The Market for News [J]. American Economic Review, Vol. 95, No. 4 (2005), 1031 -1053.

[131] Neal Michael Snow, Robert Neil Marley, An empirical investigation on social media users' demand for financial information distributed via social media platforms [J]. Social Science Electronic Publishing, No. 3 (2017), 1 -38.

[132] Nguyen, B. D., Is more news good news? media coverage of ceos firm value and rent extraction [J]. The Quarterly Journal of Finance, Vol. 5, No. 4 (2015), 155 -200.

[133] Nguyen, B. D., Is More News Good News? Media Coverage of CEOs Firm Value and Rent Extraction [J]. The Quarterly Journal of Finance, Vol. 5, No. 4 (2015), 155 -200.

[134] O'Sullivan A, Sheffrin S. M., Perez S., Macroeconomics: Principles, Applications and Tools: International Edition [J]. Administration, Vol. 18, No. 10 (2009), 37.

[135] Peter K, Amanuel Fekade Tadesse, Yibo Zhang, The impact of

social media message features on investors' perception of firm value: The mediating effect of social media interactions [J]. Social Science Electronic Publishing, No. 1 (2017), 1 -40.

[136] Phillips R., Stakeholder Theory and Organizational Ethics [J]. Personnal Psychology, Vol. 57, No. 4 (2003), 1068 -1071.

[137] Pistor K., Xu C., Governing Stock Markets in Transition Economies: Lessons from China [J]. American Law & Economics Review, Vol. 7, No. 1 (2005), 184 -210.

[138] Pistor K., Governing Emerging Stock Markets: legal vs administrative governance [J]. Corporate Governance An International Review, Vol. 13, No. 1 (2005), 5 -10.

[139] Porta R L, Shleifer A, Vishny R., Investor Protection and Corporate Valuation [J]. Social Science Electronic Publishing, Vol. 57, No. 3 (2002), 1147 -1170.

[140] Post J., Redefining the Corporation - Stakeholder Management and Organizational Wealth [J]. Academy of Management Review, Vol. 29, No. 3 (2002), 520.

[141] Rahim M. M., Kuruppu S., Corporate Governance in India: From Ghandism to Neo - colonisation and Back Again? [J]. Social Science Electronic Publishing, (2016).

[142] Rancière R., Tornell A., Financial Liberalization, Debt Mismatch, Allocative Efficiency, and Growth [J]. American Economic Journal Macroeconomics, Vol. 8, No. 2 (2016), 1 -44.

[143] Ravaja N., Aula P., Falco A., et al., Online news and corporate reputation: A neurophysiological investigation [J]. Journal of Media Psychology Theories Methods & Applications, Vol. 27, No. 3 (2015), 118 -133.

[144] Richardson, Over - investment of free cash flow [J]. Review of Accounting Studies, Vol. 11, No. 2 (2006), 159 -189.

[145] Rieger G. John Rawls, A Theory of Justice, Cambridge 1971 Schlüssel: werkeder Politikwissenschaft. 2007.

[146] Ristau R., 21st Century Business: Intro to Business [J]. 2010.

[147] Rogers J. L., Stocken P. C., Credibility of Management Forecasts [J]. Accounting Review, Vol. 80, No. 4 (2005), 1233 - 1260.

[148] Sanchez H., Robert B., Bourgault M., et al., Risk management applied to projects, programs, and portfolios [J]. International Journal of Managing Projects in Business, Vol. 2, No. 1 (2013), 14 - 35.

[149] Sanjai Bhagat, John Bizjak, Jeffrey L. Coles, The Shareholder Wealth Implications of Corporate Lawsuits [J]. Financial Management, Vol. 27, No. 4 (1998), 5 - 27.

[150] Saxton G. D., Anker A. E., The Aggregate Effects of Decentralized Knowledge Production: Financial Bloggers and Information Asymmetries in the Stock Market [J]. Journal of Communication, Vol. 63, No. 6 (2013), 1054 - 1069.

[151] Shailer, Greg, An Introduction to Corporate Governance in Australia, Pearson Education Australia: Sydney, 2004.

[152] Shleifer A, Vishny R. W., A survey of corporate governance [J]. Journal of Finance, Vol. 52, No. 2 (1997), 737 - 783.

[153] Slemrod J., The economics of corporate tax selfishness [J]. National Tax Journal, Vol. 57, No. 1 (2004), 877 - 899.

[154] Smith, A.. The Wealth of Nations edited by R. H. Campbell and A. S. Skinner [R]. The Glasgow edition of the Works and Correspondence of Adam Smith, 2010, (02): 678.

[155] Solomon D H, Soltes E., Sosyura D., Winners in the spotlight: Media coverage of fund holdings as a driver of flows [J]. Social Science Electronic Publishing, Vol. 113, No. 1 (2014), 53 - 72.

[156] Spence M. Job, Market Signaling [J]. Quarterly Journal of Eco-

nomics, Vol. 87, No. 3 (1973), 355 -374.

[157] Stephen Gillen, Christopher Jung, Michael J. Kearns, Aaron Roth: Online Learning with an Unknown Fairness Metric [J]. NeurIPS, (2018), 2605 -2614.

[158] Stephens M., A history of news [J]. A History of News, No. 26 (2006), 105 -106.

[159] Stiglitz, Spenser Joseph E. (Fall 2003), Information and the Change in the Paradigm in Economics [J]. The American Economist, Omicron Delta Epsilon, Vol. 47, No. 2 (2003), 6 -26.

[160] Stokrocki M., Searching for Meaning: Visual Culture from an Anthropological Perspective [J]. Art Education, Vol. 59, No. 1 (2006), 46 -52.

[161] Straus, Nadine, Rens Vliegenthart, Piet Verhoeven, Intraday News Trading: The Reciprocal Relationships Between the Stock Market and Economic News [J]. Communication Research, Vol. 45, No. 7 (2017), 1054 -1077.

[162] Strömbäck J., Karlsson M., Hopmann d n., determinants of news content [J]. Journalism Studies, Vol. 13, No. 5 -6 (2012), 718 -728.

[163] Timothy R. Burch, Douglas R. Emery, Michael E. Fuerst, Do investors overreact to super - salient events? Evidence from "Nine - Eleven" [J]. The Econometric Society, Vol. 78, No. 1 (2010), 35 -71.

[164] Tony Merna, Detlef Von Storch, Risk management of an agricultural investment in a developing country utilising the CASPAR programme [J]. International Journal of Project Management, Vol. 18, No. 5 (2000).

[165] Tricker, Adrian, Essentials for Board Directors: An A -Z Guide, New York: Bloomberg Press, 2009.

[166] Voorn, B., Van Genugten M., Van Thiel S., Multiple Problems: Implications for Effective Governance and a Research Agenda for Joint Service Delivery [J]. Public Administration, 2019.

[167] Wiklund J., Shepherd D., Entrepreneurial orientation and small

business performance: a configurational approach [J]. Journal of Business Venturing, Vol. 20, No. 1 (2005), 71 -91.

[168] William S. V., Site value taxes and the optimal pricing of public services [J]. American Journal of Economics and Sociology, Vol. 60, No. 5 (2001), 85 -96.

[169] Winter S., Nelson R. An Evolutionary Theory of Economic Change [J]. Social Science Electronic Publishing, Vol. 32, No. 2 (1982).

[170] Zajonc R. B., Attitudinal effects of mere exposure [J]. Journal of Personality & Social Psychology Monograph Supplements Pt, Vol. 9, No. 2 (1968), 1 -27.

[171] Zhang Y. H., Wan D. F., Fu L. M., Media effects of stock returns: risk compensation or excessive concern about the weak [J]. Financial Research, No. 8 (2011), 143 -156.

[172] 才国伟，邵志浩，徐信忠. 企业和媒体存在合谋行为吗？——来自我国上市公司媒体报道得间接证据 [J]. 管理世界，2015 (07): 158 -169.

[173] 曹越，胡新玉，刘文溪，张肖飞. 媒体报道、市场化进程与高管薪酬 [J]. 中南财经政法大学学报，2016 (03): 97 -106.

[174] 岑维，童娜琼，郭奇林. 机构投资者关注度和企业非效率投资——基于深交所“互动易”平台数据的实证研究 [J]. 证券市场导报，2017 (10): 36 -44.

[175] 岑维，童娜琼，何潇悦. 投资者关注度与中小股东利益保护——基于深交所“互动易”平台数据的实证研究 [J]. 证券市场导报，2016 (02): 54 -62.

[176] 曾润喜，王晨曦，陈强. 网络舆情传播阶段与模型比较研究 [J]. 情报杂志，2014 (05): 119 -124.

[177] 曾姝，李青原. 税收激进行为的外溢效应——来自共同审计师的证据 [J]. 会计研究，2016 (06): 70 -76.

[178] 曾振华，罗俊．基于数字化传播时代的消费者分析 [J]．新闻爱好者，2011 (22)：47 - 48.

[179] 陈冬华，章铁生，李翔．法律环境、政府管制与隐性契约 [J]．经济研究，2008 (03)：60 - 72.

[180] 陈信元，陈冬华，万华林，等．地区差异、薪酬管制与高管腐败 [J]．管理世界，2009 (11)：130 - 143.

[181] 陈艳娇，张兰兰．媒体关注、政府审计与财政安全研究 [J]．审计与经济研究，2019 (01)：1 - 13.

[182] 程新生，刘建梅，王子璇．媒体关注能提高公司投资效率吗？[J]．财经论丛，2015 (04)：45 - 52.

[183] 醋卫华，李培功．国内媒体吹口哨了吗？[R]．厦门大学管理学院工作论文，2010.

[184] 醋卫华，李培功．媒体监督公司治理的实证研究 [J]．南开管理评论，2012 (01)：33 - 42.

[185] 醋卫华．公司丑闻、声誉机制与董事会重构 [J]．山西财经大学学报，2011 (02)：76 - 83.

[186] 代彬，彭程，郝颖．国企高管控制权、审计监督与会计信息透明度 [J]．财经研究，2011 (11)：113 - 123.

[187] 邓路，刘瑞琪，佟岩．公司超额银行借款与诉讼风险 [J]．系统工程理论与实践，2017 (10)：2555 - 2570.

[188] 樊纲，王小鲁，马光荣．中国市场化进程对经济增长的贡献 [J]．经济研究，2011 (09)：4 - 16.

[189] 方军雄．我国上市公司信息披露透明度与证券分析师预测 [J]．金融研究，2007 (06)：136 - 148.

[190] 方阳春，陈超颖．包容型领导风格对新时代员工创新行为的影响 [J]．科研管理，2017 (S1)：7 - 13.

[191] 冯彦杰，陈敏，尤奔．线下投资者关系活动与上市公司股票市场表现——基于深交所互动易平台信息的研究 [J]．上海金融，2019

(05): 46 - 54.

[192] 傅超，吉利．诉讼风险与公司慈善捐赠——基于“声誉保险”视角的解释［J］．南开管理评论，2017（02）：108 - 121.

[193] 高敬忠，周晓苏，王英允．机构投资者持股对信息披露的治理作用研究——以管理层盈余预告为例［J］．南开管理评论，2011（05）：129 - 140.

[194] 龚强，张一林，余建宇．激励、信息与食品安全规制［J］．经济研究，2013（03）：135 - 147.

[195] 郭婷婷．上市公司破产风险时间效应的理论猜想［J］．求是学刊，2017（02）：80 - 87.

[196] 何威风，熊回，玄文琪．晋升激励与盈余管理行为研究［J］．中国软科学，2013（10）：111 - 123.

[197] 何玉，张天西．信息披露、信息不对称和资本成本：研究综述［J］．会计研究，2006（06）：80 - 86.

[198] 洪小娟，姜楠，洪巍，黄卫东．媒体信息传播网络研究——以食品安全微博舆情为例［J］．管理评论，2016（08）：115 - 124.

[199] 黄璜．数字政府：政策、特征与概念［J］．治理研究，2020（03）：6 - 15.

[200] 黄辉．媒体负面报道、市场反应与企业绩效［J］．中国软科学，2013（08）：104 - 116.

[201] 黄雷，李明，叶勇．媒体负面报道对过度投资的影响［J］．软科学，2014（06）：25 - 28.

[202] 季丹，郭政．产品危机应对策略对消费者购买意愿影响的实证研究——基于企业声誉的调节作用［J］．上海交通大学学报，2018（02）：247 - 252.

[203] 江轩宇．税收征管、税收激进与股价崩盘风险［J］．南开管理评论，2013（05）：152 - 160.

[204] 金鑫，雷光勇．审计监督、最终控制人性质与税收激进度

[J]. 审计研究，2011 (05)：98 -106.

[205] 居延安. 公共关系学 [J]. 上海，复旦大学出版社，2013.

[206] 孔东民，刘莎莎，应千伟. 公司行为中的媒体角色：激浊扬清还是推波助澜？[J]. 管理世界，2013 (07)：145 -162.

[207] 李彬，张俊瑞. 实际活动盈余管理的经济后果研究：来自销售操控的证据 [J]. 管理评论，2010 (09)：84 -92.

[208] 李常青，熊艳. 媒体治理：角色、作用机理及效果——基于投资者保护框架的文献述评 [J]. 厦门大学学报（哲学社会科学版），2012 (02)：9 -16.

[209] 李虹，田马飞. 内部控制、媒介功用、法律环境与会计信息价值相关性 [J]. 会计研究，2015 (06)：64 -71.

[210] 李金海，何有世，熊强. 基于大数据技术的网络舆情文本挖掘研究 [J]. 情报杂志，2014 (10)：1 -6.

[211] 李君艳，田高良，司毅. 信息传播、媒体关注对上市公司利益相关者的影响——基于多变量多因素耦合的实证分析 [J]. 经济管理，2017 (07)：85 -103.

[212] 李君艳，田高良，赵宏祥，司毅. 新闻报道倾向性对上市公司股东利益的影响：媒体互动的中介效应 [J]. 系统工程理论与实践，2018 (12)：3037 -3049.

[213] 李明，叶勇. 媒体负面报道对控股股东掏空行为影响的实证研究 [J]. 管理评论，2016 (01)：73 -82.

[214] 李培功，沈艺峰. 媒体的公司治理作用：中国的经验证据 [J]. 经济研究，2010 (04)：14 -27.

[215] 李培功，徐淑美. 媒体的公司治理作用 [J]. 金融研究，2013 (04)：196 -206.

[216] 李维安，唐跃军. 上市公司利益相关者治理机制、治理指数与企业绩效 [J]. 管理世界，2009 (09)：127 -136.

[217] 李晓义，李建标. 不完备市场的多层次治理——基于比较制度

实验的研究［J］. 经济学，2009（04）：1407－1434.

［218］李焰，秦义虎．媒体监督、声誉机制与独立董事辞职行为［J］. 财贸经济，2011（03）：36－41.

［219］李云鹤，李湛，唐松莲．企业生命周期、公司治理与公司资本配置效率［J］. 南开管理评论，2011（03）：110－121.

［220］林斌，辛清泉，杨德明．投资者关系管理及其影响因素分析——基于深圳上市公司的实证检验［J］. 会计研究，2005（09）：32－38.

［221］林斌，周美华，舒伟，刘春丽．内部控制、公司诉讼和公司价值［J］. 中国会计评论，2013（04）：431－456.

［222］林斌，周美华，舒伟．内部控制、公司诉讼与债务契约——基于 A 股市场的经验研究［J］. 审计与经济研究，2015（03）：3－11.

［223］林莉，黄鹂，周建平．现代企业员工压力及管理对策研究——基于安徽省 30 家中小企业员工压力的数据统计分析［J］. 华东经济管理，2013（05）：128－133.

［224］刘慧，张俊瑞，周键．诉讼风险、法律环境与企业债务融资成本［J］. 南开管理评论，2016（05）：16－27.

［225］刘慧，张俊瑞．政府干预，内部控制与公司未决诉讼［J］. 管理评论，2018（10）：207－220.

［226］刘启亮，李蕙，赵超，廖义刚，陈汉文．媒体负面报道、诉讼风险与审计费用［J］. 会计研究，2014（06）：81－88.

［227］刘启亮，李祎，张建平．媒体负面报道、诉讼风险与审计契约稳定性——基于外部治理视角的研究［J］. 管理世界，2013（11）：144－154.

［228］刘笑霞，郭思远．媒体负面报道、内部信息环境与公司避税［J］. 证券市场导报，2019（03）：49－58.

［229］刘星，彭程．负债融资与企业投资决策：破产风险视角的互动关系研究［J］. 管理工程学报，2009（01）：104－111.

［230］刘行，叶康涛．企业的避税活动会影响投资效率吗？［J］. 会计研究，2013（06）：47－53.

[231] 刘彧彧，娄卓，刘军，宋继文．企业声誉的影响因素及其对消费者口碑传播行为的作用 [J]．管理学报，2009（03）：348－353.

[232] 刘昭阁，李向阳，李亘．案例驱动下乳品安全事件应对的风险交流策略生成方法 [J]．系统工程理论与实践，2018（12）：3162－3173.

[233] 刘志雄，刘婷文，满子会．媒体负面报道对公司股价影响的研究：来自白酒塑化剂事件的证据 [J]．系统工程理论与实践，2017（02）：311－321.

[234] 柳建华，魏明海．投资者保护的内涵与分析框架 [J]．中山大学学报（社会科学版），2010（03）：193－200.

[235] 柳木华．大众传媒对会计舞弊的监督：一项经验研究 [J]．证券市场导报，2010（08）：43－50.

[236] 逯东，付鹏，杨丹．媒体类型、媒体关注与上市公司内部控制质量 [J]．会计研究，2015（04）：78－85.

[237] 罗党论，唐清泉．市场环境与控股股东"掏空"行为研究——来自中国上市公司的经验证据 [J]．会计研究，2007（04）：69－74.

[238] 罗宏，张玮倩．会计信息披露与资本市场配置效率的实验研究 [J]．上海立信会计学院学报，2010（06）：13－23.

[239] 罗进辉，蔡地．媒体报道能够提高股价的信息含量吗？[J]．投资研究，2013（05）：38－53.

[240] 罗进辉，黄震，谢达熙．危机管理中企业应该第一时间进行信息披露吗？——基于中国上市公司116起危机事件的实证研究 [J]．经济管理，2015（01）：43－55.

[241] 罗进辉．媒体报道对权益成本和债务成本的影响及其差异——来自中国上市公司的经验证据 [J]．投资研究，2012（09）：95－112.

[242] 吕长江，张海平．股权激励计划对公司投资行为的影响 [J]．管理世界，2011（11）：118－126.

[243] 马壮，王云．媒体报道、行政监管与财务违规传染——基于威慑信号传递视角的分析 [J]．山西财经大学学报，2019（09），112－126.

[244] 毛新述，孟杰. 内部控制与诉讼风险 [J]. 管理世界，2013 (11)：155-165.

[245] 潘越，潘健平，戴亦一. 公司诉讼风险、司法地方保护主义与企业创新 [J]. 经济研究，2015 (03)：131-145.

[246] 钱颖一. 企业的治理结构改革和融资结构改革 [J]. 经济研究，1995 (01)：20-29.

[247] 权小锋，肖斌卿，吴世农. 投资者关系管理能够稳定市场吗？——基于A股上市公司投资者关系管理的综合调查 [J]. 管理世界，2016 (01)：139-152.

[248] 权小锋，吴世农. 投资者注意力、应计误定价与盈余操纵 [J]. 会计研究，2012 (06)：46-53.

[249] 饶育蕾，彭叠峰，成大超. 媒体注意力会引起股票的异常收益吗？——来自中国股票市场的经验证据 [J]. 系统工程理论与实践，2010 (02)：287-297.

[250] 饶育蕾，王攀. 媒体关注度对新股表现的影响——来自中国股票市场的证据 [J]. 财务与金融，2010 (03)：1-7.

[251] 饶育蕾，谢倩倩，王建新. 媒体关联与新闻报道偏差——来自我国上市公司的经验证据 [J]. 管理评论，2016 (09)：194-201.

[252] 邵毅平，李文贵. 诉讼风险、审计师选择与盈余质量 [J]. 财经论丛，2018 (05)：58-65.

[253] 沈艺峰，肖珉，林涛. 投资者保护与上市公司资本结构 [J]. 经济研究，2009 (07)：131-142.

[254] 宋婕，张俊民，李会云. 媒体报道能缓解企业融资约束吗？——基于商业信用融资视角 [J]. 北京工商大学学报（社会科学版），2019 (04)：60-73.

[255] 谭松涛，阚铄，崔小勇. 互联网沟通能够改善市场信息效率吗？——基于深交所"互动易"网络平台的研究 [J]. 金融研究，2016 (03)：174-188.

［256］汤维建．我国民事证据立法的模式选择［J］．人民司法，2001（07）：35－37.

［257］唐雪松，周晓苏，马如静．上市公司过度投资行为及其制约机制的实证研究［J］．会计研究，2007（07）：44－52.

［258］陶文杰，金占明．企业社会责任信息披露、媒体关注度与企业财务绩效关系研究［J］．管理学报，2012（08）：1225－1232.

［259］田高良，封华，于忠泊．资本市场中媒体的公司治理角色研究［J］．会计研究，2016（06）：21－29.

［260］田高良，司毅，韩洁，卞一洋．媒体关注与税收激进——基于公司治理视角的考察［J］．管理科学，2016（02）：104－121.

［261］田高良，司毅，秦岭，于忠泊．网络舆情及其应对与上市公司的信息效率［J］．系统工程理论与实践，2018（01）：46－66.

［262］童俐．以实现自我价值为核心的养老场所空间环境设计［J］．美术观察，2019（07）：74－75.

［263］王陈慧子，孙淑晓，郑晓娜．线上品牌商向线下扩展的O2O全渠道定价模型比较［J］．统计与决策，2019（15）：176－180.

［264］王凤华，张晓明．我国上市公司会计信息透明度对股价同步性影响的实证研究［J］．中国软科学，2009（S1）：321－326.

［265］王福胜，王也，刘仕煜．网络媒体报道对盈余管理的影响研究——基于投资者异常关注视角的考察［J］．南开管理评论，2021（05）：116－129.

［266］王会金，马修林．政府透明度、媒体监督与政府审计绩效——基于省级面板数据的经验研究［J］．南京审计大学学报，2017（03）：86－94.

［267］王建新，饶育蕾，彭叠峰．什么导致了股票收益的“媒体效应”：预期关注还是未预期关注？［J］．系统工程理论与实践，2015（01）：37－48.

［268］王鲁平，白银转，王茵田．股权激励对投资效率的影响——基于上市家族企业的经验分析［J］．系统工程，2018（08）：37－50.

[269] 王卫国. 民法学者的哲学思考——〈民法基本原则解释—成文法局限性之克服〉[J]. 中国社会科学, 1993 (06): 158-160.

[270] 王晓艳, 郝文静. 分析师关注度对企业信用评级的影响——基于媒体报道的中介效应研究 [J]. 金融理论与实践, 2022 (02): 78-87.

[271] 王亚平, 刘慧龙, 吴联生. 信息透明度、机构投资者与股价同步性 [J]. 金融研究, 2009 (12): 162-174.

[272] 王彦超, 林斌, 辛清泉. 市场环境、民事诉讼与盈余管理 [J]. 中国会计评论, 2008 (01): 21-40.

[273] 王艳艳, 陈汉文. 审计质量与会计信息透明度——来自中国上市公司的经验数据 [J]. 会计研究, 2006 (04): 9-15.

[274] 王志涛, 王翔翔. 食品企业的风险交流、交易成本与破产风险——基于我国上市公司的经验证据 [J]. 经济经纬, 2017 (02): 122-127.

[275] 王仲兵, 王攀娜. 放松卖空管制与企业投资效率——来自中国资本市场的经验证据 [J]. 会计研究, 2018 (09): 80-87.

[276] 魏春燕. 审计师行业专长与客户的避税程度 [J]. 审计研究, 2014 (02): 74-83.

[277] 魏玖长, 欧阳哲, 赵定涛. 产品伤害危机下企业声誉对消费者满意度及公民行为影响的实证研究 [J]. 东南大学学报 (哲学社会科学版), 2016 (01): 86-93.

[278] 魏榛, 侯玲. 数字化时代下的消费者分析 [J]. 今日财富, 2019 (12): 33-34.

[279] 吴联生. 国有股权、税收优惠与公司税负 [J]. 经济研究, 2009 (10): 109-120.

[280] 吴文锋, 吴冲锋, 芮萌. 中国上市公司高管的政府背景与税收优惠 [J]. 管理世界, 2009 (03): 134-142.

[281] 吴璇, 田高良, 司毅, 于忠泊. 网络舆情管理与股票流动性 [J]. 管理科学, 2017 (06): 51-64.

[282] 伍利娜，李蕙伶．投资者理解公司会计利润和应税利润的差异信息吗？[J]．管理世界，2007（10）：114－121.

[283] 夏立军，陈信元．市场化进程、国企改革策略与公司治理结构的内生决定［J］．经济研究，2007（07）：82－95.

[284] 夏楸，郑建明．媒体报道、媒体公信力与融资约束［J］．中国软科学，2015（02）：155－165.

[285] 萧展辉，唐良运，孙刚．供应商网络结构特征多维层次聚集算法［J］．沈阳工业大学学报，2022（04）：415－419.

[286] 谢德仁，陈运森．金融生态环境、产权性质与负债的治理效应［J］．经济研究，2009（05）：118－129.

[287] 熊艳，李常青，魏志华．媒体“轰动效应”：传导机制、经济后果与声誉惩戒——基于“霸王事件”的案例研究［J］．管理世界，2011（10）：125－140.

[288] 熊艳．从美国宪法体制的发展看新闻自由［J］．法制与社会，2011（34）：161－162.

[289] 徐金发，龚杨达，刘志刚．企业声誉对顾客忠诚的作用机制研究［J］．外国经济与管理，2005（07）：44－50.

[290] 徐靖琳．基于数字化传播时代背景下的消费者分析［J］．今日财富，2021（22）：190－192.

[291] 徐莉萍，辛宇．媒体治理与中小投资者保护［J］．南开管理评论，2011（06）：36－47.

[292] 许静．舆论学概论［J］．北京：北京大学出版社，2011.

[293] 严复海，赵麟．企业社会责任绩效评价指标体系的构建［J］．生产力研究，2009（02）：146－148.

[294] 严若森，祁浩，钱晶晶．媒体关注对家族企业税收激进的影响——家族所有权、家族管理涉入的调节作用［J］．财贸研究，2020（03）：97－110.

[295] 严若森，钱晶晶，祁浩．公司治理水平、媒体关注与企业税收

激进［J］. 经济管理，2018（07）：20－38.

［296］杨德锋，杨建华，楼润平. 利益相关者管理认知对企业环境保护战略选择的影响——基于我国上市公司的实证研究［J］. 管理评论，2012（03）：140－149.

［297］杨德明，林斌，王彦超. 盈余惯性与价格惯性的关系研究［J］. 管理评论，2011（03）：3－10.

［298］杨德明，赵璨. 媒体监督、媒体治理与高管薪酬［J］. 经济研究，2012（06）：116－126.

［299］杨世鉴. 媒体报道与分析师跟踪能够提高信息披露质量吗？——基于我国上市公司业绩预告的分析［J］. 中国注册会计师，2013（07）：72－77.

［300］姚伟，黄卓，郭磊. 公司治理理论前沿综述［J］. 经济研究，2003（05）：83－90.

［301］姚益龙，梁红玉，宁吉安. 媒体监督影响企业绩效机制研究——来自中国快速消费品行业的经验证据［J］. 中国工业经济，2011（09）：151－160.

［302］易志高，龚辉锋，茅宁. 媒体报道与股市波动：一个理论综述［J］. 经济问题探索，2013（01）：152－158.

［303］游家兴，柳颖，杨莎莉. 传播学视角下资产定价媒体效应研究评述［J］. 厦门大学学报（哲学社会科学版），2019（01）：31－40.

［304］游家兴，吴静. 沉默的螺旋：媒体情绪与资产误定价［J］. 经济研究，2012（07）：141－152.

［305］于忠泊，田高良，齐保垒，张皓. 媒体关注的公司治理机制——基于盈余管理视角的考察［J］. 管理世界，2011（09）：127－140.

［306］于忠泊，田高良，张咏梅. 媒体关注、制度环境与盈余信息市场反应——对市场压力假设的再检验［J］. 会计研究，2012（09）：40－51.

［307］余明桂，回雅甫，潘红波. 政治联系、寻租与地方政府财政补

贴有效性［J］．经济研究，2010（03）：65－77.

［308］余明桂，潘红波．政治关系、制度环境与民营企业银行贷款［J］．管理世界，2008（08）：9－21.

［309］张洪，江运君，鲁耀斌，邓朝华．社会化媒体赋能的顾客共创体验价值：多维度结构与多层次影响效应［J］．管理世界，2022（02）：150－168.

［310］张继勋．关于会计哲学与哲学及会计理论关系的探讨［J］．现代财经：天津财经大学学报，2001（12）：39－40.

［311］张建君，张志学．中国民营企业家的政治战略［J］．管理世界，2005（07）：94－105.

［312］张建勇，葛少静，赵经纬．媒体报道与投资效率［J］．会计研究，2014（10）：59－65.

［313］张俊玲．媒体关注度、媒体情绪与企业会计信息质量［J］．财会通讯，2018（21）：34－39.

［314］张萍，葛玉洁，曹洋等．公司治理和财务报告内部控制：监管制度的比较——西方内部控制研究文献导读及中国制度背景下的展望（三）［J］．会计研究，2015（08）：86－92.

［315］张萍，徐巍．媒体监督能够提高内部控制有效性吗？——来自中国上市公司的经验证据［J］．会计与经济研究，2015（05）：88－105.

［316］张琦，步丹璐，郁智．媒体关注、报道情绪与政府“三公”预算抑制［J］．经济研究，2016（05）：72－85.

［317］张琦，刘克．基于利益相关者理论的企业绩效评价指标体系［J］．系统工程，2016（06）：155－158.

［318］张琦，郑瑶．媒体报道能影响政府决算披露质量吗？［J］．会计研究，2018（01）：39－45.

［319］张茜，李靖宇，饶佳艺，乔晗，汪寿阳．基于利益相关者分析“女神的新衣”：如何构建 TV＋商业模式［J］．管理评论，2015（08）：234－241.

[320] 张璇，左樑，李雅兰．媒体负面报道、内部控制与高管私有收益［J］．华东经济管理，2019（02）：148－157.

[321] 张雅慧，万迪昉，付雷鸣．股票收益的媒体效应：风险补偿还是过度关注弱势［J］．金融研究，2011（08）：143－156.

[322] 张艳．我国证券市场泡沫形成机制研究——基于进化博弈的复制动态模型分析［J］．管理世界，2005（10）：34－40.

[323] 张翼，刘巍，龚六堂．中国上市公司多元化与公司业绩的实证研究［J］．金融研究，2005（09）：122－136.

[324] 张勇．投资者实地调研与企业会计信息可比性——来自深交所“互动易”平台的经验证据［J］．证券市场导报，2018（05）：13－22.

[325] 张悦玫，张芳．会计稳健性、投资效率与外部融资方式的实证研究［J］．管理评论，2019（04）：175－186.

[326] 张哲．企业声誉与企业社会责任的比较研究——基于利益相关者视角［J］．技术经济与管理研究，2015（12）：62－66.

[327] 张峥，刘力．换手率与股票收益：流动性溢价还是投机性泡沫？［J］．经济学，2006（02）：871－892.

[328] 张宗新，吴钊颖．媒体情绪传染与分析师乐观偏差——基于机器学习文本分析方法的经验证据［J］．管理世界，2021（01）：170－185.

[329] 赵嘉仁，张晓明，钟磊．CEO 权力、媒体关注与企业过度投资［J］．科学决策，2017（12）：35－54.

[330] 赵金楼，成俊会．基于 SNA 的突发事件微博舆情传播网络结构分析？——以“4.20 四川雅安地震”为例［J］．管理评论，2015（01）：148－161.

[331] 赵康生，周萍，蔺楠．大股东持股与公司诉讼风险——基于中国上市公司的实证分析［J］．外国经济与管理，2017（01）：84－95.

[332] 赵婉鹏，叶春明．考察供应商具有双重行为偏好特征的供应链契约与协调［J］．工业工程与管理，2018（01）：23－29.

[333] 郑红亮．公众型上市公司的私有公营特性刍议［J］．经济学动

态，2005（09）：41－42.

［334］郑建明，夏楸．媒体报道、融资约束与投资效率［J］．财政研究，2014（09）：58－60.

［335］郑志刚．法律外制度的公司治理角色——一个文献综述［J］．管理世界，2007（09）：136－147.

［336］仲秋雁，石晓峰．媒体关注影响企业债务融资的研究综述与展望［J］．现代管理科学，2017（01）：94－96.

［337］仲赛末，赵桂芹．我国保险行业声誉风险的形成、评估及其经济影响［J］．保险研究，2020（11）：3－18.

［338］周橙．公司破产风险、成长性和会计盈余稳健性——基于中国上市公司的经验证据［J］．现代商业，2014（20）：254－256.

［339］周中胜，陈汉文．会计信息透明度与资源配置效率［J］．会计研究，2008（12）：56－62.

［340］朱红军，李贺．文化体制改革、市场化进程对媒体的影响研究［J］．财经研究，2015（11）：124－132.

［341］祝继高．会计稳健性与债权人利益保护——基于银行与上市公司关于贷款的法律诉讼的研究［J］．会计研究，2011（05）：50－57.

［342］邹绍辉，张聪瑞．煤炭上市公司环境信息披露水平、媒体关注度与财务绩效关系研究［J］．中国煤炭，2018（01）：23－28.